RALF MERSCH

DAS GROSSE BUCH FÜR eDRUMS

Voggenreiter

Fotos: Ralf Mersch
Yamaha Music Europe GmbH (Seite 6, 7, 8, 9, 10, 12 unten, 13, 14 oben, 15 oben/mitte, 50, 70, 82, 94, 96, 100, 104, 105, 113, 114, 134, 149, 150, 154, 155)
Musik-Wein GmbH (Seite 15, 56 172)
Satz & Layout: B & O
Covergestaltung: OZ, Essen (Katrin & Christian Brackmann)

Wittfelder Stich 1, D-53343 Wachtberg
www.voggenreiter.de
Telefon: 0228.93 575-0

Auflage 2023

ISBN: 978-3-8024-1075-8

Hallo E-Drummer ...

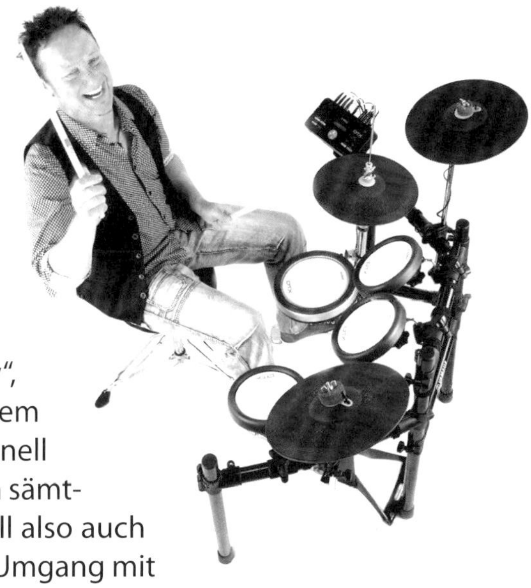

Viele Musiker werden sich fragen, ob man überhaupt noch eine weitere Trommelschule braucht.
Ich sage ganz klar ja, denn elektronische Schlagzeuge haben sich in den letzten 10 Jahren wie kaum ein anderes Instrument weiterentwickelt.

Die meisten Anfänger und selbst fortgeschrittene E-Drummer kennen aber nicht alle Funktionen und Begriffe. Was ist zum Beispiel „Velocity", „Latenzzeit", „MIDI" oder eine „DAW"? Mit diesem Buch möchte ich dir nicht nur ermöglichen, schnell das Schlagzeugspiel zu erlernen, sondern dir auch sämtliche Begriffe des E-Drums erklären. Die Schule soll also auch ein großer E-Drum-Workshop sein und dich beim Umgang mit deinem elektronischen Schlagzeug unterstützen.

Das moderne elektronische Schlagzeug hat viele Vorteile. Viele verschiedene Sounds, Songs und Übungsfunktionen. Ein umfangreiches Metronom und Aufnahmefunktionen unterstützen dich. Man kann zu jeder Zeit leise über Kopfhörer üben und keiner fühlt sich gestört!

Nachdem ich dir den Aufbau eines E-Drums und die richtige Sitz- und Stockhaltung gezeigt habe, erlernst du zunächst einfache Standard-Rhythmen auf der Snare. Danach möchte ich dir schnell den ersten Groove nahebringen. So kannst du sehr schnell zu einem Playalong (Musikstück) oder deiner Lieblingsmusik üben. Das macht viel mehr Spaß und ist für die weitere Entwicklung der Koordination sehr wichtig.

Schritt für Schritt lernst du alles über Noten, Zeichen und Symbole der Musik. Das ist für dich ein ganz wichtiger Teil, denn dadurch kannst du später auch selbstständig verschiedene Musikstile erlernen, Songs vom Notenblatt spielen oder deine eigenen Ideen aufschreiben. Zwischendurch findest du E-Drum-Workshops, kleine praktische Übungen, Tipps und Tricks, die sich über viele Jahre als hilfreich erwiesen haben.

So, genug ... wir wollen loslegen!
Viel Spaß bei deinem Weg zum erfolgreichen Trommler ...

Inhalt

1. Das elektronische Schlagzeug (E-Drum-Kit)

In diesem Kapitel zeige ich den Aufbau eines elektronischen Schlagzeuges, auch Drum-Kit genannt. Die meisten elektronischen Drum-Kits sind ähnlich wie ein akustisches Schlagzeug aufgebaut. Zunächst sollte man alle Teile sorgfältig auspacken und sich zurechtlegen. In der Packung befindet sich ein Stimmschlüssel, der auf alle Vierkantschrauben passt.

Das Rack

Das Rack ist wie ein Multifunktionshalter, der viele andere Ständer ersetzt. An diesem Rack werden die meisten Teile angebracht, daher ist es notwendig, es richtig aufzubauen und alle Schrauben fest anzudrehen. Das Rack ist sehr flexibel und kann an die Körpergröße des Drummers angepasst werden.

Yamaha RS502

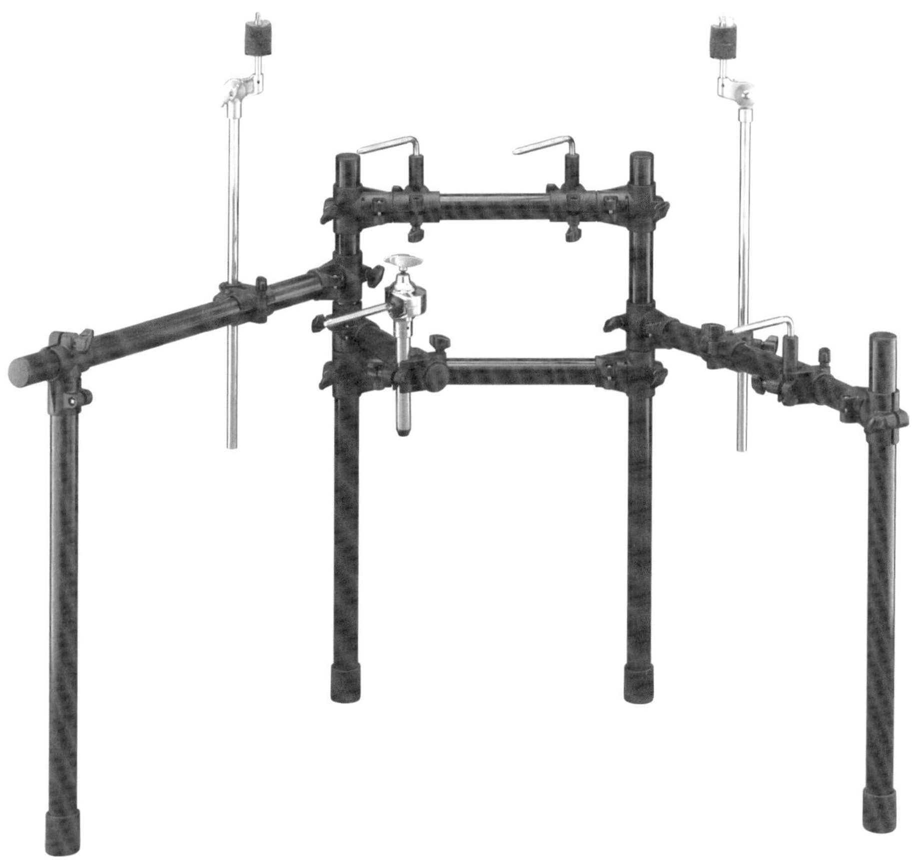

Das komplette Drum-Kit

Nun werden die restlichen Teile angeschraubt. Natürlich auch das Soundmodul, das Herzstück des elektronischen Schlagzeuges. Die beiliegende Bedienungsanleitung unterstützt dich dabei. Die Verkabelung ist sehr einfach, da die Kabel und die Eingänge am Soundmodul beschriftet sind. Unten siehst du das fertige Drum-Kit und eine Auflistung der Teile. Die Funktionen der einzelnen Pads erkläre ich auf den nächsten Seiten.

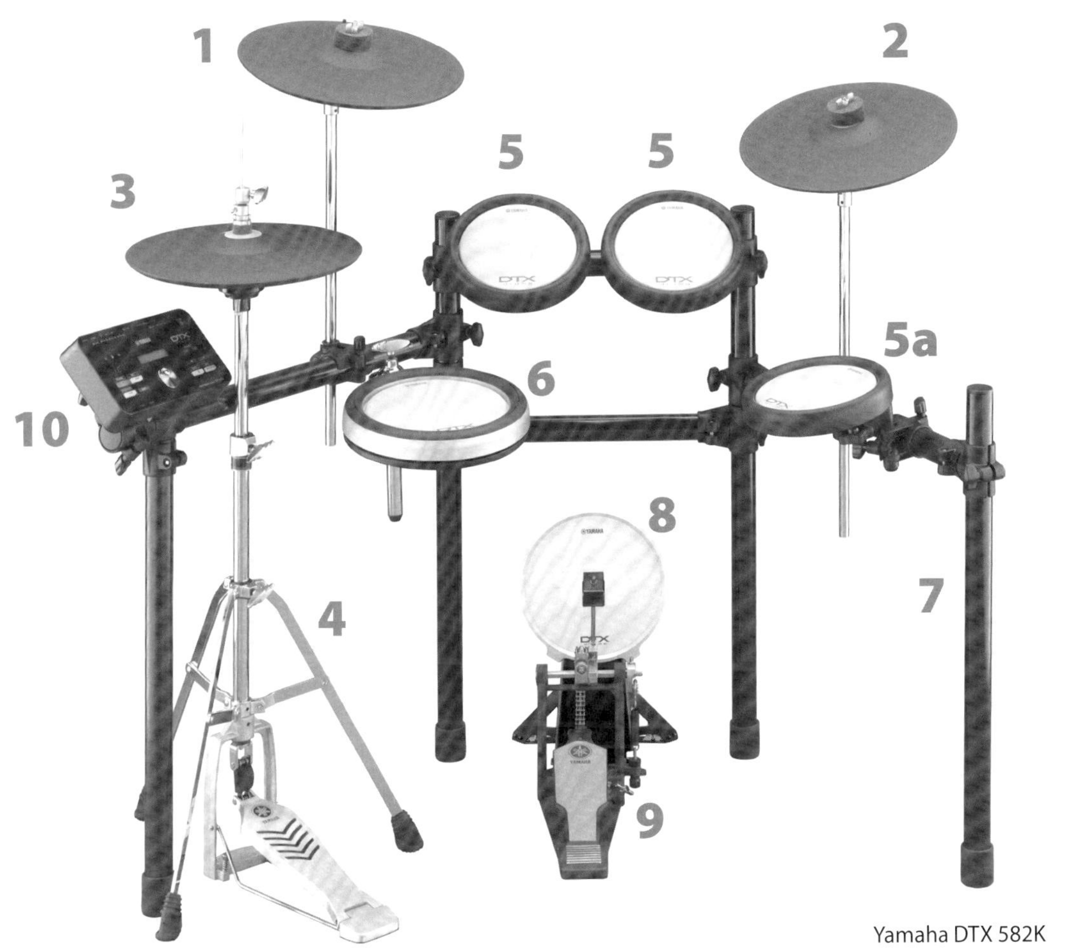

Yamaha DTX 582K

1. Becken-Pad / Crash-Becken
2. Becken-Pad / Ride-Becken
3. Hi-Hat-Controller / Hi-Hat-Becken
4. Hi-Hat-Ständer für den Hi-Hat-Controller (3)
5. Tom-Pad / Hänge-Tom
5a. Tom-Pad / Stand-Tom
6. Snare-Pad / Kleine Trommel oder Snare
7. Drum-Rack / Ständer für Becken, Toms und Soundmodul
8. Kick-Pad / Große Trommel oder Bassdrum
9. Bassdrum-Pedal
10. Soundmodul / elektronisches Steuergerät

Wie funktioniert ein Pad?

Das Mono-Pad

Ein Mono-Pad besteht aus einem Piezo-Trigger, einer Schlagfläche und einem Gehäuse. Es wird Mono-Pad genannt, da es nur eine Triggereinheit hat und nur einen Sound erzeugen kann. Die Schlagfläche kann aus verschiedenen Materialien bestehen. Es gibt Gummibeläge, Gewebefelle oder auch die Silikonoberfläche von Yamaha, die mit Luftbläschen aufgeschäumt ist. Der Piezo-Trigger nimmt den mechanischen Druck des Stockes auf und schickt eine elektrische Spannung an das Soundmodul. Das wiederum erkennt, wie stark diese Spannung ist und wandelt das Signal in einen Drumsound um. Ein Mono-Pad wird bei Einsteigersets häufig als Tom eingesetzt.

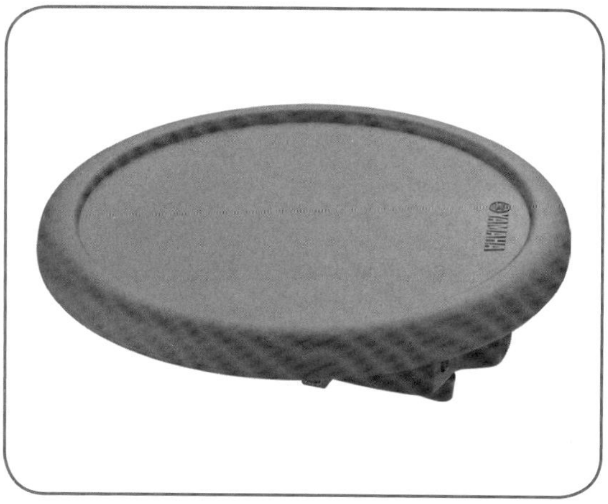

Beispiel Yamaha TP70 Mono-Pad
mit Gummischlagfläche

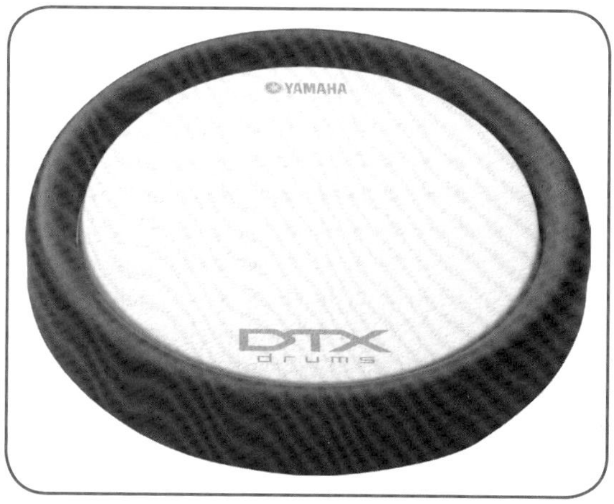

Beispiel Yamaha XP70 Mono-Pad
mit Sillikonschlagfläche

Mehrzonen-Pad

Diese Pads haben verschiedene Zonen, die jeweils einen Piezo-Trigger haben. Das bedeutet, man kann verschiedene Sounds auf dem Pad spielen. Bei der Snare wird meistens ein 3-Zonen-Pad eingesetzt. Man kann dann zwei verschiedene Rimshots (Kantenschläge) auf der schwarzen Kante und den Centersound auf der mittleren Hauptschlagfläche spielen. Bei einigen E-Drum-Serien gibt es aber auch 3-Zonen-Tom-Pads.

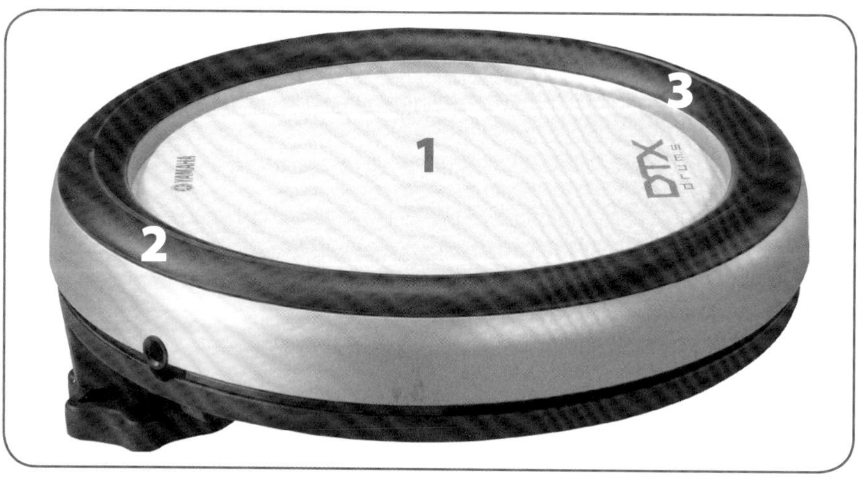

1 = Center
2 = Closed Rim
3 = Open Rim

Mehrzonen-Becken-Pad

Ein gutes Becken-Pad sollte auch mehrere Zonen haben. So kann man ein akustisches Becken sehr gut simulieren. Hier zeige ich einen Vergleich.

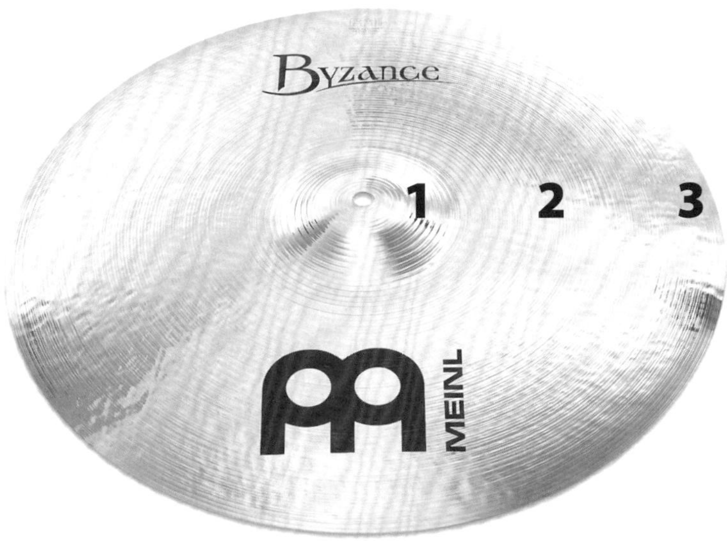

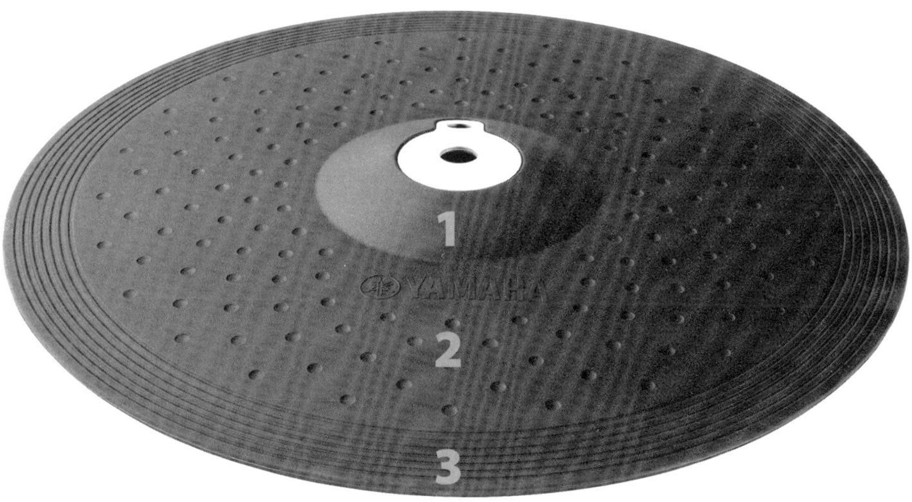

Yamaha PCY155

1 = Kuppel (englisch „cup“)
2 = Bogen (englisch „bow“)
3 = Rand (englisch „edge“)

Die elektronische Hi-Hat

Eine akustische Hi-Hat besteht aus zwei Becken. Das untere Becken, auch Bottom genannt, liegt auf dem Hi-Hat-Ständer und das obere, auch Top genannt, wird durch einen Halter (Hi-Hat-Clutch) an der Hi-Hat-Stange gehalten. Durch die Mechanik werden beide Becken mit dem Fuß zusammengedrückt, also geschlossen. Es entstehen unterschiedliche Sounds, wenn man die Hi-Hat geschlossen oder offen spielt.

Diese Funktionen werden durch das Hi-Hat-Pad und den Controller simuliert. Der Hi-Hat-Ständer, der hier abgebildet ist, ist exakt der gleiche, den man auch für akustische Becken benutzen kann. Das Hi-Hat Pad wird auch mit einer Clutch aufgehängt und kann so auch geschlossen werden.

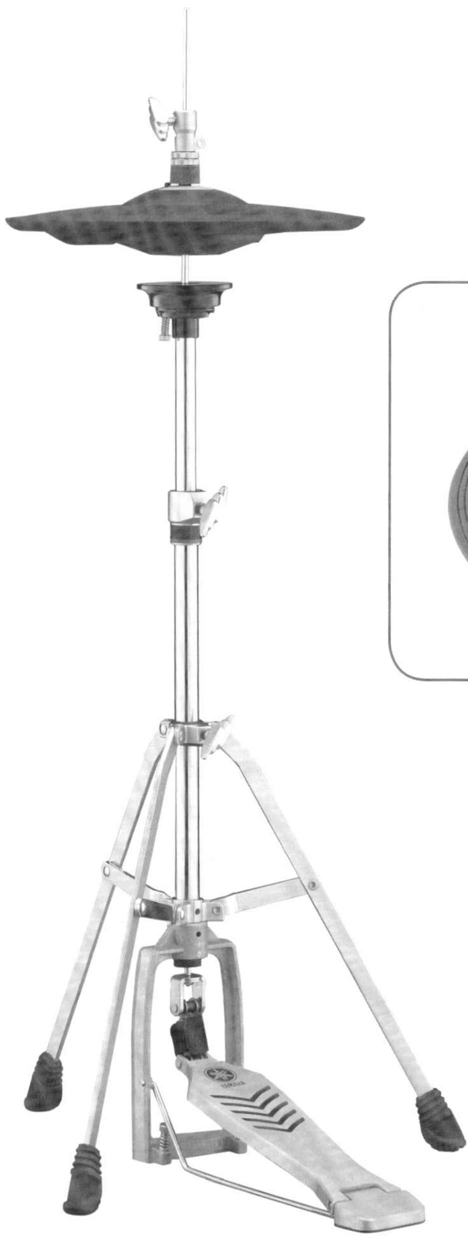

Das Hi-Hat-Pad

Einige Hi-Hat-Pads/Controller haben zwei Triggerzonen. Das bedeutet, dass auch hier verschiedene Hi-Hat-Sounds auf den Zonen liegen, um ganz nah an einen natürlichen Sound zu kommen. Eine akustische Hi-Hat klingt an verschiedenen Stellen auch unterschiedlich.

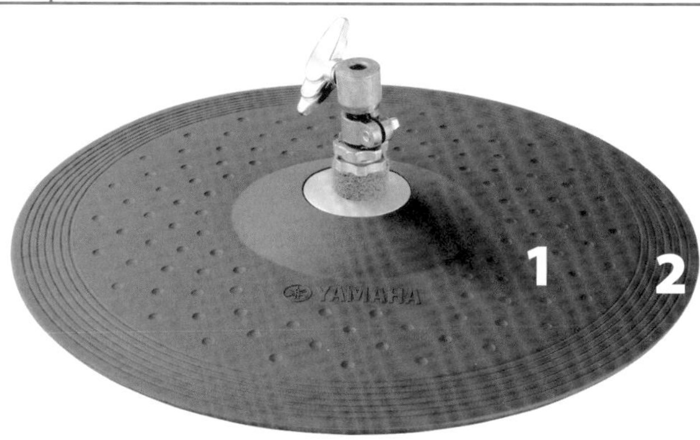

Die Hi-Hat als Pedal

Bei vielen Einsteiger-Drum-Kits wird der Hi-Hat Ständer durch ein Pedal ersetzt. Das Pedal simuliert das Schließen und Öffnen der Becken und das Hi-Hat-Pad wird fest am Rack montiert.

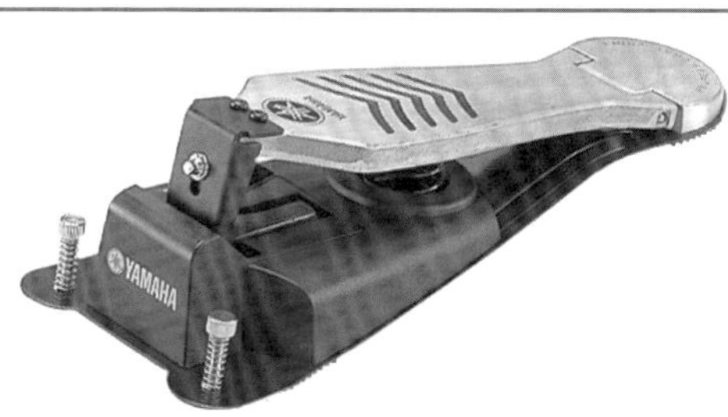

Der geschlossene Hi-Hat-Sound

Der Fuß steht auf dem Pedal. Durch die Mechanik wird die Hi-Hat geschlossen und auf dem Pad wird der geschlossene Sound erzeugt, wenn mit dem Stick auf das Pad geschlagen wird.

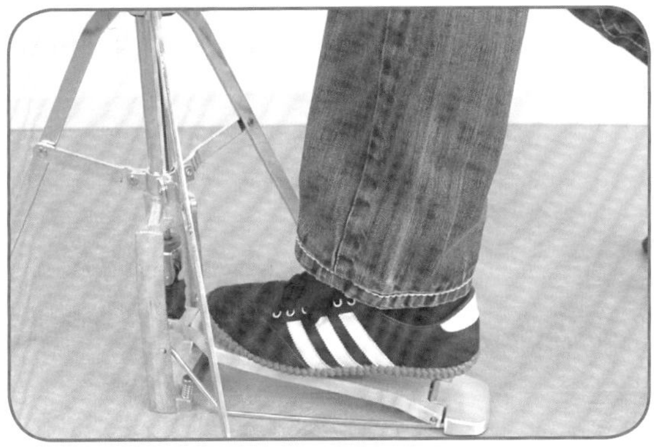

Der offene Hi-Hat-Sound

Der Fuß wird angehoben und die Hi-Hat dadurch geöffnet. Jetzt gibt das Pad den geöffneten Hi-Hat-Sound wieder, wenn das Pad gespielt wird.

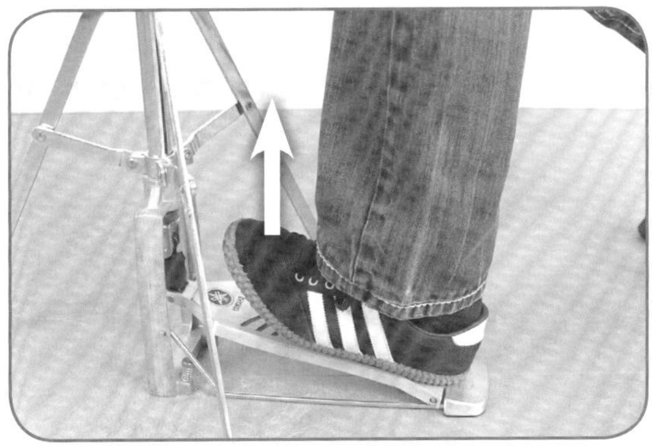

Der getretene Hi-Hat-Sound

Bei einer akustischen Hi-Hat entsteht ein Sound, wenn die Becken geschlossen werden. Das wird auch von einem elektronischen Controller simuliert, wenn auf das Pedal getreten wird.

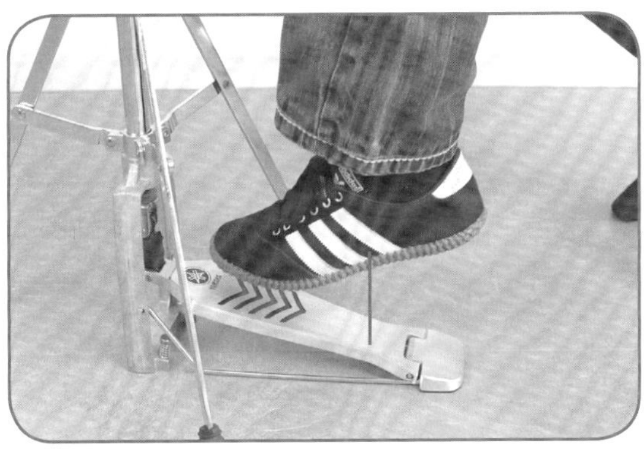

Der Splash-Hi-Hat-Sound

Wenn man schnell auf das Pedal tritt und den Fuß (in einer Bewegung) sofort wieder anhebt, wird ein Splash-Sound erzeugt, als schlage man zwei Becken ganz kurz zusammen.

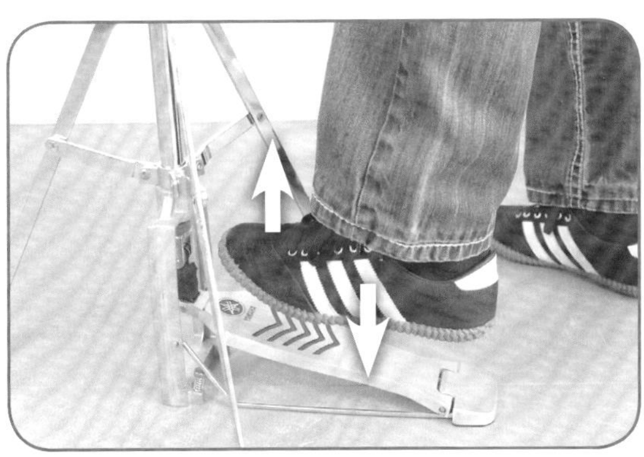

Der Choke beim Becken-Pad

Wenn man den Klang eines Beckens mit der Hand abstoppt, spricht man auch vom „Choke". Diese Technik kann man auch auf E-Drums spielen. Man kann die Becken sogar gedämpft weiterspielen, indem man den Pad-Rand mit der anderen Hand festhält, da das Becken-Pad Sensoren besitzt, die das Festhalten registrieren.

Natürlich kann das nicht jedes E-Drum. Sollte es bei deinem eigenen E-Drum nicht funktionieren, wird diese Funktion vom Soundmodul oder vom Becken-Pad nicht unterstützt.

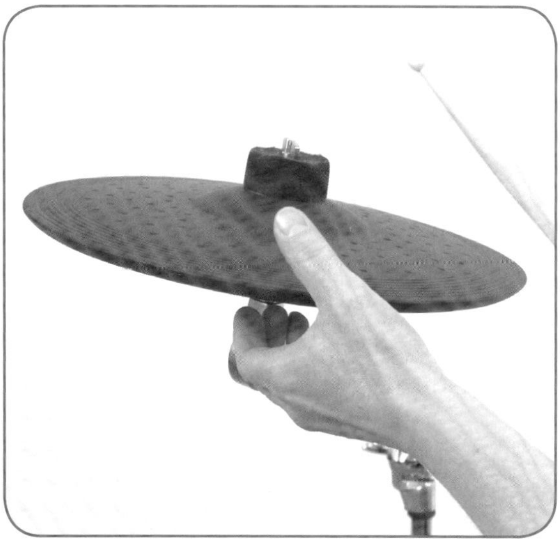

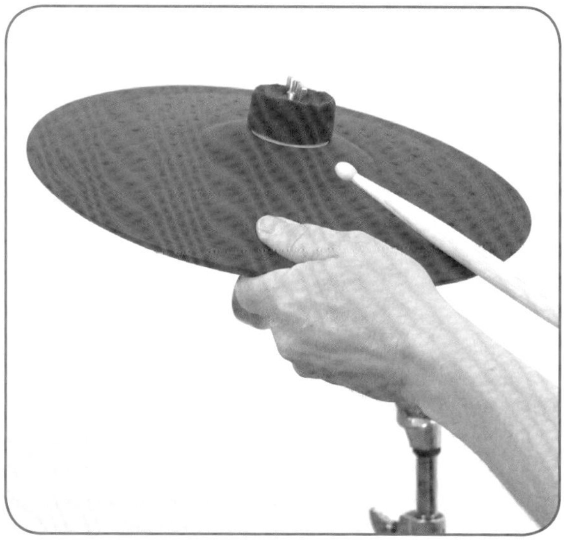

Das Kick-Pad

Das Kick-Pad ist die Bassdrum und wird auch große Trommel genannt. Auch hier gibt es viele verschiedene Pads mit unterschiedlichen Schlagflächen und Materialien.
„Buffe" ist ein gängiger Ausdruck unter Drummern für die Basstrommel.

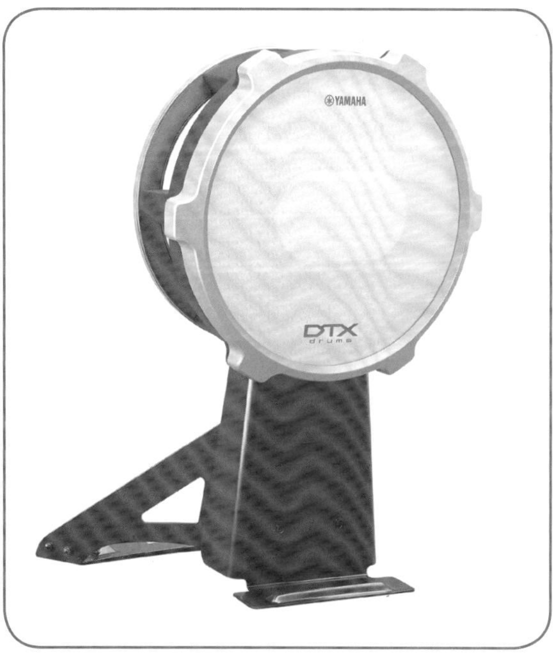

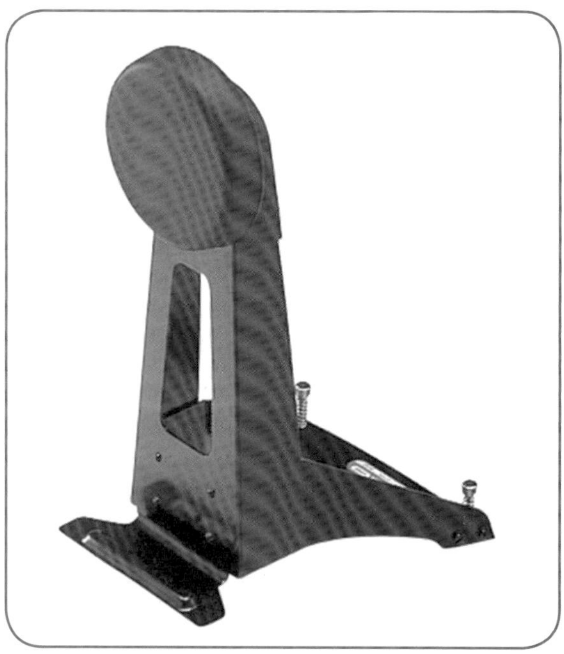

Das Soundmodul

Das Herzstück eines elektronischen Schlagzeuges ist das Soundmodul mit einer großen Auswahl an unterschiedlichen Klängen: Akustik-Sets, Rock-Sets, Jazz- und Bebop-Sounds und alle Arten von Elektronik-Sounds, wie z. B. HipHop, Dance, Trance oder Dub. Diese Klangvielfalt macht ein E-Drum so interessant. Man kann jede Musikrichtung damit spielen. Fast alle Soundmodule sind mit Musikstücken (auch Playalongs genannt) ausgestattet. Auch ein umfangreiches Metronom und Trainingsfunktionen sollten nicht fehlen.
Viele dieser Funktionen wirst du in diesem Buch noch kennenlernen.

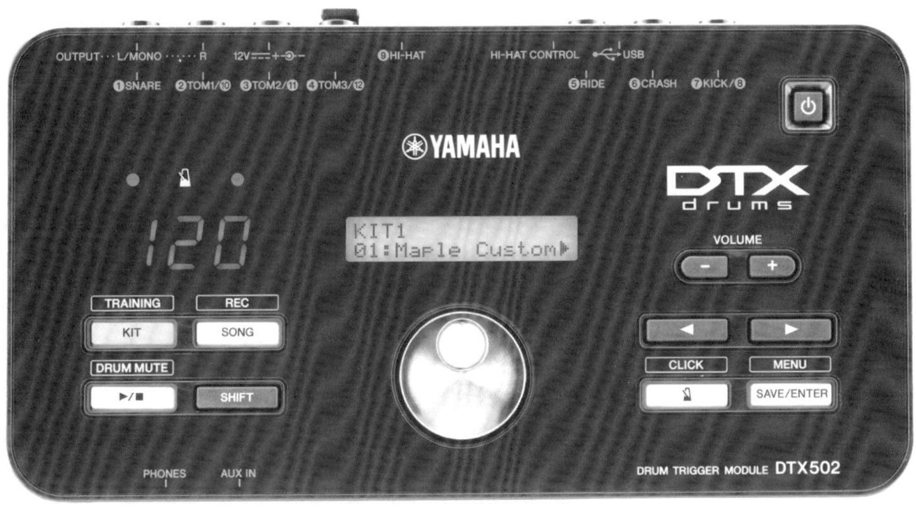

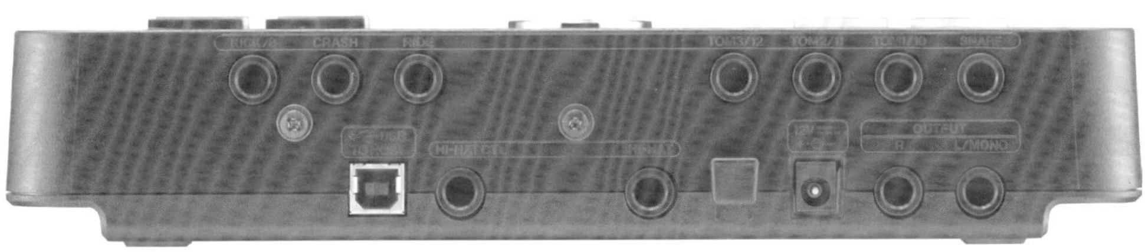

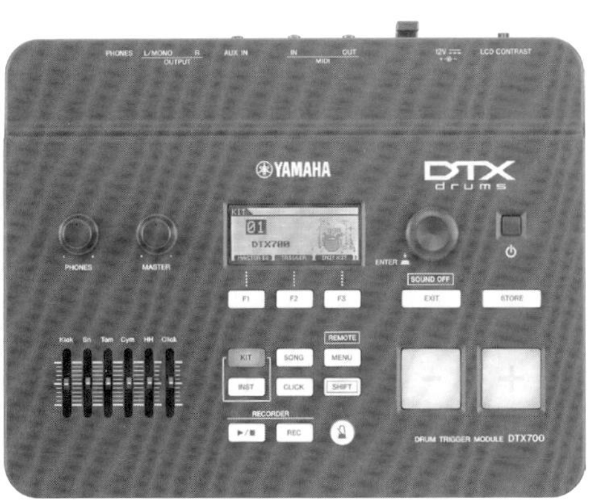

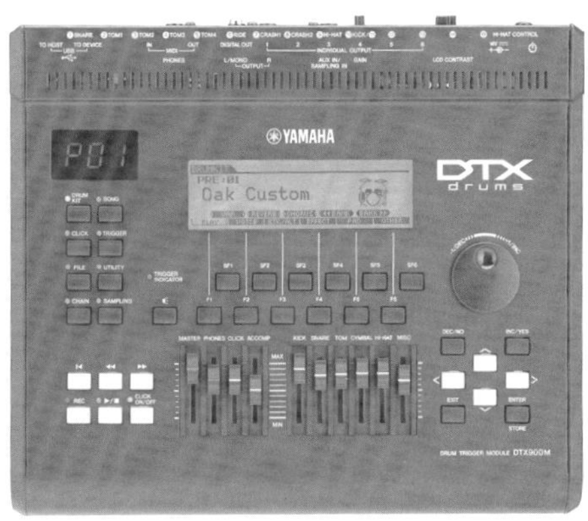

Wichtiges Zubehör

Alleine mit den E-Drums kann man natürlich noch nicht trommeln. Es fehlen noch ein vernünftiger Hocker, Schlagzeugstöcke (auch Sticks genannt) und ein Kopfhörer oder auch ein Monitorsystem. Aufgrund des riesigen Angebots ist ein direkte Empfehlung hier schwierig. Dein Schlagzeuglehrer hat sicherlich viele gute Ideen, Tipps und jede Menge Erfahrung.

Der Hocker

Wen das Trommelfieber einmal gepackt hat, der verbringt viele Stunden auf einem Hocker. Ich empfehle dir deshalb einen stabilen Hocker mit Drehgewinde und einer bequemen Sitzfläche.

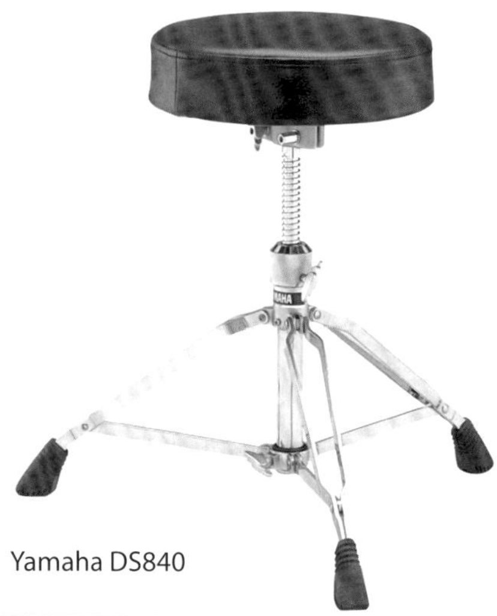

Yamaha DS840

Die Sticks

Die Sticks sollten im Fachgeschäft gekauft werden, da die Größe individuell ausgesucht werden muss. Ich rate davon ab, ausgefallene Kunststoff- oder Aluminium-Sticks zu erwerben. Ein ganz normaler Holzstock ist völlig ausreichend und schont dein elektronisches Schlagzeug. Im Laufe der Trommelausbildung wirst du deinen Lieblings-Stock finden.
Lass dich im Fachhandel beraten.

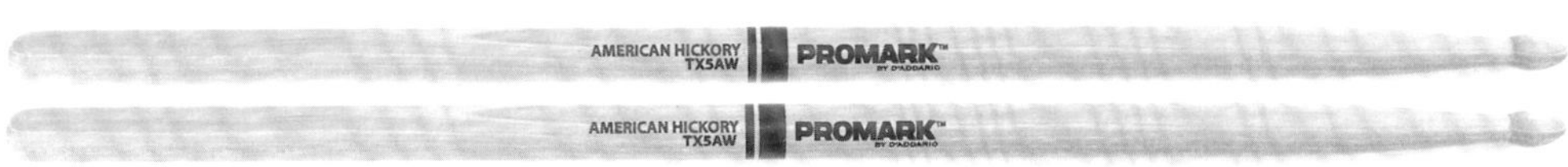

Kopfhörer oder Monitorsystem

Ein guter Kopfhörer ist sehr wichtig, da die Ohren beim Üben schon beansprucht werden. Da sollte man nicht sparen.

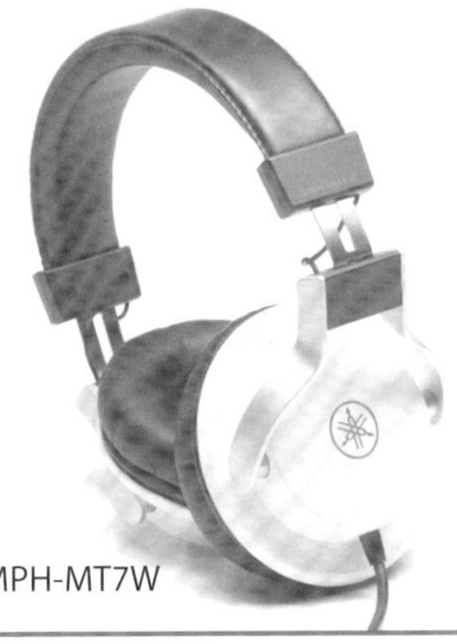

Yamaha MPH-MT7W

Wer das Glück hat, laut üben zu dürfen, kann sich auch ein Monitorsystem kaufen.
Auch hier gibt es viele verschiedene Modelle. Es weden auch Systeme angeboten, die exakt zum E-Drum-Kit passen und leicht montiert werden können.

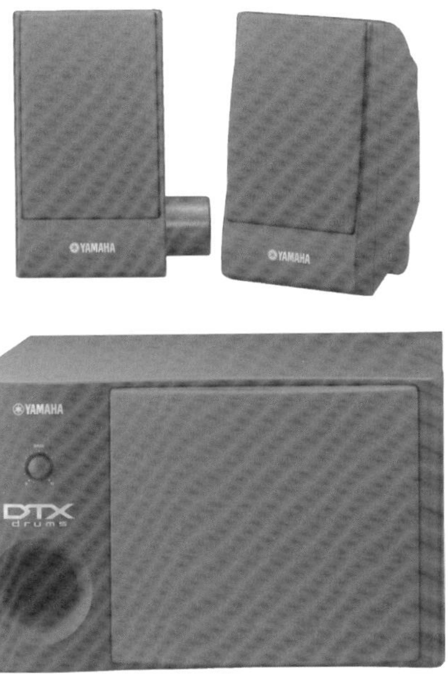

Yamaha MS40DR

Übungs-Pads

Sehr praktisch, wenn man unterwegs üben möchte oder nicht immer an seinem E-Drum-Kit üben kann. Es gibt sehr viele verschiedene Materialien, die eine Snare oder eine andere akustische Trommel simulieren.

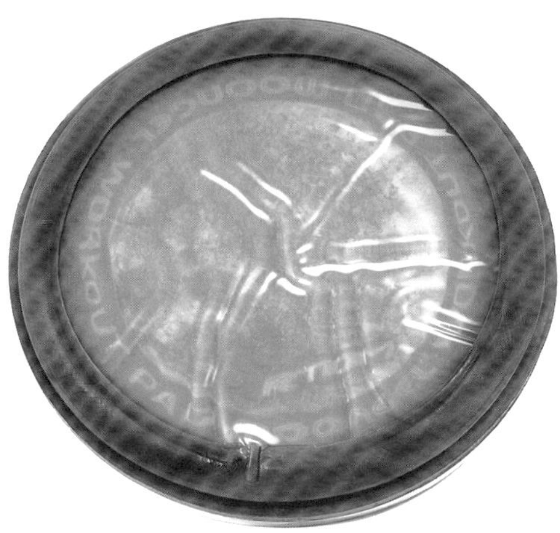

Moongel Übungs-Pad

2. Wichtige Vorbereitung

Die Sitzposition

Um die optimale Sitzposition zu finden, sollte man zunächst die Höhe des Drumhockers richtig einstellen. Man sitzt gerade und die Füße sollten locker den Boden erreichen. Ohne einen Stock sollte man alle Teile des E-Drum-Kits erreichen können.
Sehr junge Schüler können aufgrund der Körpergröße manchmal nicht alle Schlagflächen erreichen, das ist aber nicht schlimm.

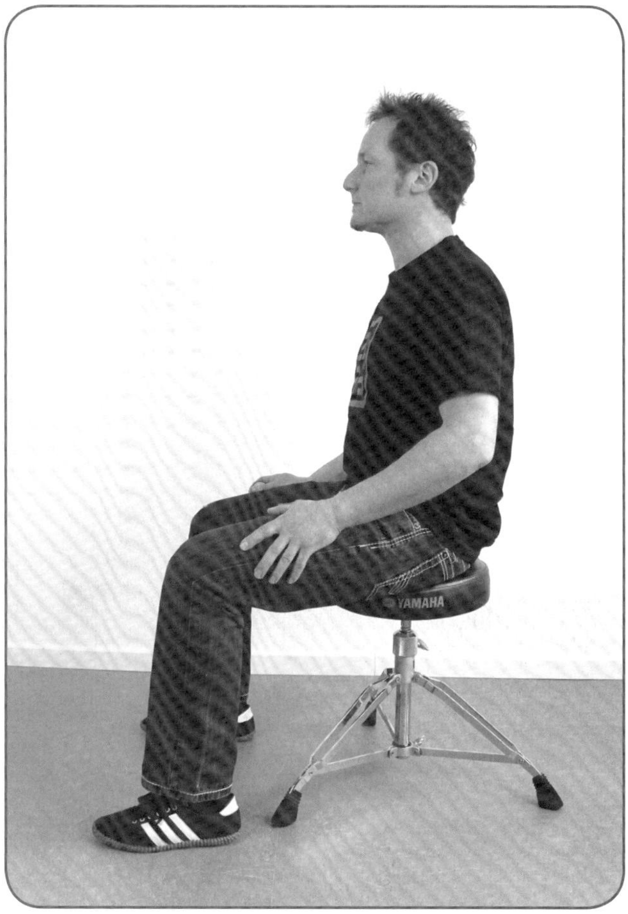

Die Stockhaltung

Dies ist der sogenannte „Matched Grip". Halte den Stock locker und natürlich zwischen Daumen und erstem Gelenk des Zeigefingers. Der Handrücken zeigt nach oben.

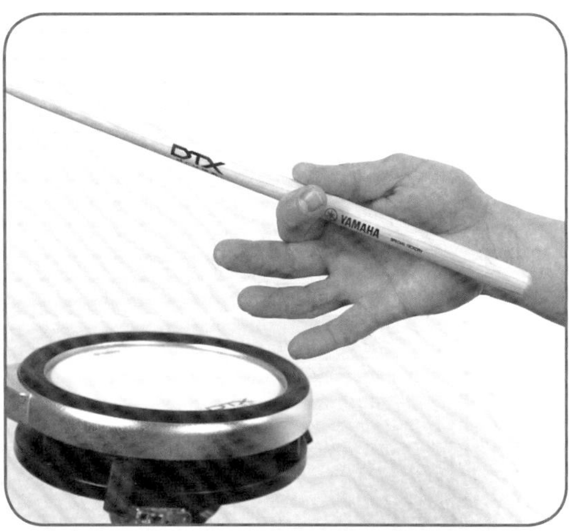

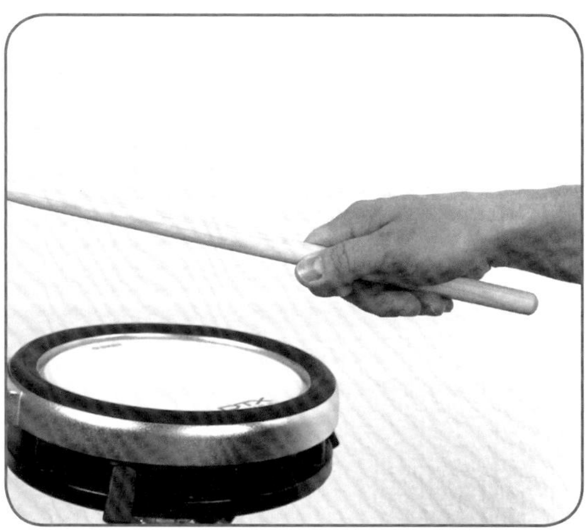

Die Fußtechnik

Es gibt verschiedene Fußtechniken. Ich möchte dir in diesem Buch die Technik mit der Fußspitze zeigen. Mit dieser Technik kannst du später sehr schnelle Bassdrum-Figuren spielen. Ich stelle den rechten Fuß mit der Spitze auf das Pedal und spiele auch nur mit der Spitze. Man kann auch den kompletten Fuß auf das Hi-Hat-Pedal stellen und die Hi-Hat mit der Spitze spielen. Für angehende Drummer, die später auch Doppel-Bassdrum spielen möchten, ist das ein gutes Training.

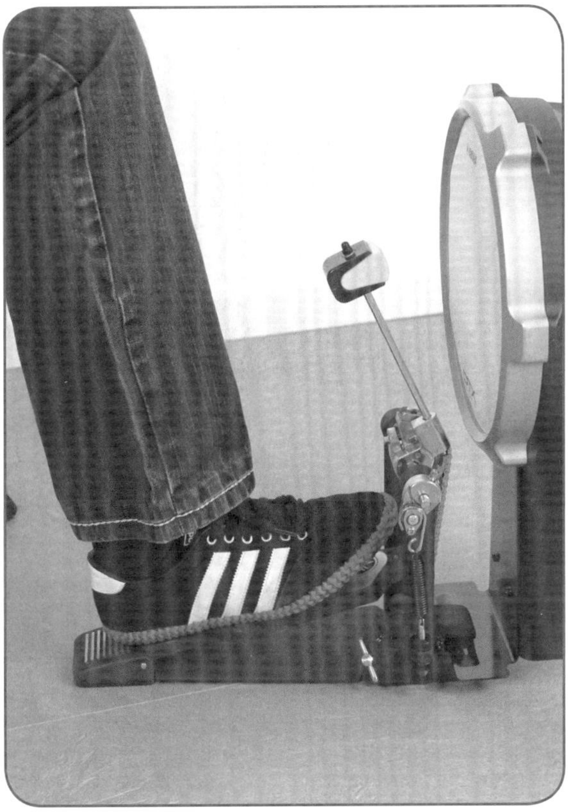

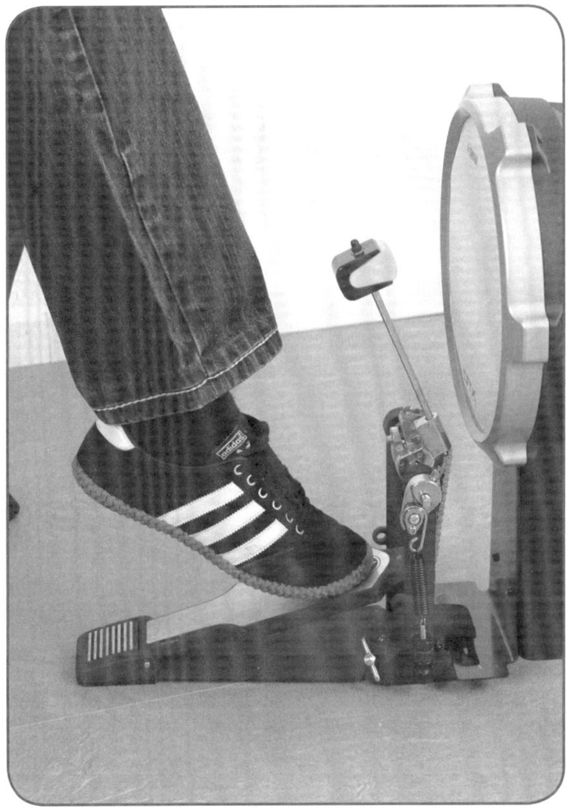

3. Lockerungs- und Dehnübungen

Wenn man länger übt, merkt man das natürlich auch in den Muskeln, Sehnen und Gelenken. Ein leichtes Ziehen oder Schmerz ist ein guter Hinweis, mal eine Pause einzulegen. Zunächst einfach mal die Hände ausschütteln.

Der Propeller

Man nimmt beide Stöcke mit den Spitzen in eine Hand und dreht locker das Handgelenk. Bitte nur ganz locker ein paar Mal hin und her. Danach wechselt man die Hand. Wiederhole den Vorgang einige Male.

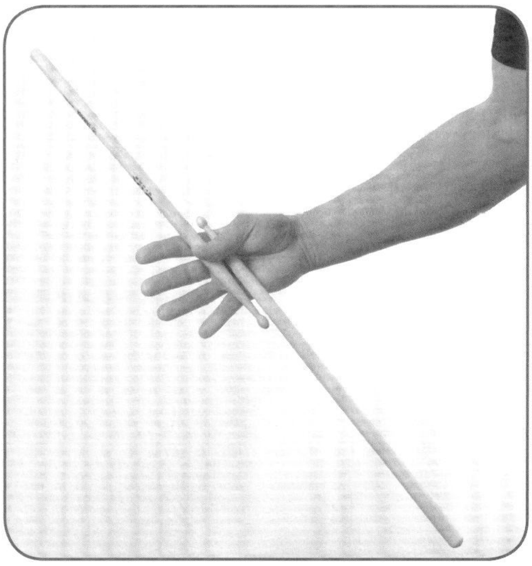

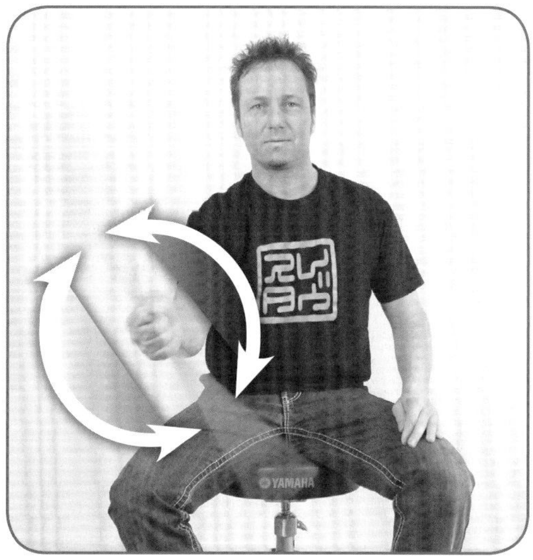

Der Bergsteiger

In jede Hand nimmt man einen Stock, fasst beide ganz am Ende an und hält sie senkrecht. Jetzt klettert man mit seinen Fingern ganz nach oben, tippt mit dem Daumen einmal auf die Spitze und klettert wieder runter. Das kann auch anstrengend werden, ist aber eine super Koordinationsübung für Finger und Hände. Ein „Wettrennen" mit deinem Lehrer macht auch Spaß. Versuche mal so schnell wie möglich zu klettern. Erst drei Durchgänge und später eventuell steigern. Danach die Hände locker ausschütteln. Schummeln verboten!

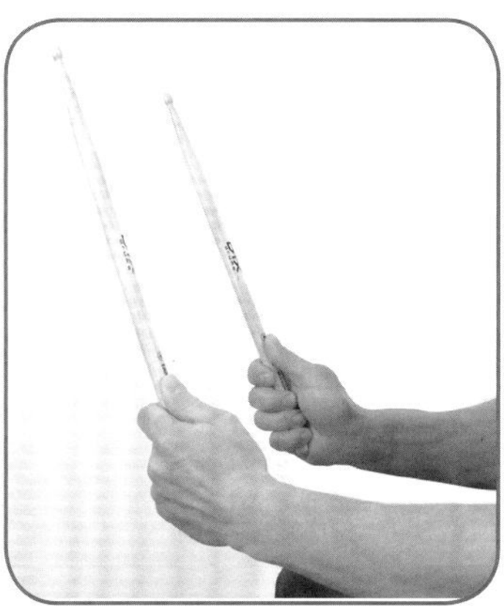

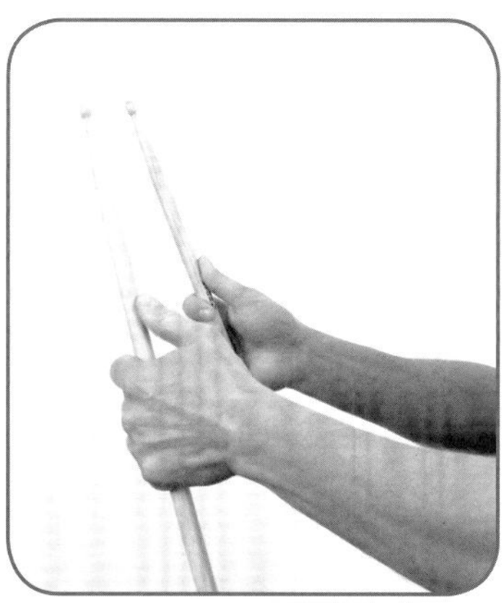

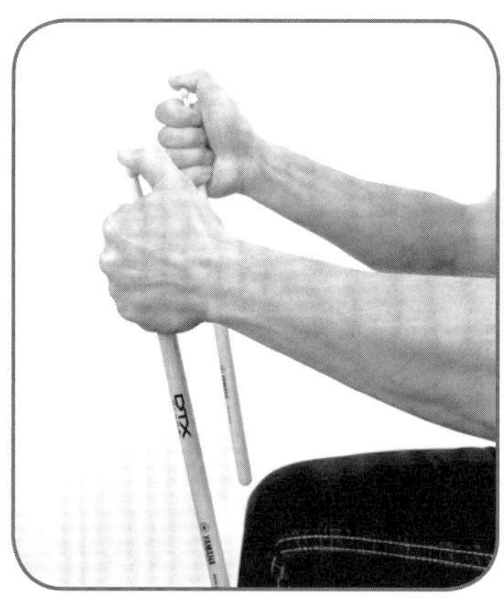

Dehnübungen für die Handgelenke und Arme

Man sollte regelmäßig auch die Hände und Arme dehnen. Folgende Übungen habe ich für dich ausgesucht. Wiederhole jede Übung drei Mal.

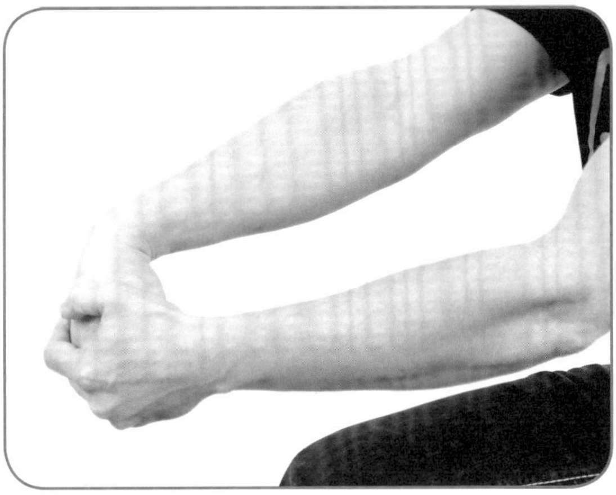

Arm ausstrecken und die Hand leicht nach unten dehnen. (ca. 10 Sekunden)

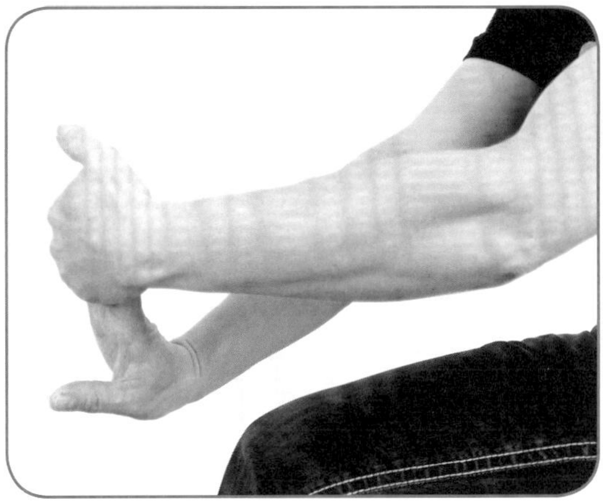

Jetzt die Hand nach oben dehnen.

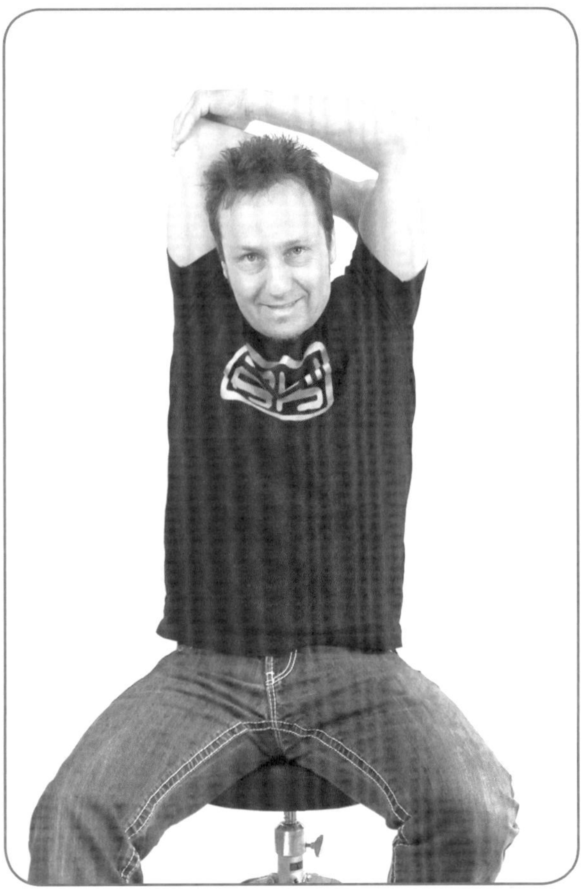

Zunächst den rechten Arm hinter den Kopf legen. Dann mit der linken Hand den Ellbogen umfassen und mit leichtem Druck in Richtung Kopf ziehen. 10 Sekunden dehnen und danach den Arm wechseln.

Training für Füße und Beine

Wie ein Sportler sollte man auch seine Füße und Beine trainieren und dehnen. Das ist sehr wichtig, denn du wirst mit der Zeit die Bassdrum oder die Hi-Hat immer schneller treten müssen. Sportarten wie Fahradfahren, Joggen oder Schwimmen stärken natürlich auch die Muskulatur und Ausdauer für Drummer.

Übung für Füße

Du bewegst dich über deine Fußspitzen langsam auf und ab. Wer das Training noch steigern möchte, kann auch zusätzlich Gewichte verwenden oder einfach zwei Literflaschen Wasser. Drei Einheiten, je 20 Mal. Danach Beine ausschütteln.

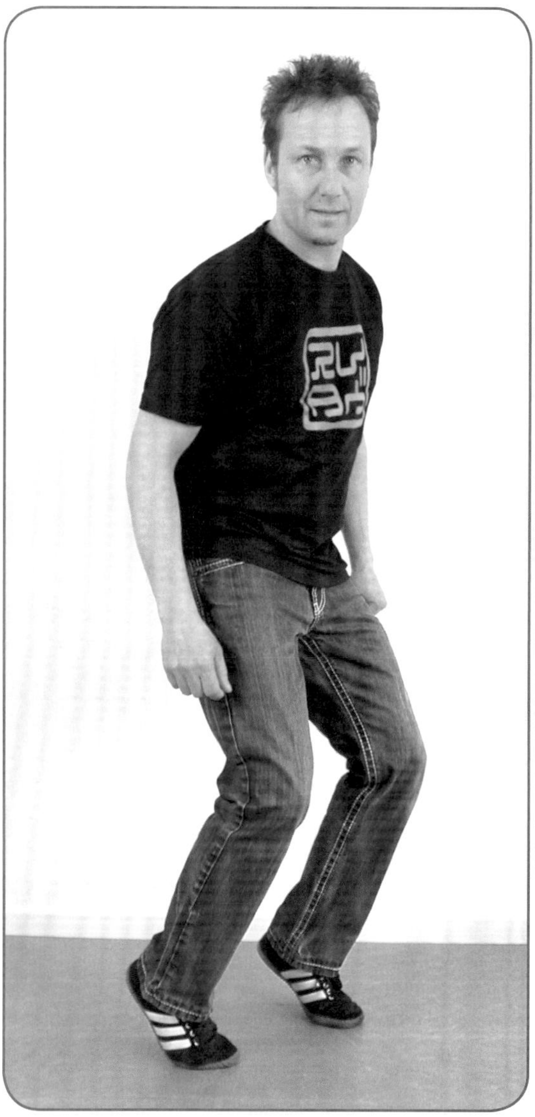

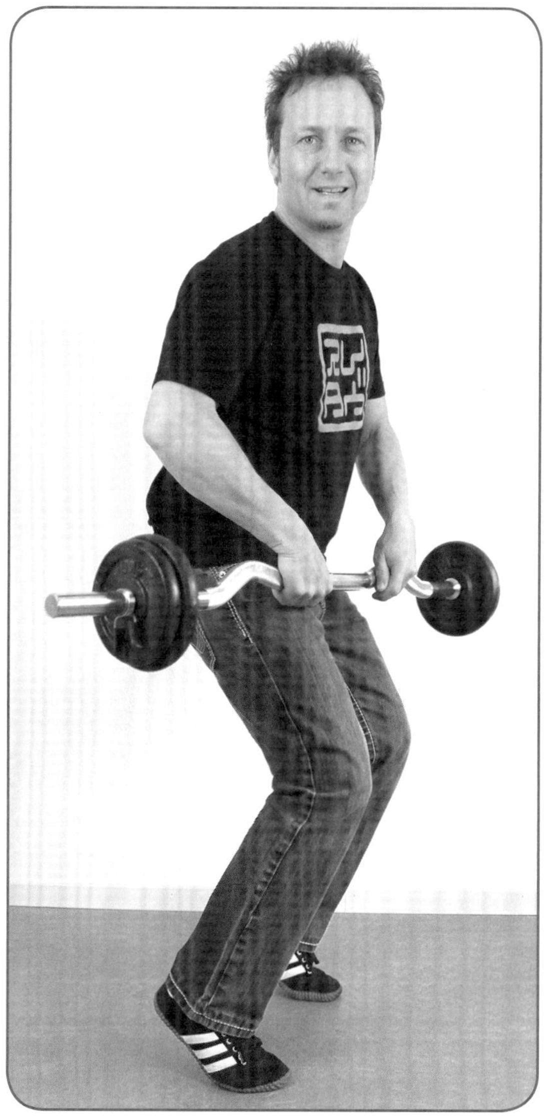

Übung für Füße und Beine

Suche dir eine Treppe mit möglichst vielen Stufen. Nimm jede Stufe langsam auf Zehenspitzen. Du läufst so lange Stufen, bis du ein leichtes Ziehen in den Muskeln verspürst. Danach Beine ausschütteln.

Übung für Beine und Rumpf

Die nächsten beiden Übungen zeigen Körperhaltungen, die aus dem Kampfsport Karate kommen. Diese Übungen haben sich bewehrt, geben Kraft und Power. Außerdem ist es gut, mal vom Drumhocker aufzustehen, sich zu lockern und anders zu bewegen.

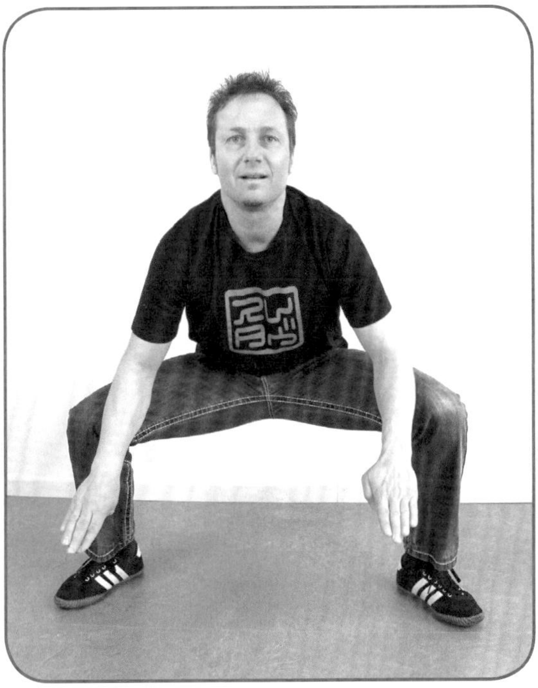

Die Füße zeigen 45 Grad nach außen. Leicht in die Hocke gehen und die Ellenbogen von innen leicht gegen die Knie drücken. Jetzt 10–20 Sekunden Druck ausüben und mit den Knien dagegen halten. Das Gleiche auch umgekehrt. Du kannst die Zeiten später auch etwas erhöhen.
Diese Übung muss leicht in den Beinen ziehen. Danach Beine lockern!

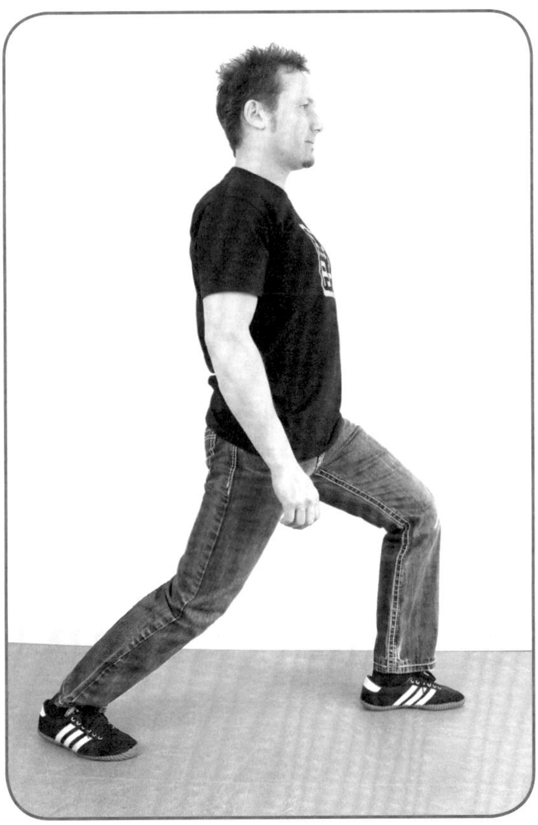

Du machst einen Schritt nach vorn und gehst leicht in die Hocke. Der Oberkörper bleibt gerade. Der hintere Fuß zeigt auch direkt nach vorne. Jetzt steigerst du die Intensität, indem du das hintere Bein durchstreckst.
Nach 20 Sekunden wechselst du mit dem hinteren Bein nach vorne.
Danach Beine lockern!

4. Noten- und Pausenwerte

Die Notation ist auch für Drummer besonders wichtig, daher solltest du alle Noten- und Pausenwerte auswendig können und so viele Informationen wie möglich über Musik aufnehmen. Auf den folgenden Seiten erfährst du alles über das Notensystem der Drummer.

Notenwerte

Eine Note bestimmt die Länge eines Klangs.
Lerne alle Noten und deren Länge auswendig.

Note	Amerikanischer Name	Deutscher Name	Wert
𝅝	Whole note	Ganze Note	4 Schläge
𝅗𝅥	Half note	Halbe Note	2 Schläge
♩	Quarter note	Viertelnote	1 Schlag
♪	Eighth note	Achtelnote	1/2-Schlag
𝅘𝅥𝅯	Sixteenth note	Sechzehntelnote	1/4-Schlag
𝅘𝅥𝅰	Thirty-second note	Zweiunddreißigstelnote	1/8-Schlag

Pausenwerte

Auch diese Werte solltest du gut beherrschen.
Sie geben an, wie lange der Musiker pausieren soll.

Pause	Amerikanischer Name	Deutscher Name	Wert
𝄻	Whole rest	Ganze Pause	4 Schläge
𝄼	Half rest	Halbe Pause	2 Schläge
𝄽	Quarter rest	Viertelpause	1 Schlag
𝄾	Eighth rest	Achtelpause	1/2-Schlag
𝄿	Sixteenth rest	Sechzehntelpause	1/4-Schlag
𝅀	Thirtysecond rest	Zweiunddreißigstelpause	1/8-Schlag

Notenkopf, Notenhals, Fähnchen und Balken

Durch die unterschiedlichen Fähnchen kann man den Notenwert erkennen.
Wenn mehrere Noten (mit Fähnchen) aufeinanderfolgen, werden sie stattdessen mit einem Balken verbunden.

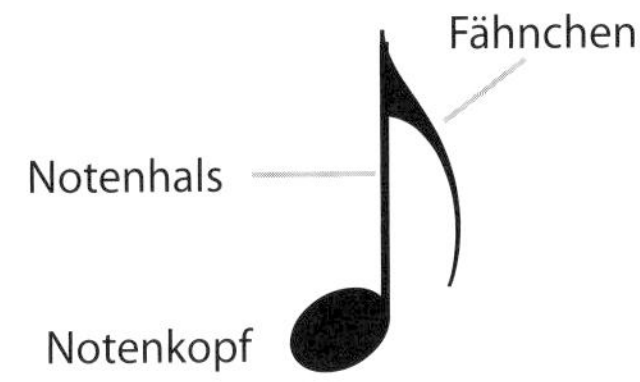

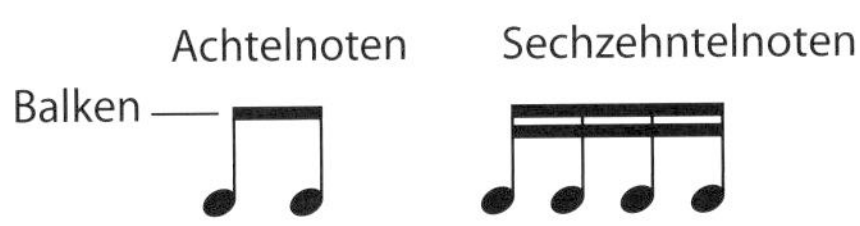

Notensystem

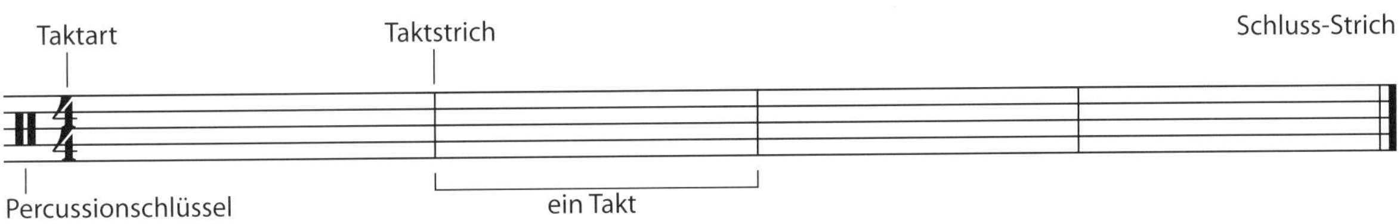

Wiederholungszeichen

Die Wiederholungszeichen bedeuten, dass sämtliche Noten bzw. Rhythmen, die innerhalb dieser Zeichen stehen, einmal wiederholt werden.

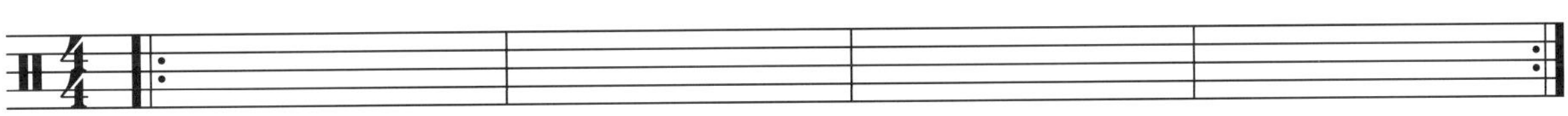

Der Faulenzer

Das Zeichen im zweiten Takt (Faulenzer) bedeutet, dass der vorherige Takt wiederholt wird.

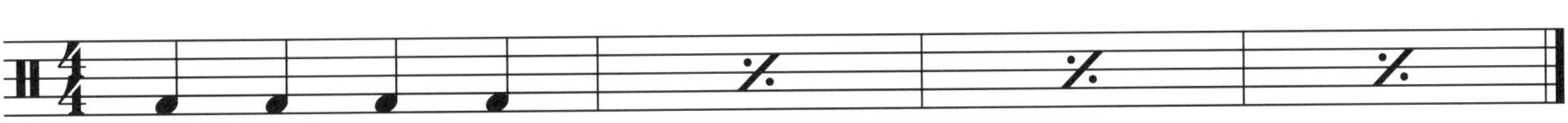

Notenpositionen

Jede Trommel (Pad) wird einer bestimmten Position im Notensystem zugeordnet. Diese Position bleibt immer gleich und du weißt immer, um welche Trommel es sich handelt.

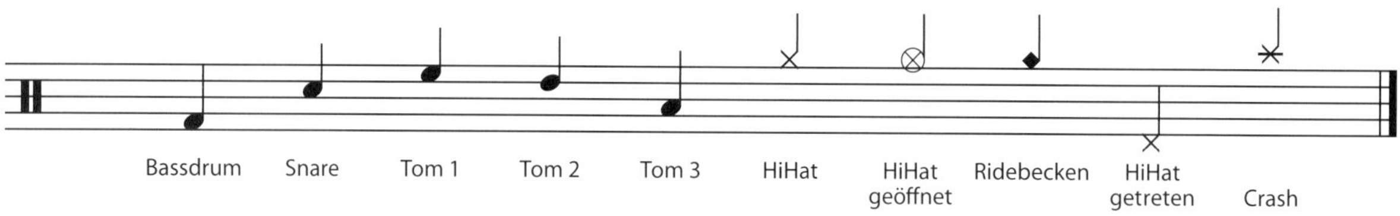

Dynamik

Durch die Stärke eines Schlages ist es dem Drummer möglich, sich musikalisch auszudrücken. Unterschiedliche Schlagstärken und Betonungen machen das Schlagzeugspiel erst richtig interessant.

Zeichen	Name	Lautstärke
ff	fortissimo	sehr laut
f	forte	laut
mf	mezzo forte	mittellaut
mp	mezzo piano	mittelleise
p	piano	leise
pp	pianissimo	sehr leise

Akzent

Wenn über der Note ein Akzentzeichen steht, muss der Schlag deutlich lauter ausgeführt werden.

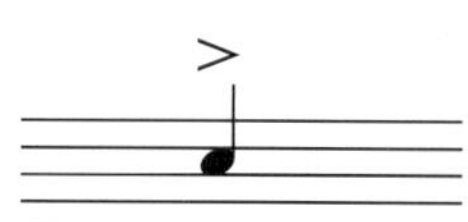

Akzent (Betonung)

Zählweise eines Taktes

Lautes Mitzählen trainiert das Rhythmusgefühl und stärkt die Koordination von Hand und Fuß. Alles, was du dir in Gedanken vorstellen kannst, kann später leichter umgesetzt werden. Das laute Zählen ist am Anfang vielleicht noch ungewohnt, aber du wirst dich schnell daran gewöhnen. Die gesprochenen Sechzehntelnoten klingen auch etwas eigenartig, aber auf diese Weise liegt die Betonung immer genau auf der Note.

Ganze, Halbe und Viertelnoten			
1 (sprich:) eins	2 zwei	3 drei	4 vier

Achtelnoten							
1 eins	& und	2 zwei	& und	3 drei	& und	4 vier	& und

Sechzehntelnoten															
1 ers-	te te	& und	te te	2 zwei	te te	& und	te te	3 drit-	te te	& und	te te	4 vier	te te	& und	te te

Groove-Schema

Diese Schreibweise soll dir am Anfang zusätzlich Sicherheit geben, das Notensystem zu verstehen. Dieses Schema ist in der richtigen Zählweise aufgeteilt und gibt dir genau an, wann du welchen Schlag machen sollst. Hier ist ein Beispiel für einen Achtel-Groove.

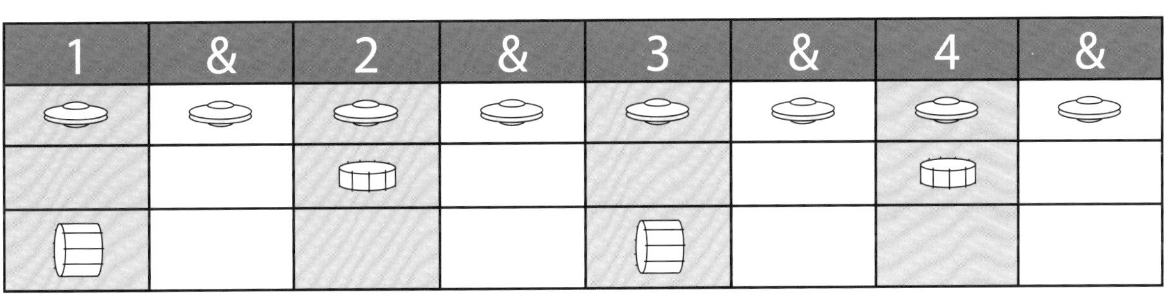

5. Snare • Noten und Pausen

Die richtige Handhaltung für die Snare

Auf dem Bild siehst du die richtige Haltung der Hände. Der Stock sollte leicht zurückfedern und das Snare-Pad muss etwas höher hängen als die Beine. Die Stockhaltung und die Sitzposition sollten regelmäßig überprüft werden.

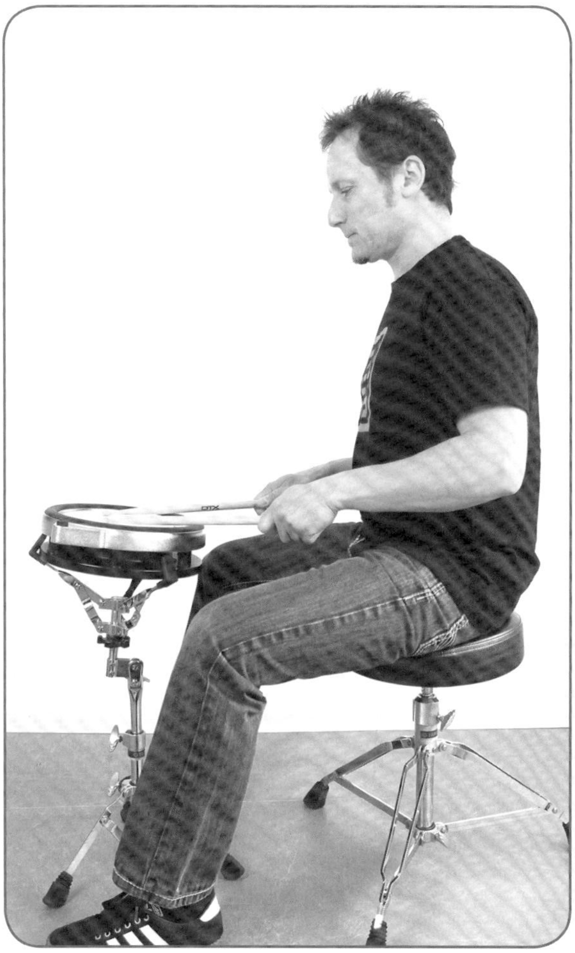

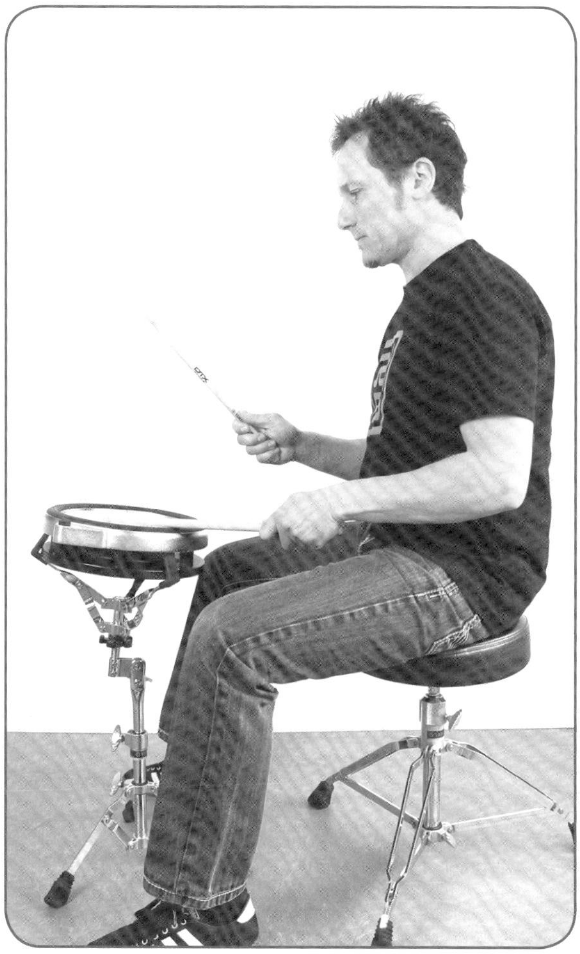

Linkshänder

Alle Übungen in diesem Buch sind für Rechtshänder ausgelegt. Wenn du Linkshänder bist, solltest du alle Übungen und Handsätze spiegelverkehrt spielen. Das erleichtert dir das Üben und deine Koordination wird nicht eingeschränkt.

Snare-Übungen • Ganze und Halbe Noten

R = rechte Hand
L = linke Hand

Alle Übungen sorgfältig und langsam durchführen. Geschwindigkeit kommt später von ganz alleine!

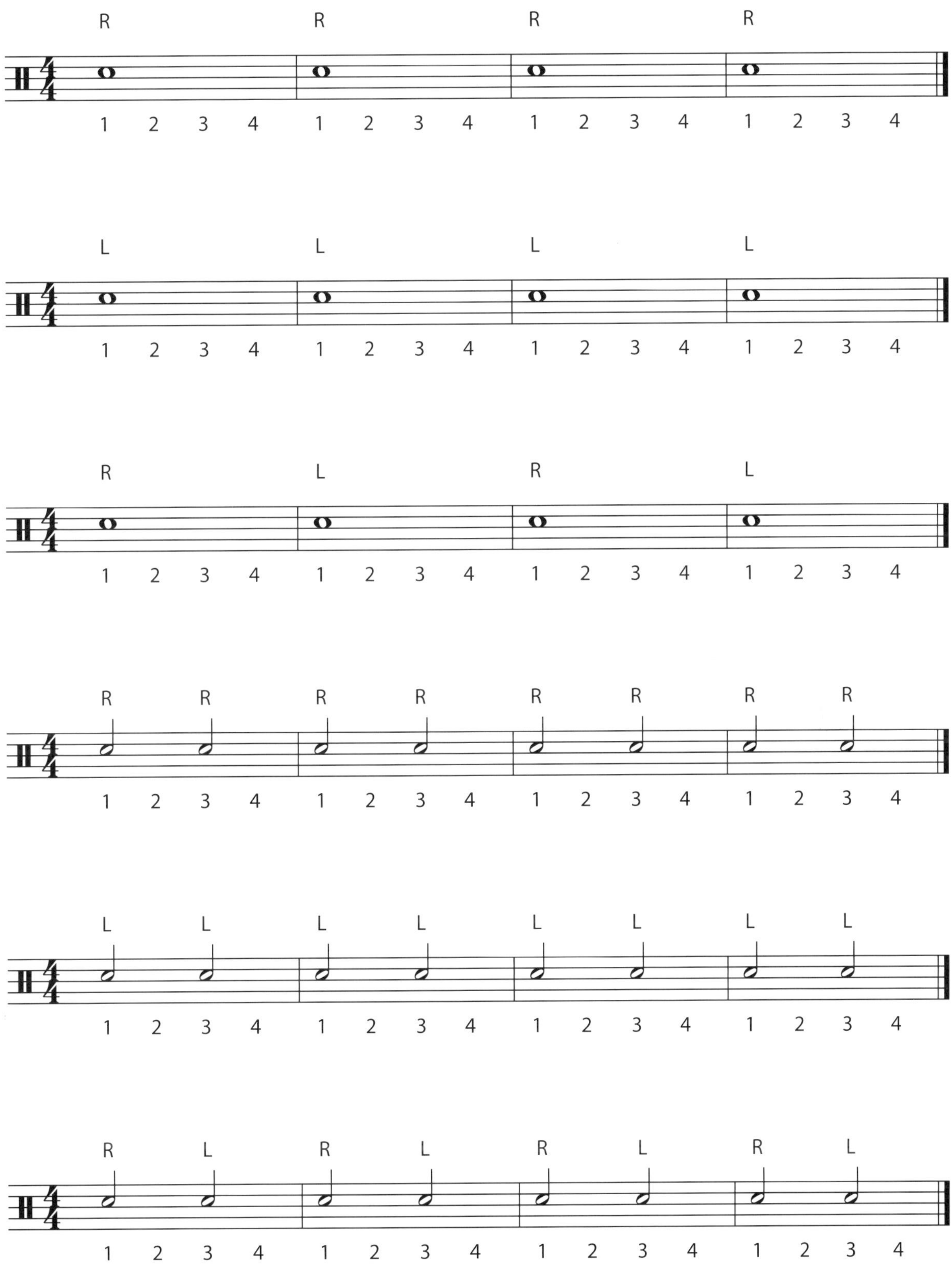

Mach mal 'ne Pause

Pausen sind in der Notation genauso wichtig. In diesem Kapitel lernen wir die Pausen anhand von Snare-Übungen kennen. Zunächst die Ganze und die Halbe Pause.

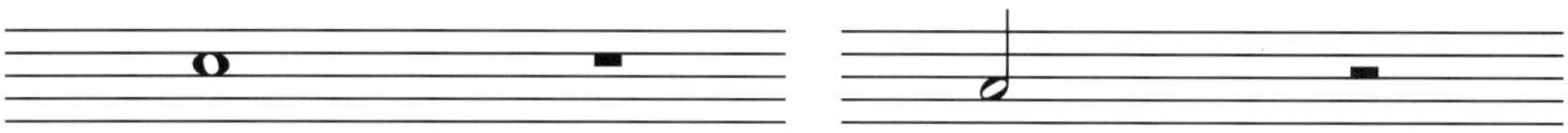

Ganze Note   Ganze Pause   Halbe Note   Halbe Pause

Snare-Übungen · Ganze und Halbe Pausen und Noten

Bitte laut mitzählen und die folgenden Übungen langsam spielen. Zunächst mit der rechten Hand und dann mit der Linken.

Hinweis: Die folgenden vier Übungen habe ich bei den Audiotracks in einem einzigen Track eingespielt. Am Anfang des Tracks gibt es einen Einzähler: zwei Takte mit Metronom, damit du dich auf das Übungstempo vorbereiten kannst.
Zwischen jeder Übung steht ein Takt Pause, in dem du nur das Metronom hörst.

Audio 001

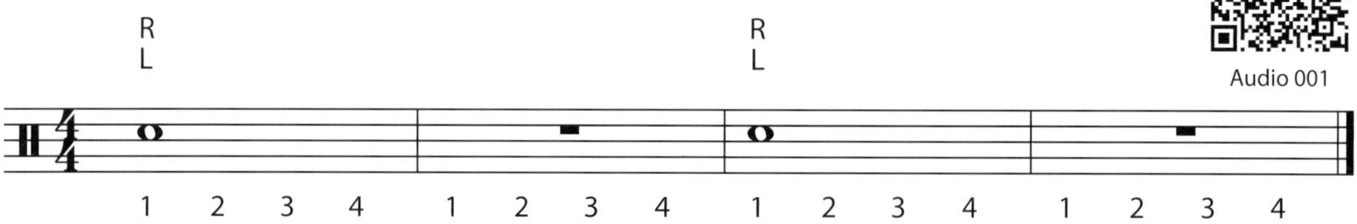

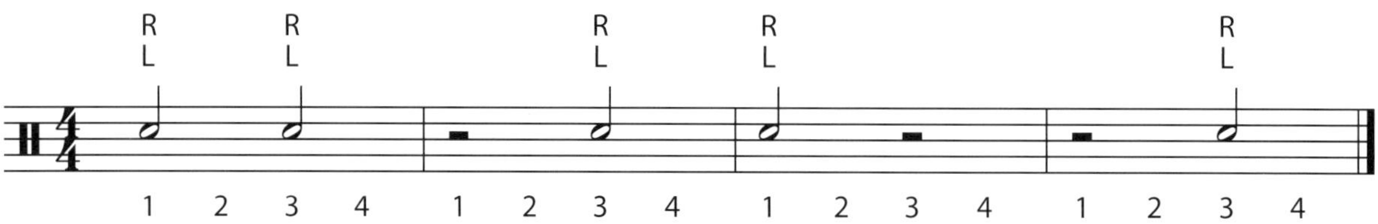

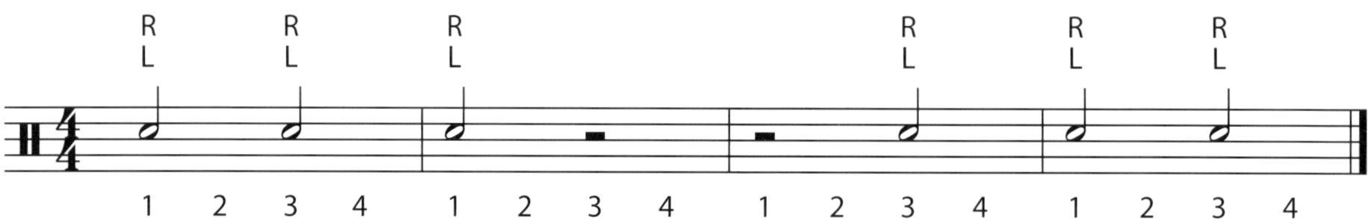

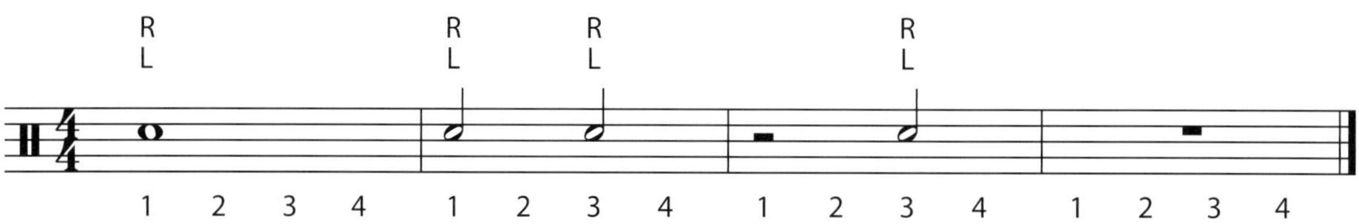

Trockenübung · Klatschen und Stampfen

Diese Trockenübung ist eine gute Vorbereitung auf die ersten Koordinationsübungen.
Du stehst einfach mal auf und trittst die Viertelnoten durchgehend mit den Füßen.

eins = rechter Fuß
zwei = linker Fuß
drei = rechter Fuß
vier = linker Fuß

Dazu klatschst du die Noten und spielst alle Pausenübungen (auch die auf den folgenden Seiten) noch einmal durch. Das gibt dir Sicherheit und trainiert dein Gefühl für die Pausen.

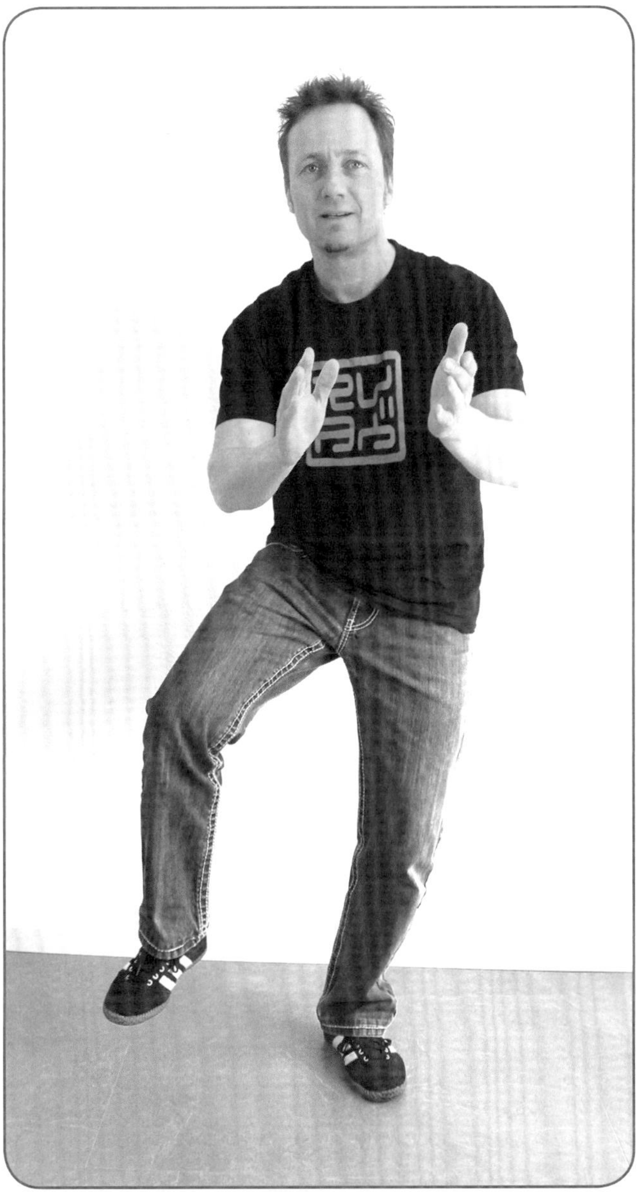

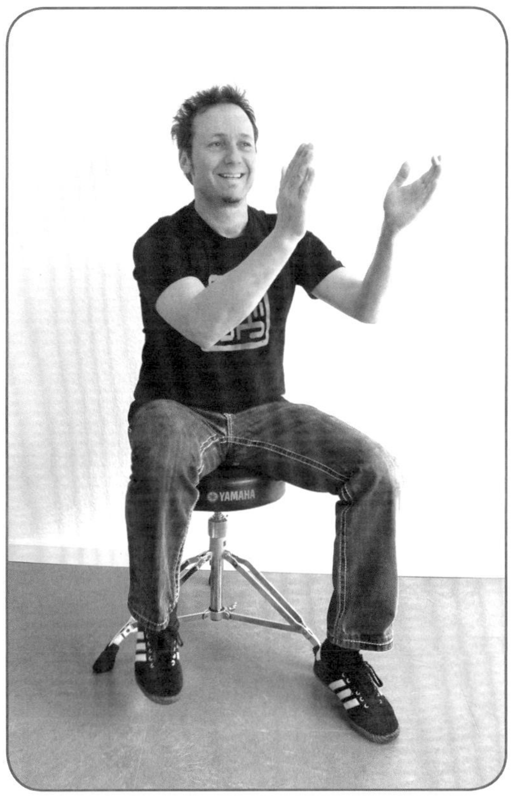

Snare-Übungen · Viertelnoten

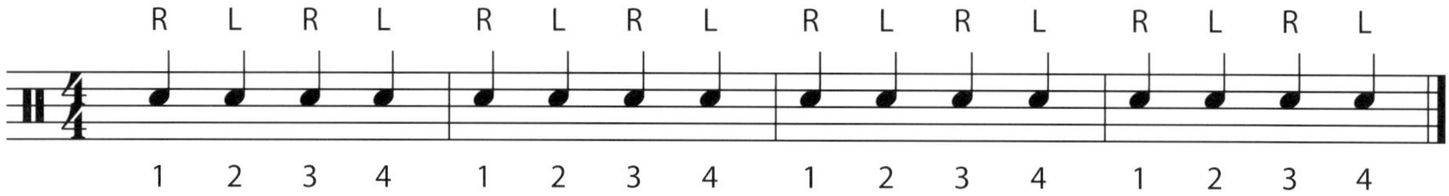

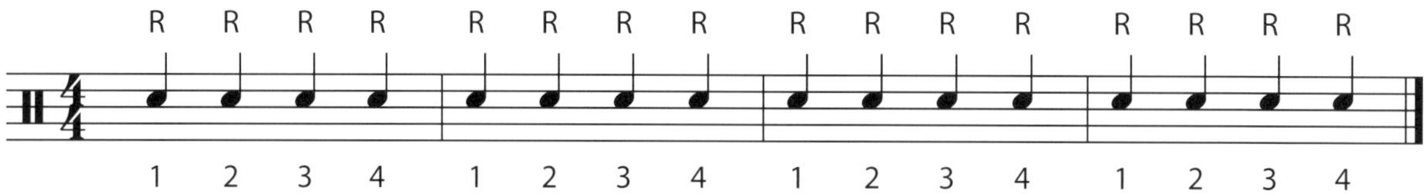

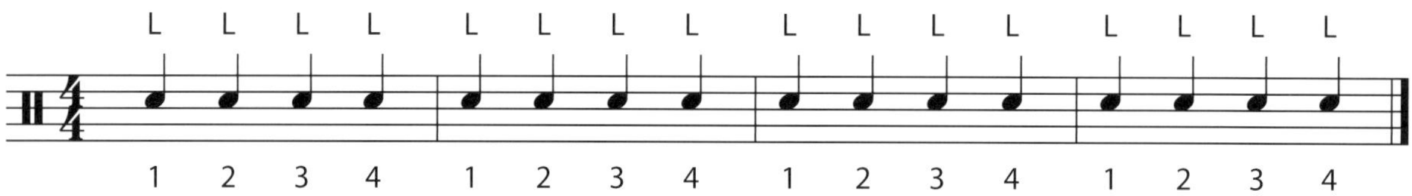

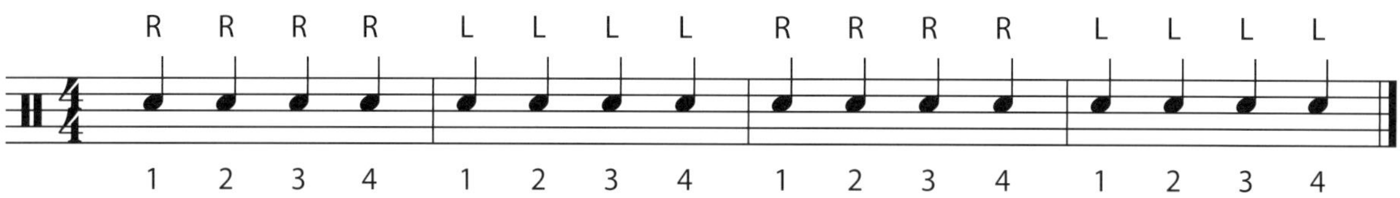

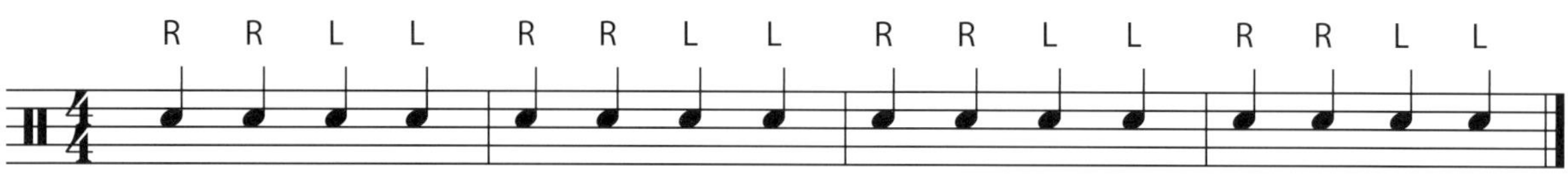

Tipp!

Bitte laut und deutlich mitzählen!

Snare-Übungen · Viertelnoten und -pausen

Audio 002

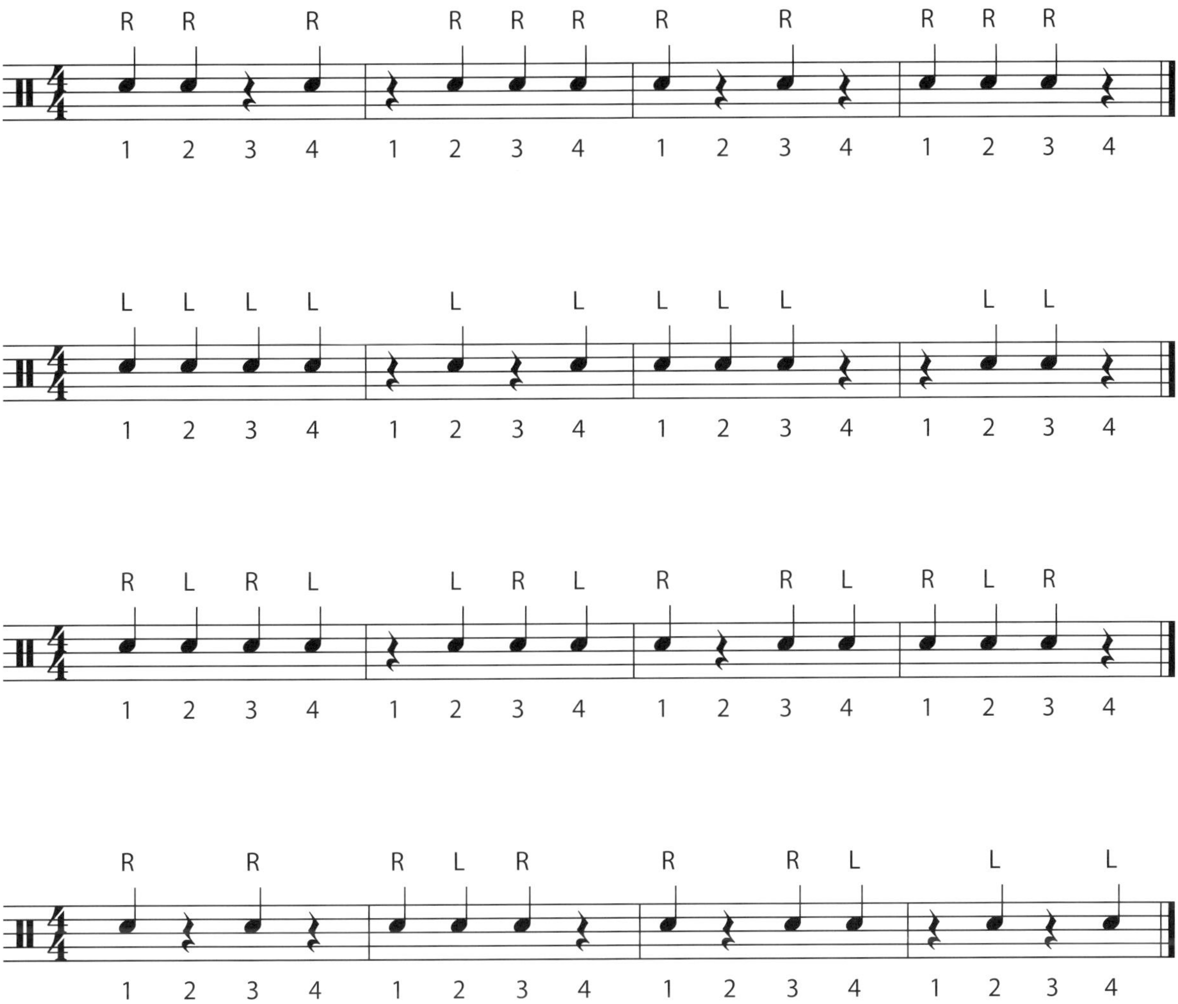

Snare-Übungen · Achtelnoten

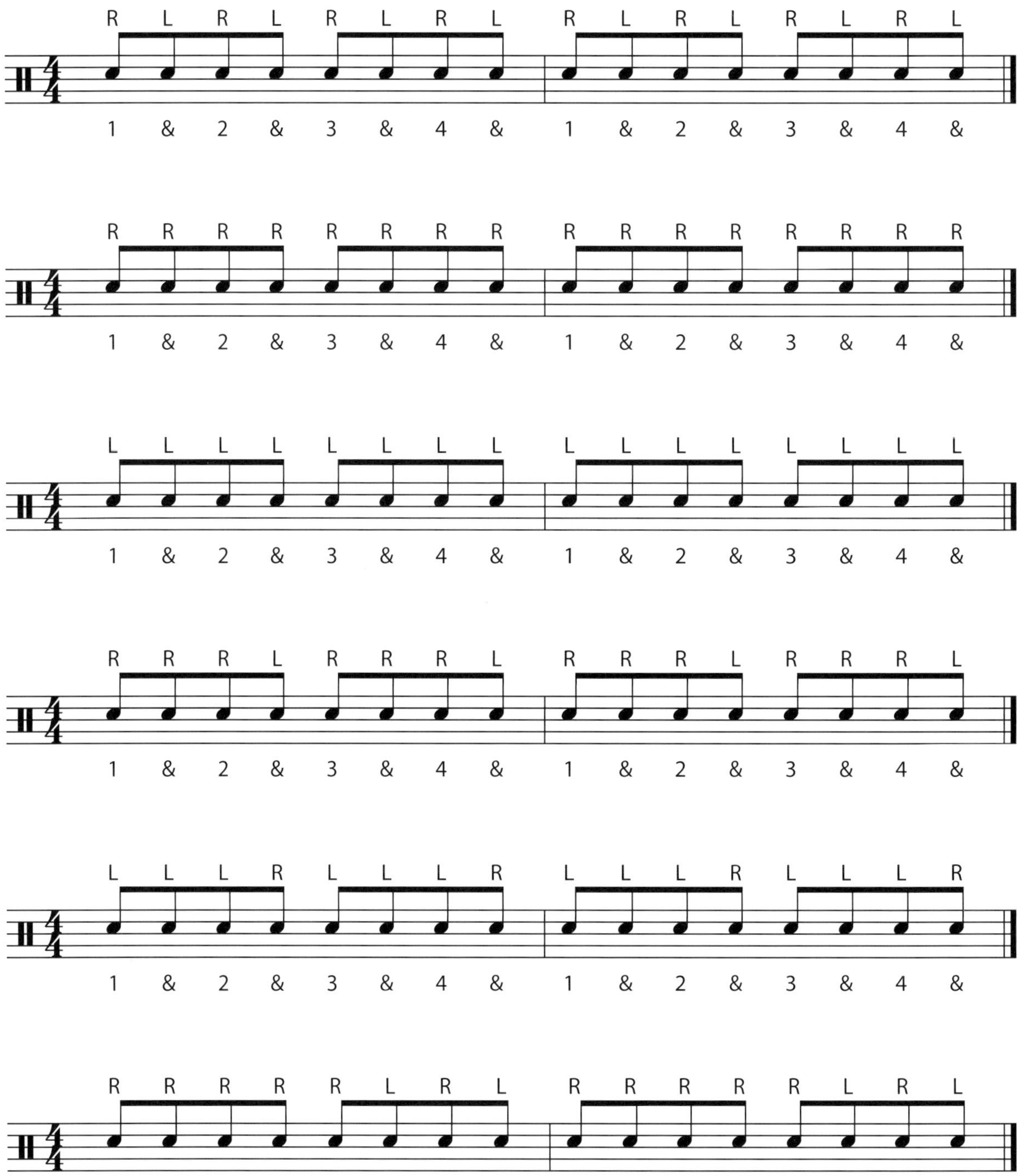

Snare-Übungen · Achtelnoten und -pausen

Audio 003

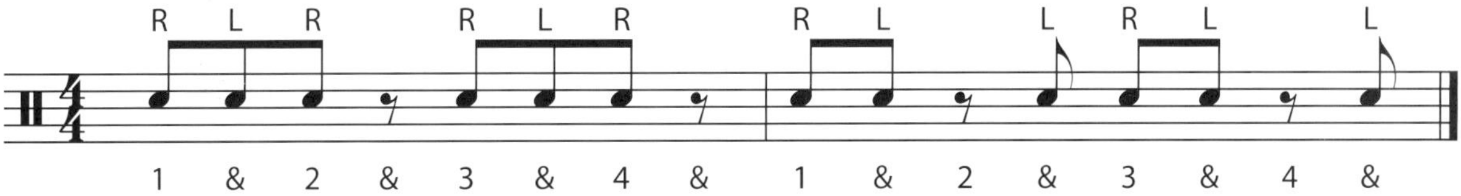

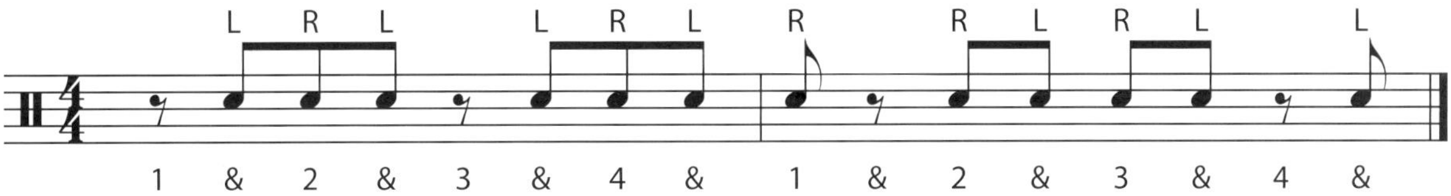

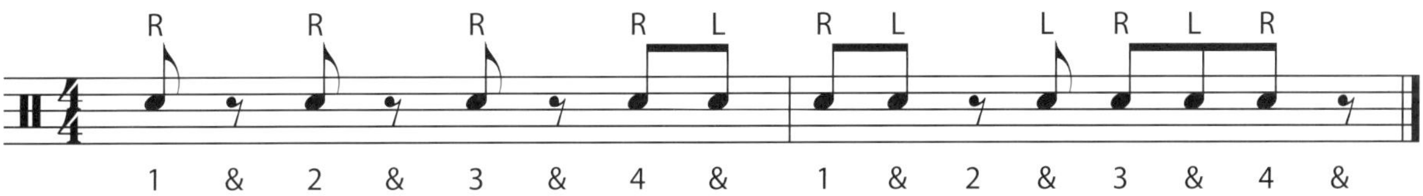

Werde kreativ ...

Nun bist du gefragt. Fülle die folgenden Takte mit deinen Noten- und Pausen-Ideen.
Du kannst auch versuchen Halbe, Ganze und Viertelpausen und -noten mit einzubauen.
Dein Schlagzeuglehrer sollte das kontrollieren.

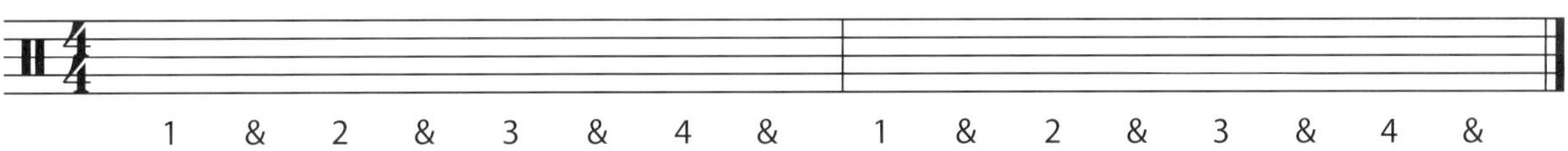

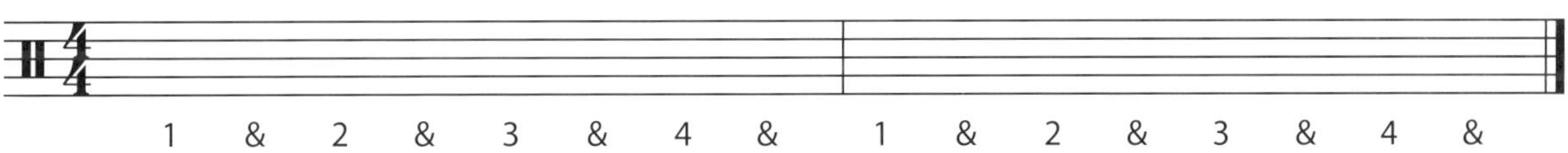

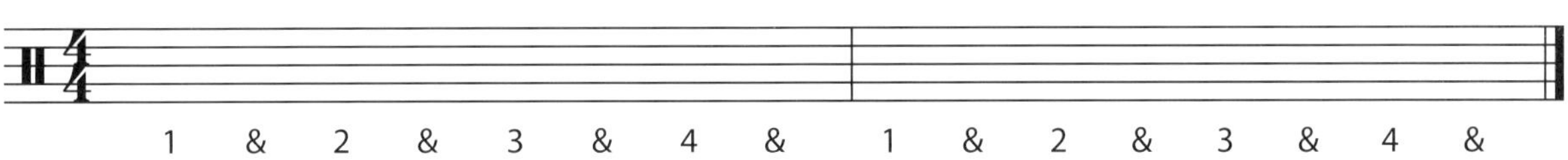

Snare-Übungen · Sechzehntelnoten

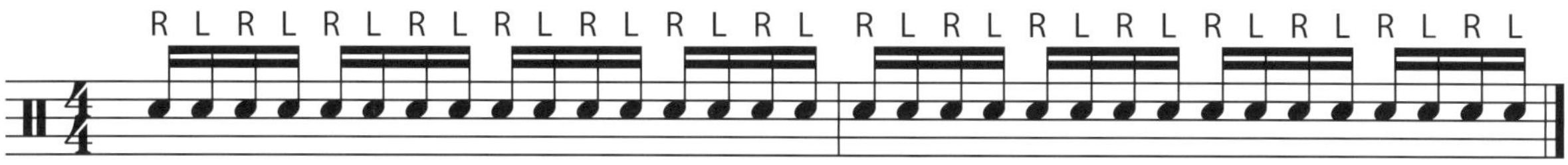

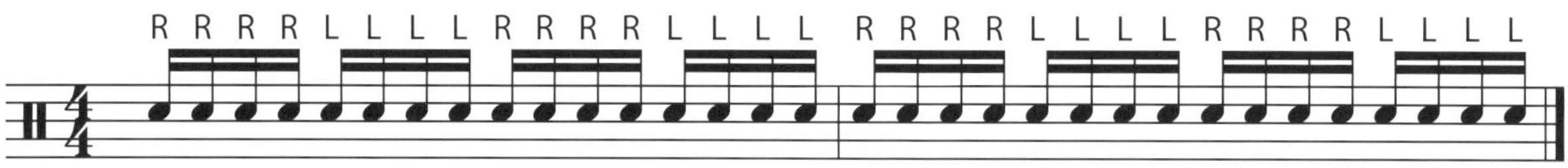

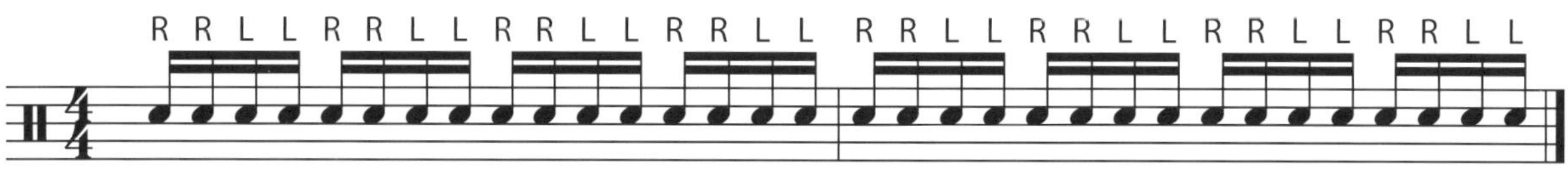

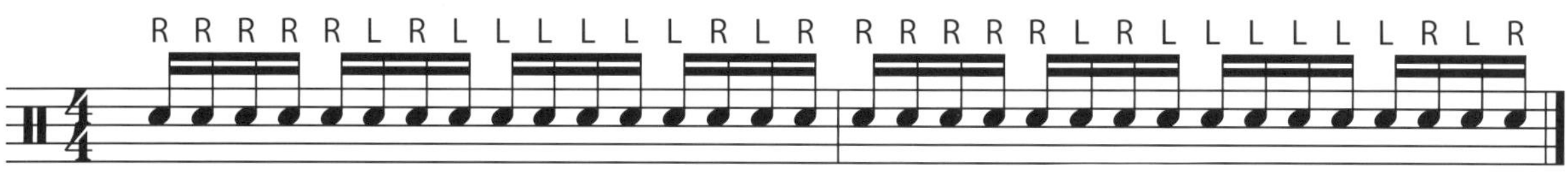

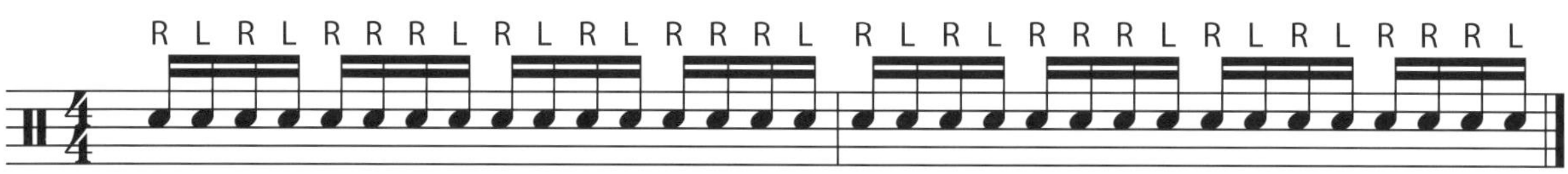

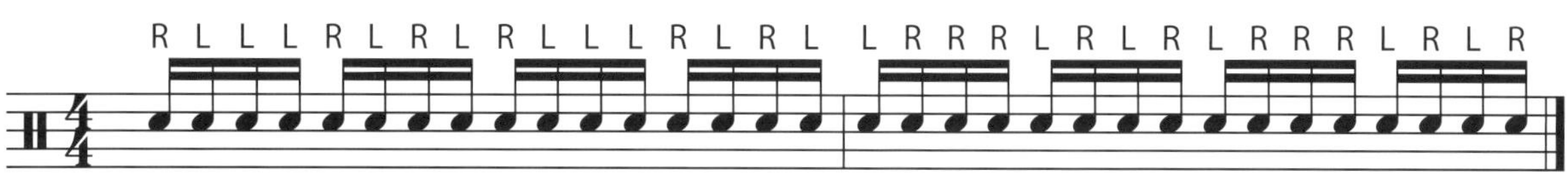

Snare-Übungen · Sechzehntelnoten und -pausen

Audio 004

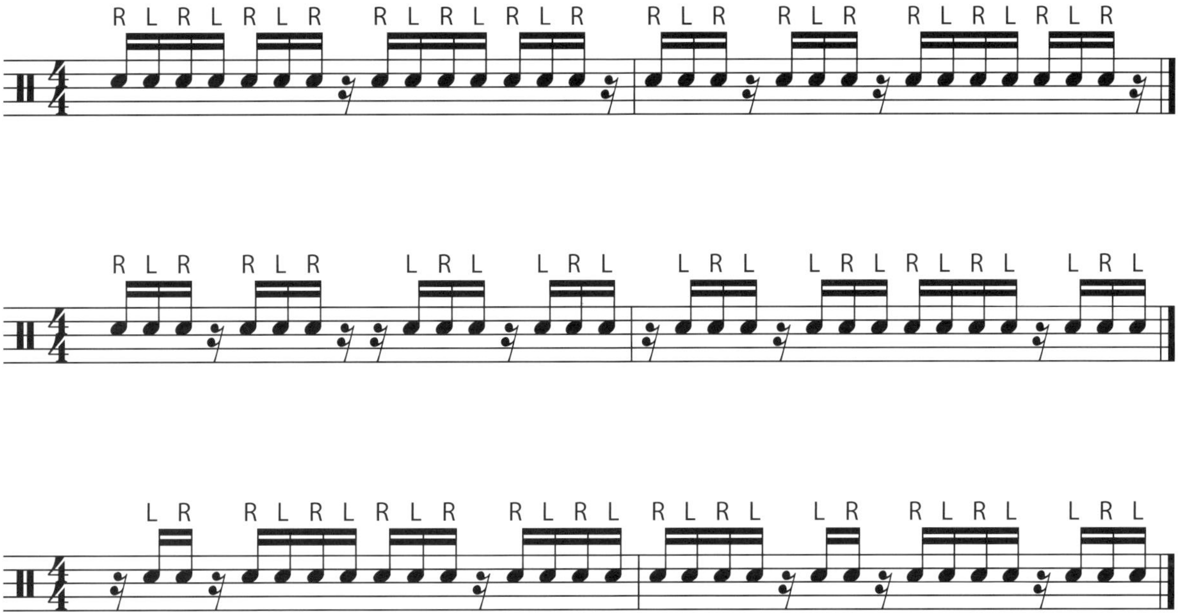

Werde kreativ ...

Nun bist du gefragt. Fülle die folgenden Takte mit deinen Noten- und Pausen-Ideen.
Du kannst auch versuchen Halbe, Ganze und Viertelpausen und -noten mit einzubauen.
Dein Schlagzeuglehrer sollte das kontrollieren.

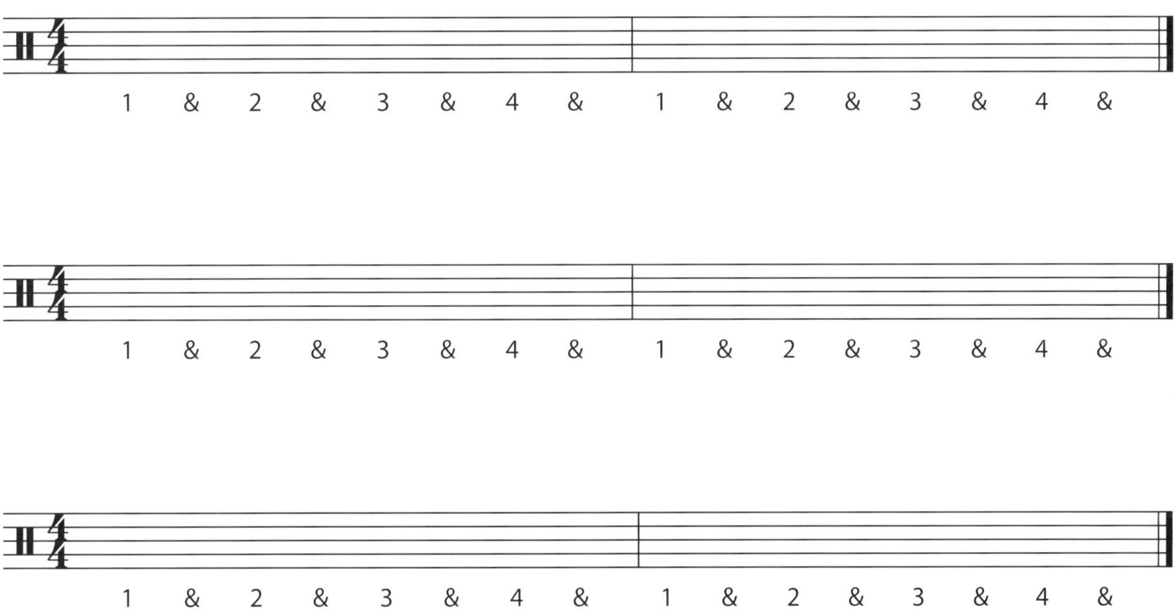

Snare-Übungen · Sechzehntel- und Achtelnoten

Sechzehntelnoten in Verbindung mit Achtelnoten ergeben tolle Kombinationen, die auch oft in Fill-Ins vorkommen und sich auch auf den Toms spielen lassen. In dieser Übung lernst du diese Kombination zunächst auf der Snare kennen.

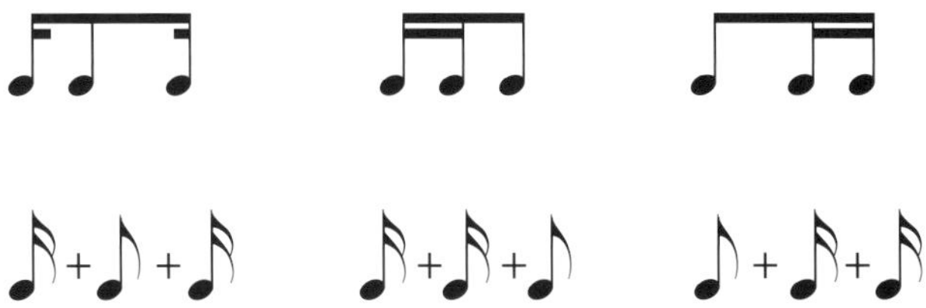

Audio 005

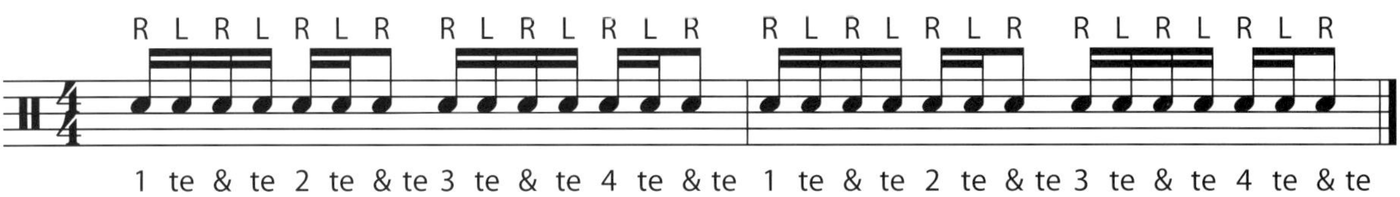

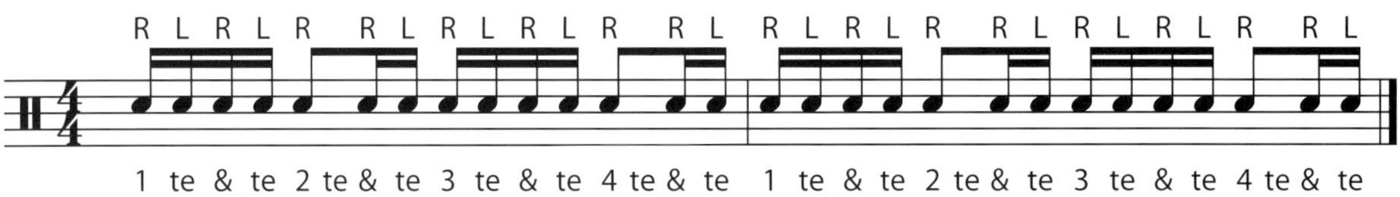

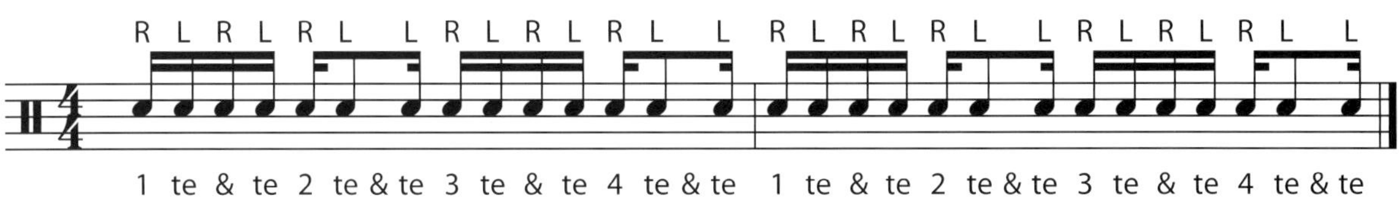

Beachte!

Diese drei verschiedenen Kombinationen solltest du im Schlaf beherrschen. Erst danach kannst du die nächste Seite durcharbeiten.

Verschiedene Kombinationen • Sechzehntel- und Achtelnoten

Audio 006

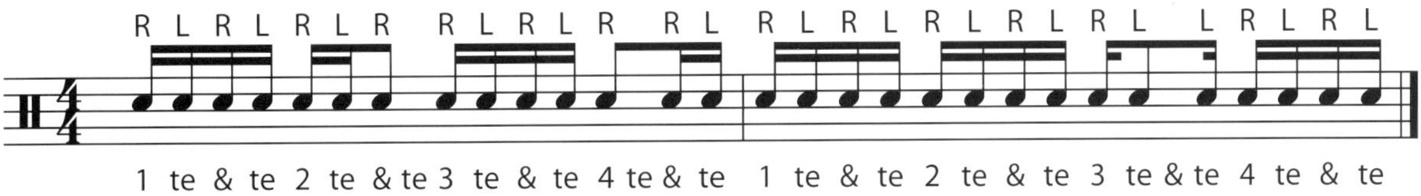

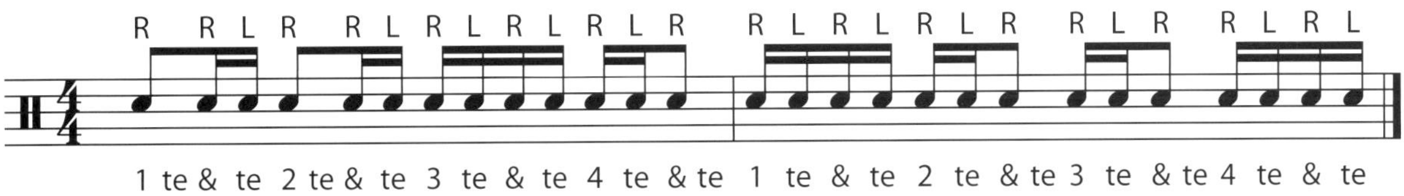

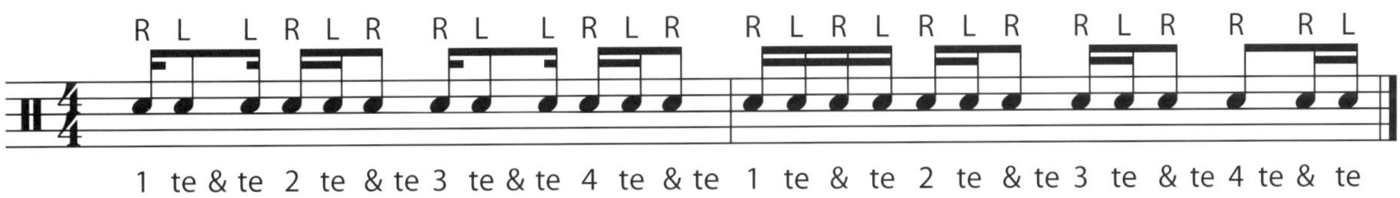

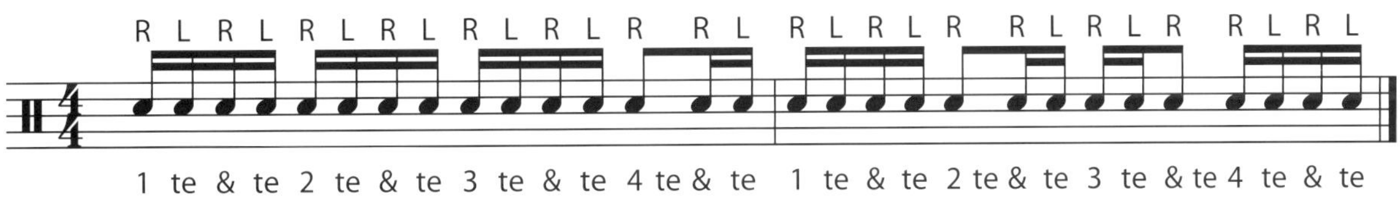

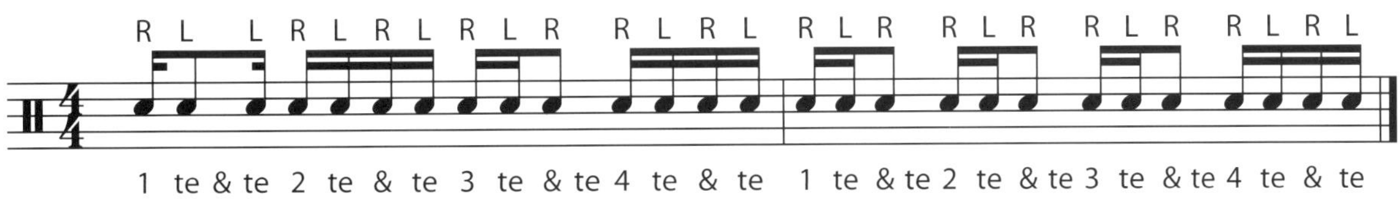

Tipp!

Wenn du die einzelnen Übungen beherrschst, kannst du die Seite komplett in einem Durchgang spielen.

Dein erstes Snare-Solo

Nun lernst du dein erstes Solo mit Noten und Pausen. Bitte ganz langsam üben und später die Geschwindigkeit steigern.
Das Solo sollte flüssig gespielt werden.

Tipp!

Gewöhne dir an, die Noten vorausschauend zu lesen, damit du dich auf die zu spielenden Noten vorbereiten kannst.

Audio 007

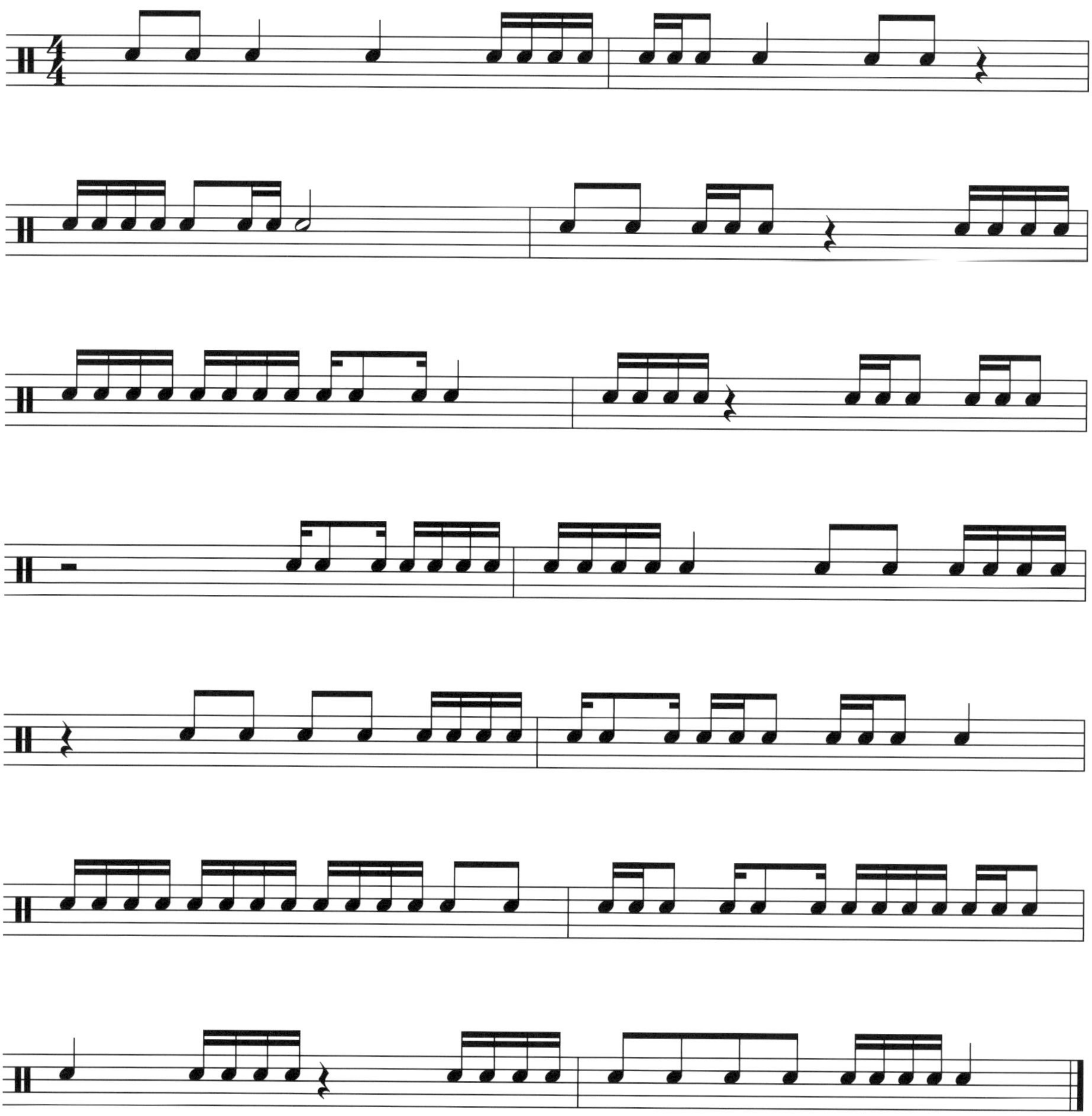

R = rechte Hand
L = linke Hand

Die folgenden Übungen solltest du jeden Tag durchführen oder einfach als Aufwärmübungen sehen. Dann wirst du schnell immer besser und kannst langsam auch das Tempo steigern.

	1	te	&	te	2	te	&	te	3	te	&	te	4	te	&	te
1.	R	R	R	R	R	R	R	R	R	R	R	R	R	R	R	R
2.	L	L	L	L	L	L	L	L	L	L	L	L	L	L	L	L
3.	R	L	R	L	R	L	R	L	R	L	R	L	R	L	R	L
4.	R	R	R	L	R	R	R	L	R	R	R	L	R	R	R	L
5.	L	L	L	R	L	L	L	R	L	L	L	R	L	L	L	R
6.	R	L	L	L	R	L	L	L	R	L	L	L	R	L	L	L
7.	L	R	R	R	L	R	R	R	L	R	R	R	L	R	R	R
8.	R	L	L	L	L	R	R	R	R	L	L	L	L	R	R	R
9.	R	R	L	L	R	R	L	L	R	R	L	L	R	R	L	L
10.	R	R	L	L	L	L	R	R	R	R	L	L	L	L	R	R
11.	R	L	R	R	L	R	L	L	R	L	R	R	L	R	L	L
12.	R	L	L	R	R	L	L	R	R	L	L	R	R	L	L	R
13.	L	R	R	L	L	R	R	L	L	R	R	L	L	R	R	L

Tipp!

Wenn du schneller spielen kannst und mit dem Zählen nicht mehr mitkommst, kannst du auch nur noch die Zahlen zählen und die Silben für die Sechzehntelnoten zwischen den Zahlen weglassen.

E-Drum-Workshop Nr. 1

Stimmen • Tuning

Eine akustische Trommel hat mehrere Spannschrauben, mit denen man das Trommelfell spannen oder lockern kann. Diesen Vorgang muss man regelmäßig üben, damit man ein Gefühl für den richtigen Eigenklang der Trommel entwickeln kann. Normalerweise stimmt man das Resonanz- und das Schlagfell auf die gleiche Tonhöhe, aber wenn man einen bestimmten Klang erzeugen möchte, kann das auch variieren. Das hängt immer von der Musikrichtung und dem eigenen Geschmack ab. Bei einer akustischen Snare ist das Resonanzfell in der Regel stärker gespannt als das Schlagfell.

Bei den E-Drums übernimmt das Soundmodul die Arbeit des Stimmens. Man hat mit einem E-Drum die Möglichkeit, die Stimmung über ein paar Tasten zu verändern. Bei einem guten Modul muss man nur in das entsprechende Menü gehen und das Pad anschlagen, das man verändern möchte. Über die Plus-/Minustasten oder ein Wahlrad verändert man dann die Tonhöhe der Trommel. Das Modul bedient sozusagen alle Spannschrauben gleichzeitig und ändert den Ton optimal. Aber auch die Becken lassen sich bei einem Soundmodul höher- und tieferstimmen. Das geht bei einem akustischen Becken natürlich nicht.

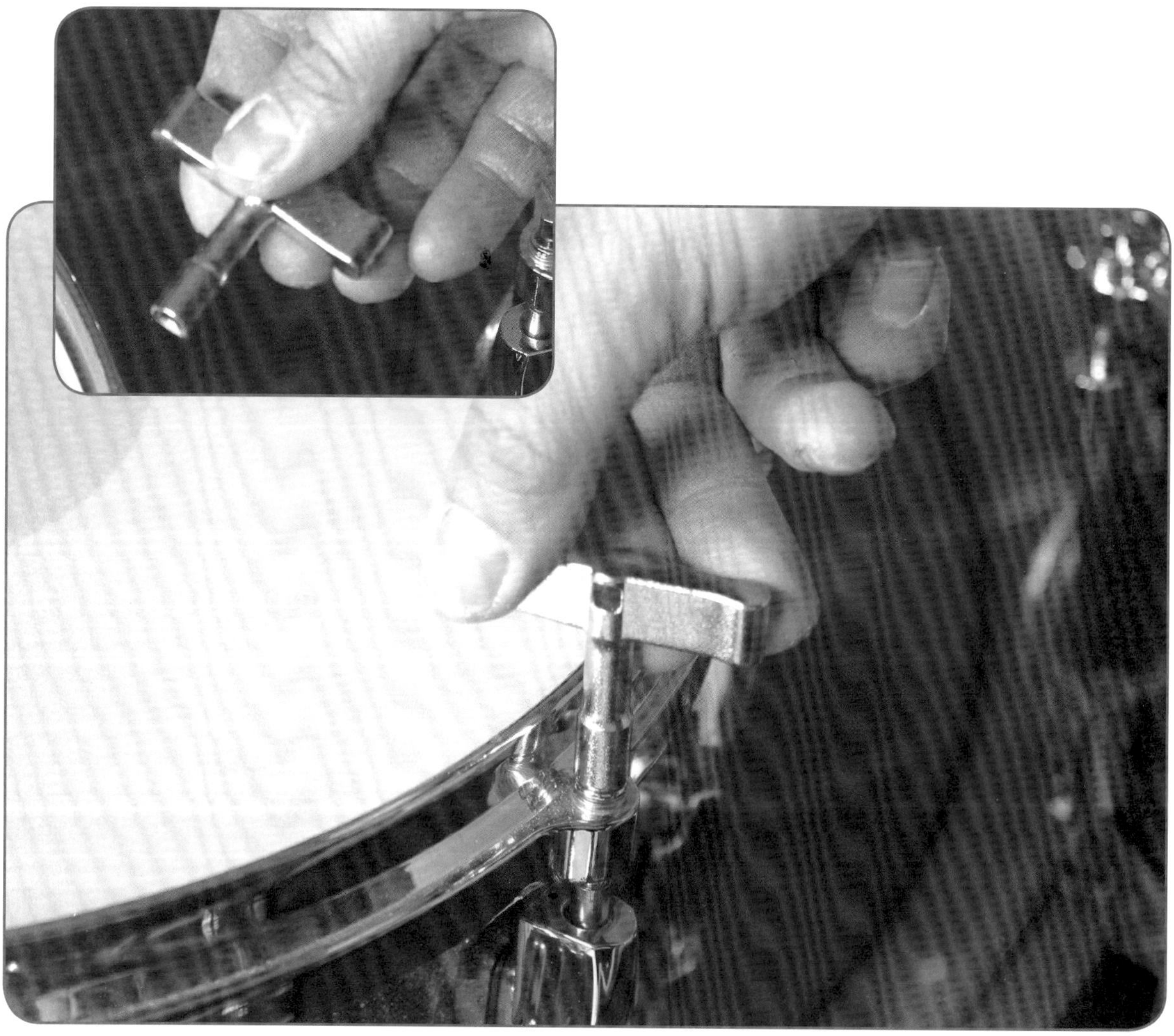

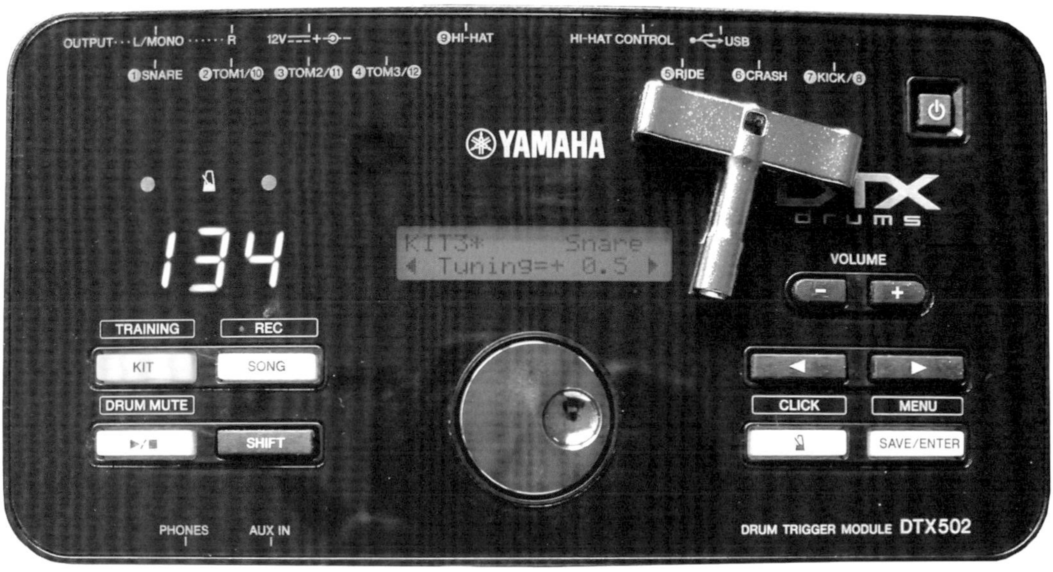

Stimme deine Pads nach oben und nach unten

Da ich nicht weiß, welches Soundmodul du benutzt, solltest du nun deine Bedienungsanleitung zur Hand nehmen und nach der Tuning- oder Pitch-Funktion suchen. Gehe in das entsprechende Menü und versuche, die Stimmung der Snare zu verändern. Durch das Stimmen der Snare ergeben sich wieder ganz neue Sounds, die viel Spaß machen und auch nützlich sind.

Das Gleiche kannst du auch mit allen anderen Pads ausprobieren und dein eigenes Drum-Kit programmieren.

Tipp!

Speichern nicht vergessen, wenn du ein tolles Drum-Kit programmiert hast.

Vorbereitung auf den ersten Groove

Es ist nicht schwer einen kompletten Groove zu spielen. Wenn du die folgenden Übungen langsam und sorgfältig durchführst, kannst du ganz schnell den ersten Grund-Groove spielen. Dafür ist die richtige Stockhaltung und die Sitzposition sehr wichtig. Die rechte Hand spielt auf der Hi-Hat und die linke darunter auf der Snare. Der Oberkörper ist gerade und enspannt.

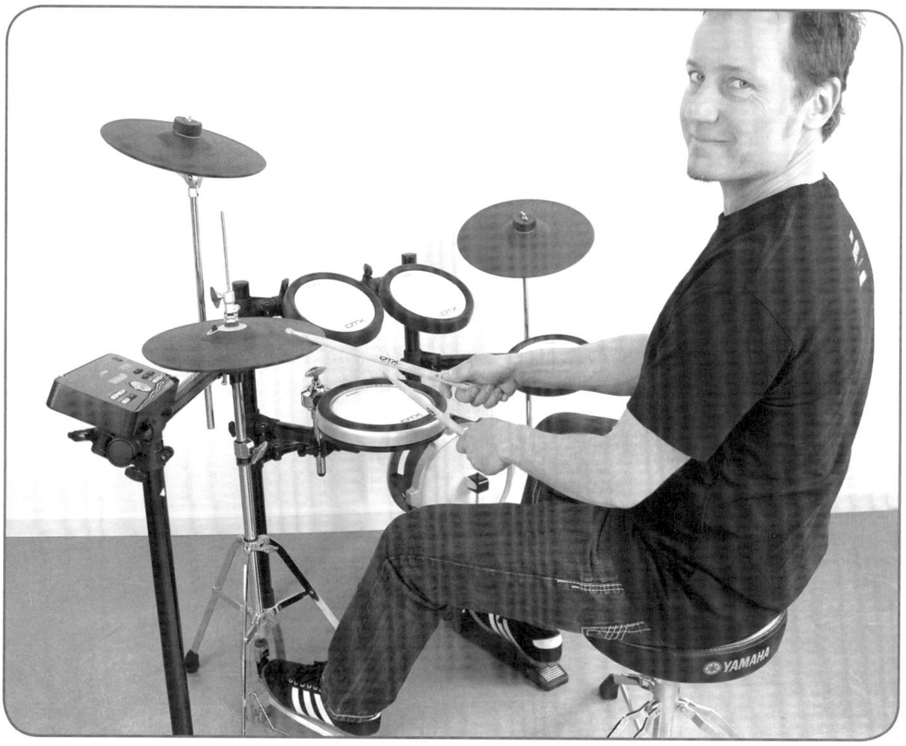

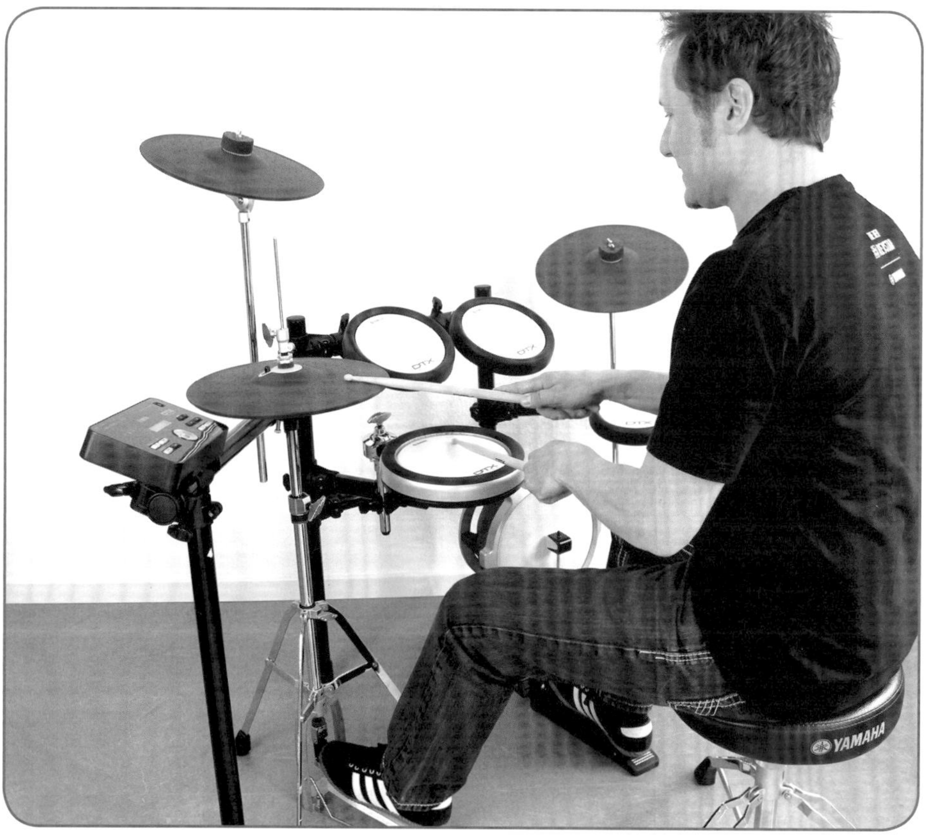

Rechter und linker Fuß

Jetzt kommt auch der Fuß zum Einsatz. Du spielst die Bassdrum mit der Fußspitze des rechten Fußes (Seite 17). Der linke Fuß steht auf dem Hi-Hat-Pedal und schließt die Hi-Hat. Die Hi-Hat bleibt vorerst immer geschlossen.

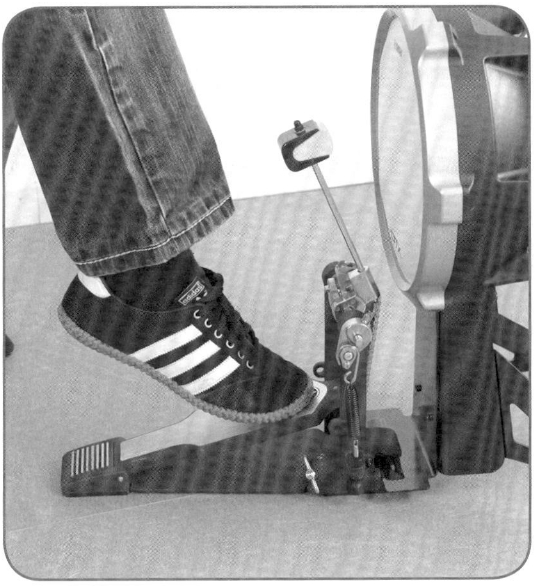

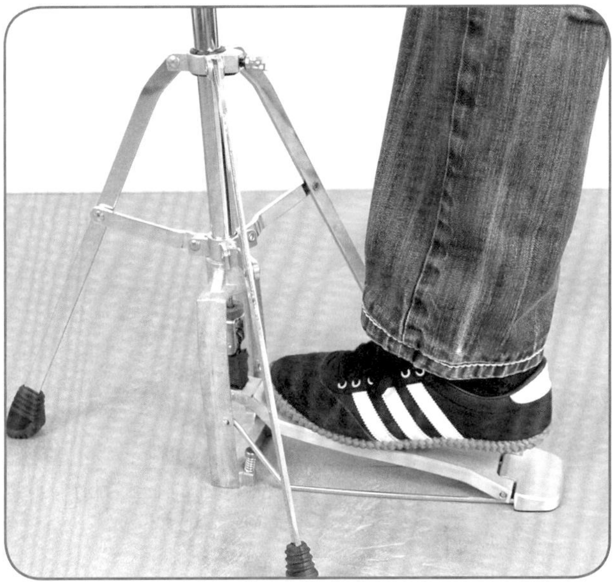

Tipp!

Alle Übungen in diesem Buch sind für Rechtshänder ausgelegt. Wenn du Linkshänder bist, solltest du alle Übungen und Handsätze spiegelverkehrt spielen. Das erleichtert dir das Üben und deine Koordination wird nicht eingeschränkt.

6. Dein erster Viertel-Groove

Audio 008

Hier wird als erstes die Hi-Hat geübt. Danach folgt die Snare zusammen mit der Hi-Hat und der Fuß folgt in der 3. Übung. Wichtig ist dabei die Viertelzählweise (Seite 25). Die Hi-Hat spielt alle Viertelnoten. Die Snare wird auf 2 und 4 gespielt. Die Bassdrum folgt auf 1 und 3. Snare und Bassdrum werden immer gleichzeitig mit der Hi-Hat gespielt.

Übung 1 · Hi-Hat, rechte Hand

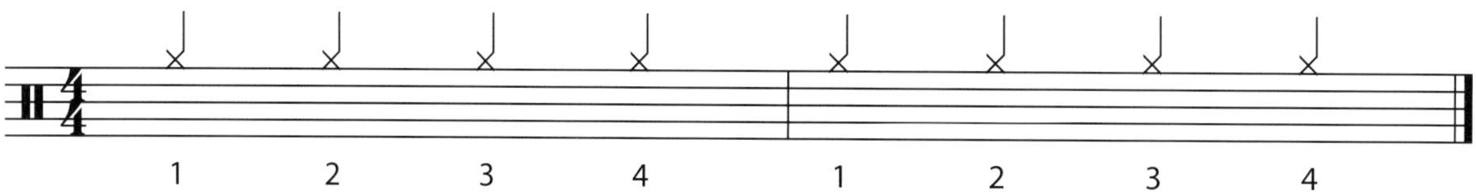

Übung 2 · Snare, linke Hand auf „zwei“ und „vier“

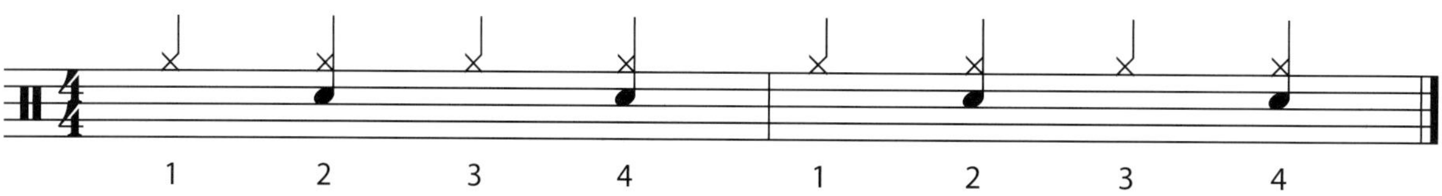

Übung 3 · Bassdrum, rechter Fuß auf „eins“ und „drei“

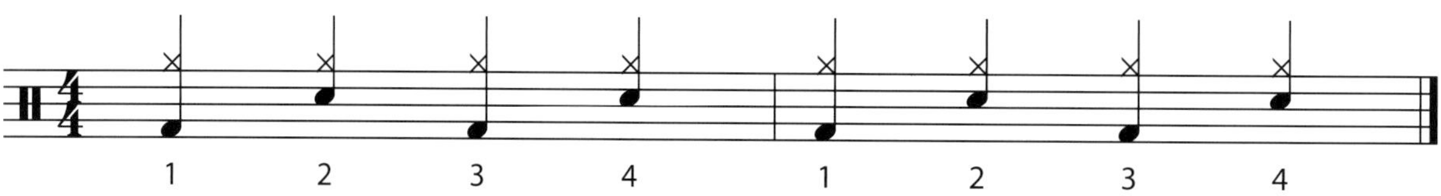

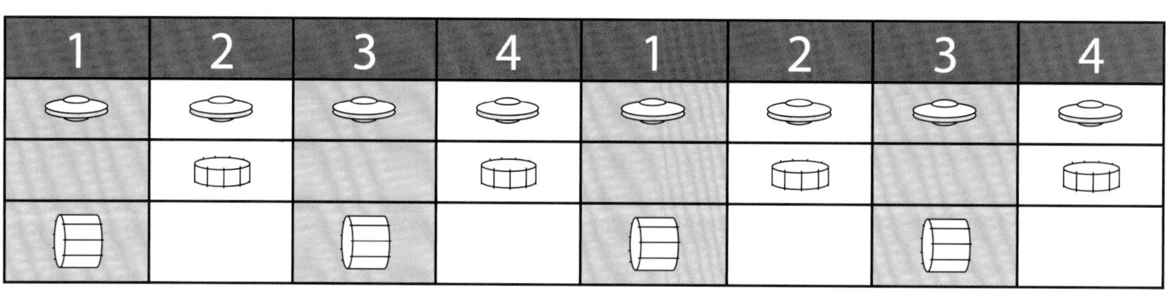

Variationen • Viertel-Groove

Audio 009

Diese Übungen solltest du auch mit dem Metronom oder einem Playalong spielen. Ein gutes Soundmodul sollte die Möglichkeit haben, das Tempo des Metronoms zu verändern. Zuerst immer langsam üben!

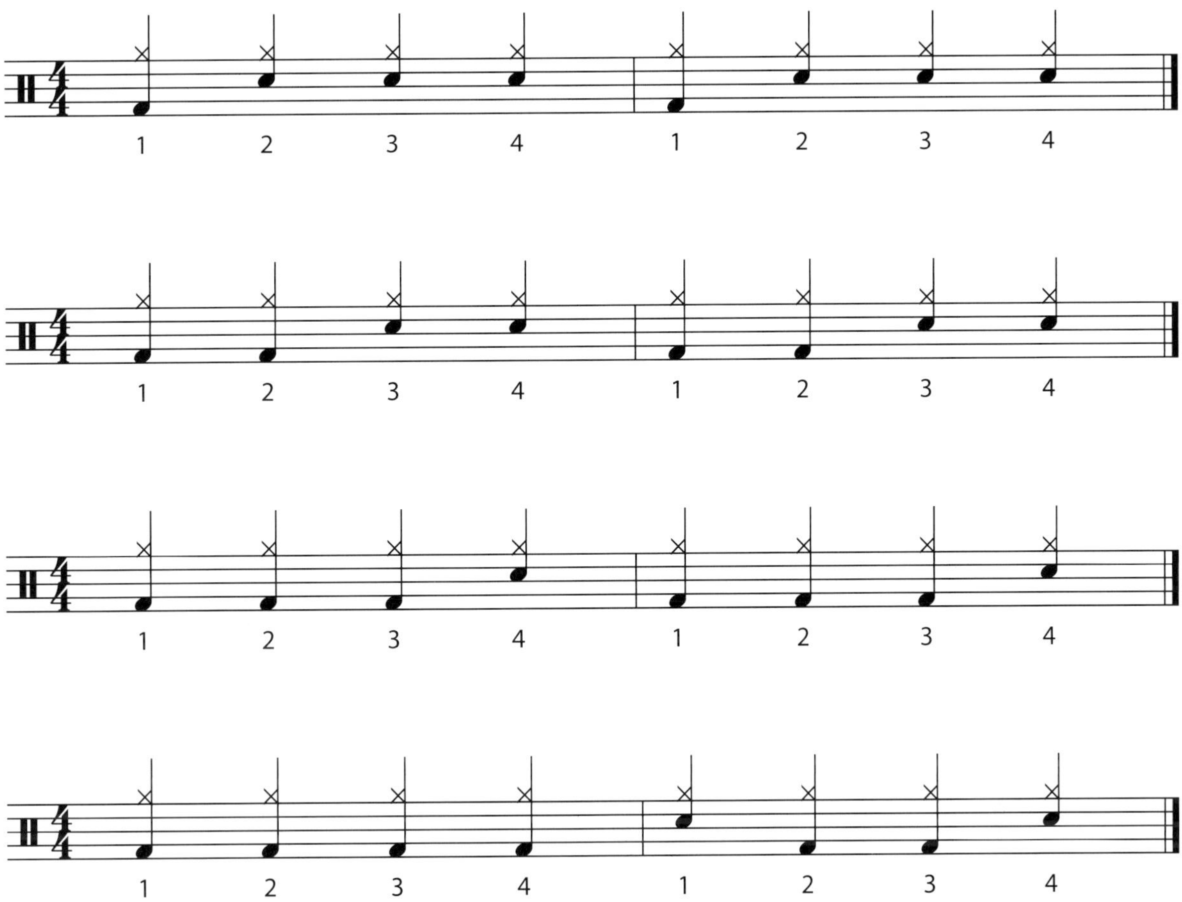

Audio 010

7. Dein erster Achtel-Groove

Auch beim Achtel-Groove starten wir mit der Hi-Hat.
Danach folgt die Snare zusammen mit der Hi-Hat und der Fuß folgt in der 3. Übung. Wichtig ist dabei die Achtelzählweise (Seite 25). Die Hi-Hat spielt alle Achtelnoten. Die Snare wird auf 2 und 4 gespielt. Die Bassdrum folgt auf 1 und 3. Snare und Bassdrum werden immer genau mit der Hi-Hat zusammen gespielt.

Übung 1 · Hi-Hat, rechte Hand

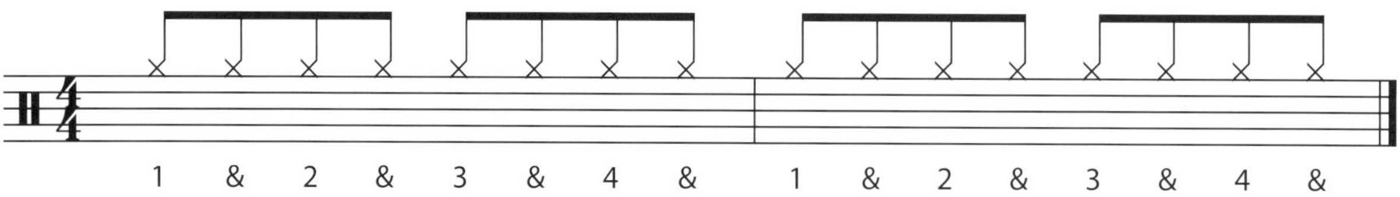

Übung 2 · Snare, linke Hand auf „zwei" und „vier"

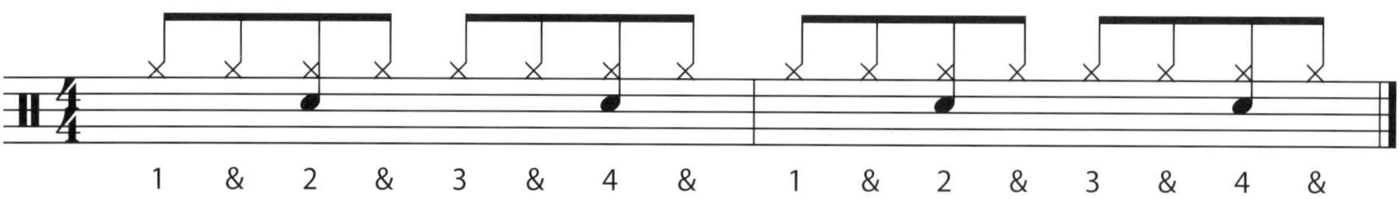

Übung 3 · Bassdrum, rechter Fuß auf „eins" und „drei"

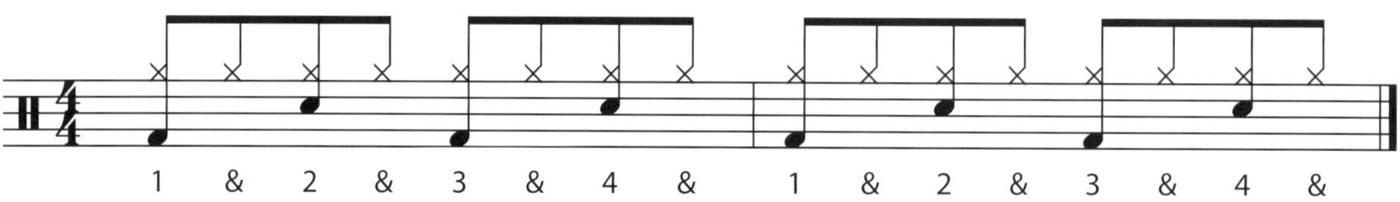

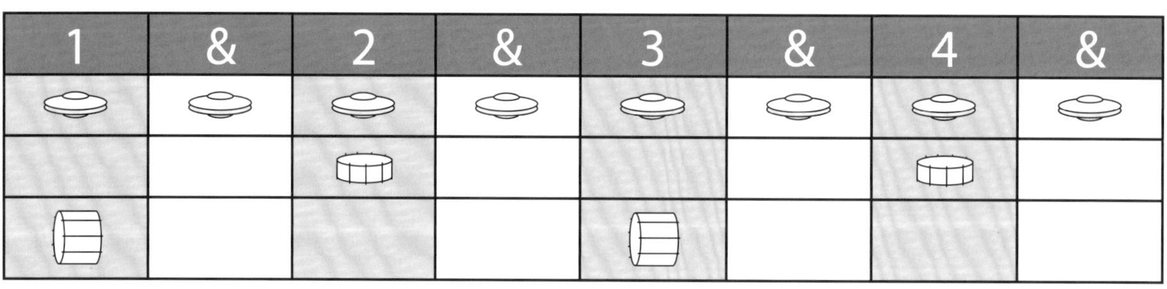

Hinweis: Dieses Schema muss für die Übung 3 zweimal gespielt werden.

Bassdrum-Variationen · Achtel-Groove

Audio 011

Diese Grooves eignen sich auch hervorragend für ein Playalong.
Such dir einfach einen von den Audiotracks aus oder such in deinem Modul nach einem passenden Song.

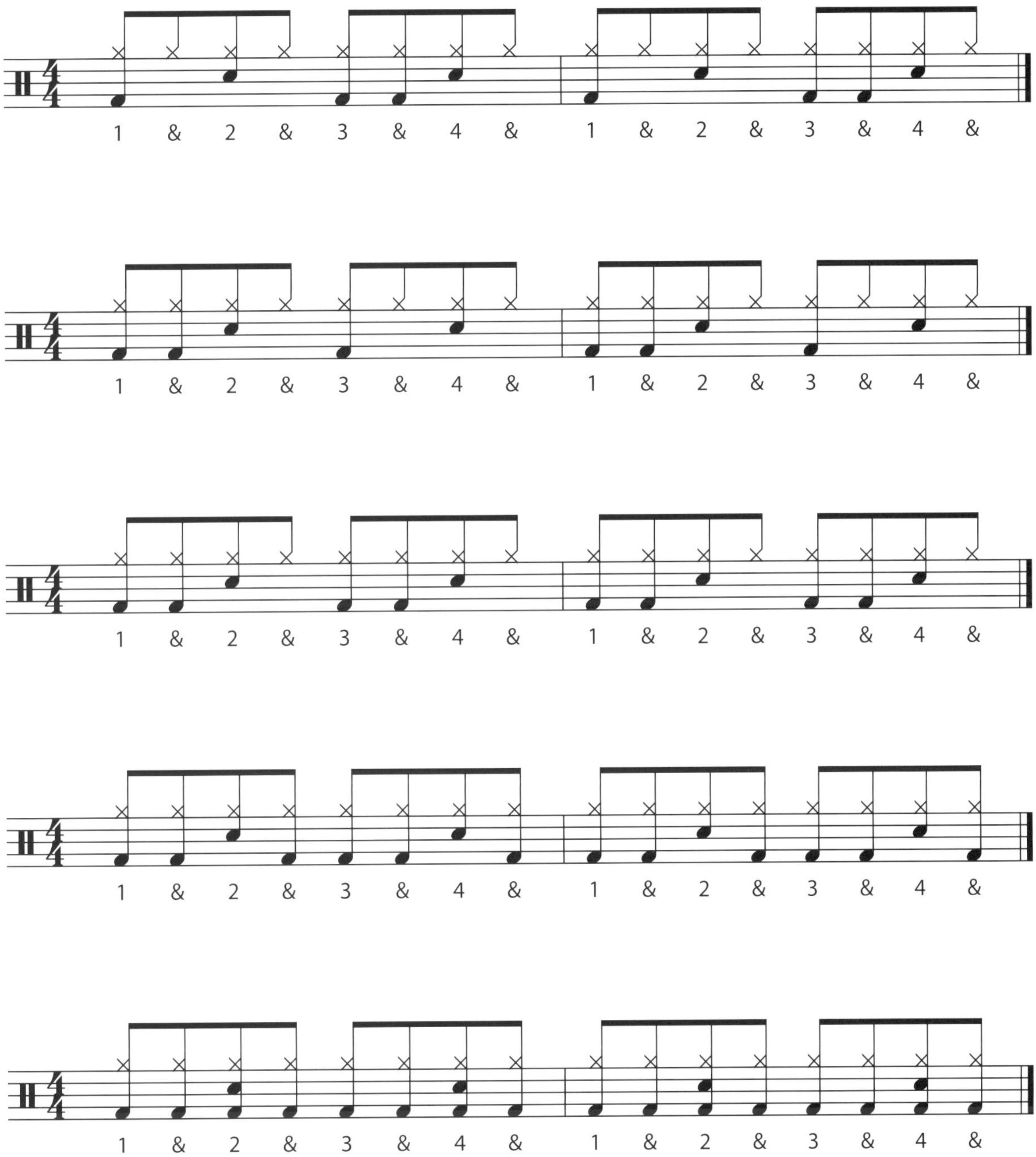

Snare-Variationen · Achtel-Groove

Audio 012

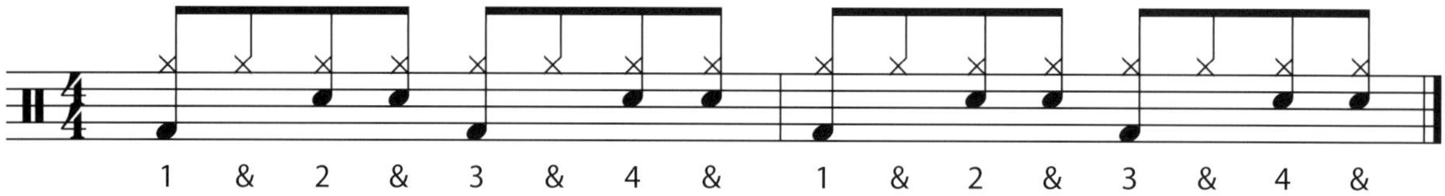

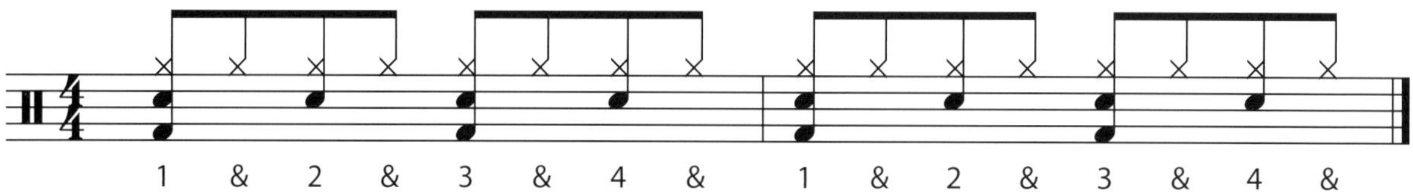

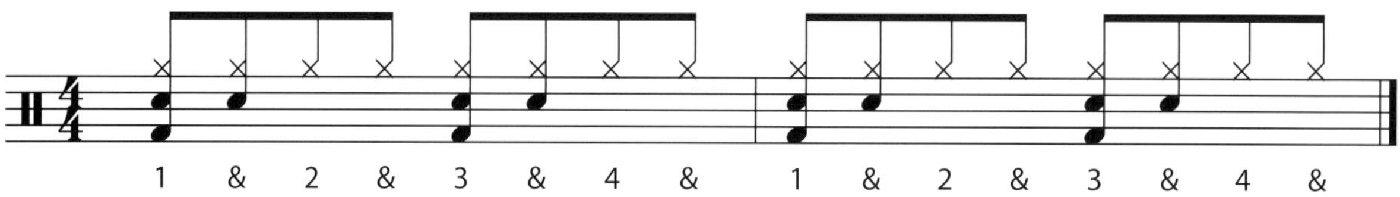

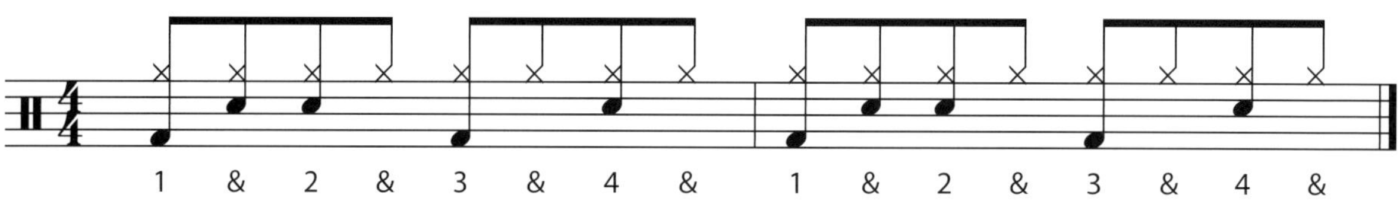

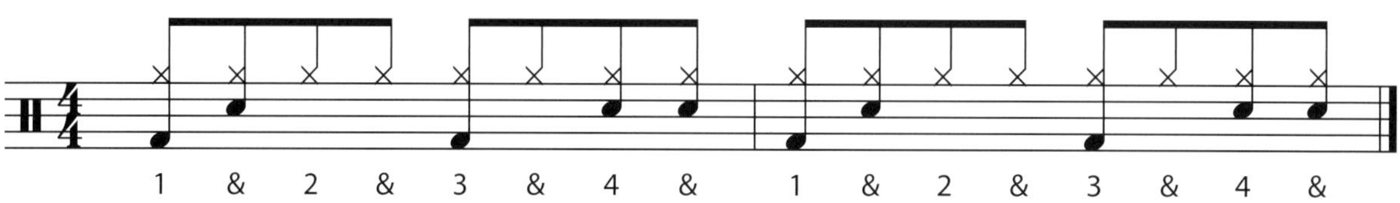

Tipp!

Denke daran, die Hände regelmäßig zu lockern und zu dehnen. Übungen auf 18.

Werde kreativ …

Fülle die folgenden Takte mit deinen Lieblings-Achtel-Grooves.
Auch hier sollte der Lehrer das kontrollieren.

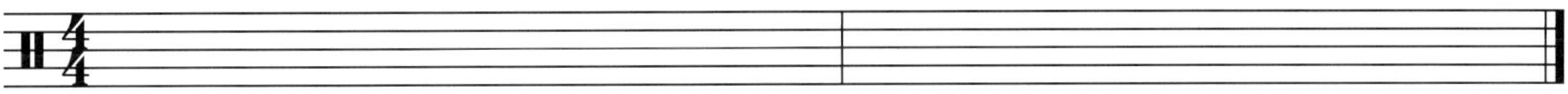

1 & 2 & 3 & 4 & 1 & 2 & 3 & 4 &

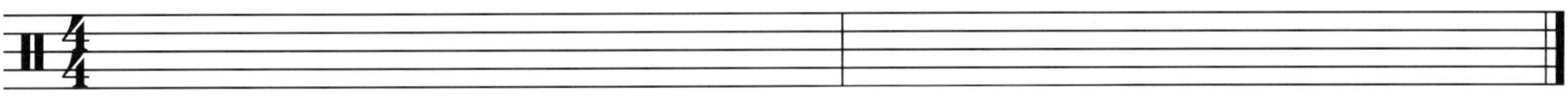

1 & 2 & 3 & 4 & 1 & 2 & 3 & 4 &

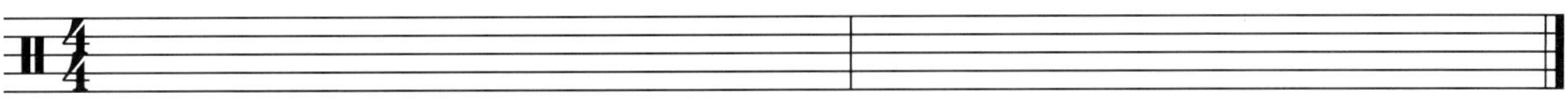

1 & 2 & 3 & 4 & 1 & 2 & 3 & 4 &

Achtel-Groove-Übung · Hi-Hat mit der linken Hand

Die folgende Übung soll dich noch unabhängiger machen. Wir drehen jetzt den Spieß um. Die linke Hand spielt die Hi-Hat und die rechte die Snare. Das wird dir am Anfang noch schwerfallen, aber wenn du langsam übst, wird es immer leichter.

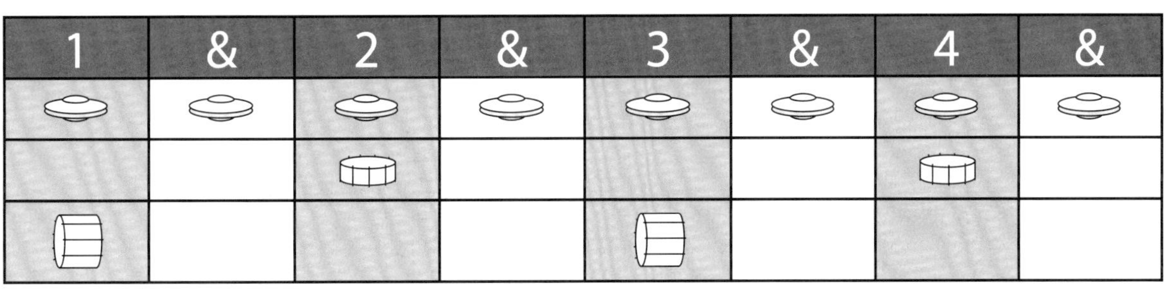

E-Drum-Workshop Nr. 2

Metronom • Click

Diese Funktion sollte bei keinem Soundmodul fehlen. Ein Metronom ist für deine Ausbildung zum Drummer extrem wichtig.
Ein elektronisches Metronom gibt exakt den richtigen Takt an und ist im Normalfall auf Viertelnoten eingestellt. Die Zahl, die auf dem Metronom eingestellt wird, gibt die Schläge pro Minute an. Man nennt die Maßeinheit „beats per minute“ (bpm). Stellt man das Metronom auf 60 bei Viertelnoten, so dauert eine Viertelnote genau 1 Sekunde. Also kannst du auch erstmal ganz langsam anfangen, mit deinem Metronom zu üben.
Die modernen Metronome, die bereits in unsere E-Drums integriert wurden, können natürlich noch viel mehr. Man kann den Click-Ton verändern, z. B. in eine Kuhglocke (Cowbell) oder einen Stockklang (Stick). Auch die Betonung und Zählweise sollte man bei einem gutem Metronom ändern können.
So kann man ganz genau üben und das Timing extrem verbessern.
Wenn dein E-Drum-Soundmodul auch mit Playalongs (Musikstücken) ausgestattet ist, kannst du auch das Metronom aktivieren und zusammen mit der Musik hören. Das ist sinnvoll, wenn die Drums in einem Musikstück ausgeschaltet sind.
Das wird oft durch den englischen Begriff „Mute“ angezeigt.

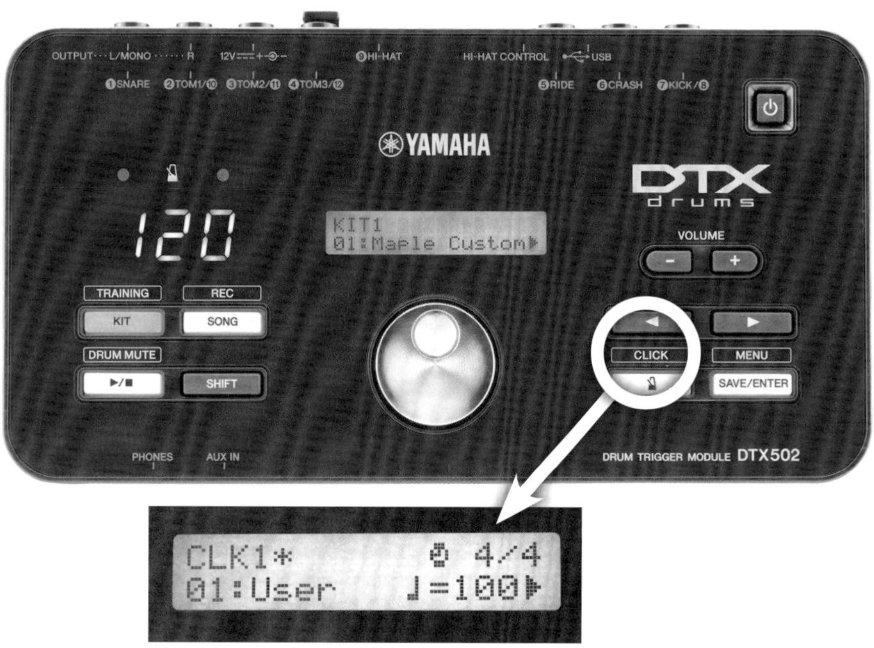

Tipp!

Wenn man das Metronom kaum noch oder nicht mehr hört, ist man besonders gut im Timing.

Spiele folgende Grooves zum Metronom

Die folgenden Grooves hast du vorher schon mal gespielt. Aber dieses Mal solltest du sie so lange zum Metronom üben, bis du sie perfekt spielst.

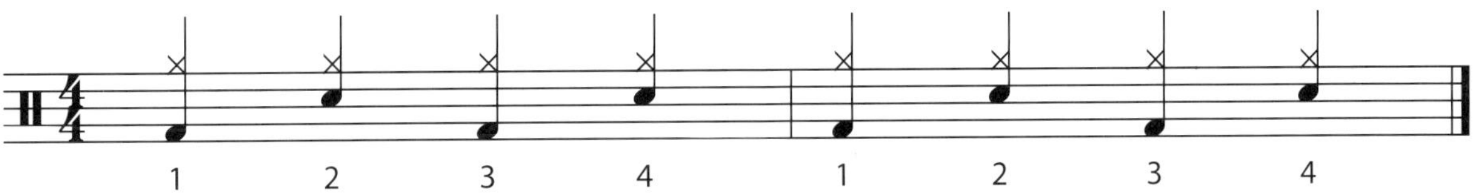

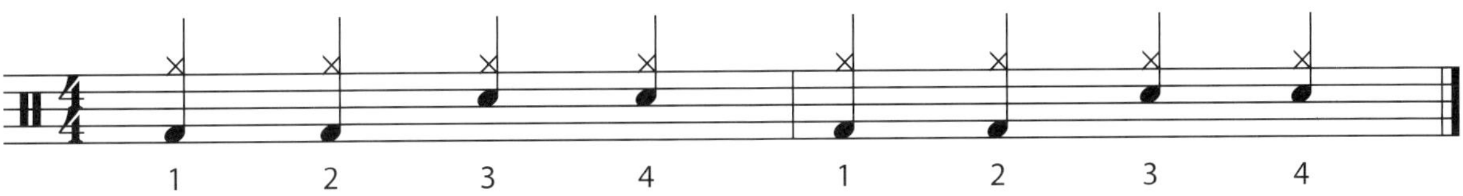

Achtung: Wechsel auf Achtelbeat! Die „UNDs“ werden nicht vom Metronom gespielt. Du spielst also doppelt so viele Noten auf der Hi-Hat. Eventuell musst du das Metronom etwas langsamer stellen oder die Werte des Clicks auf Achtel stellen. Probier es aus!

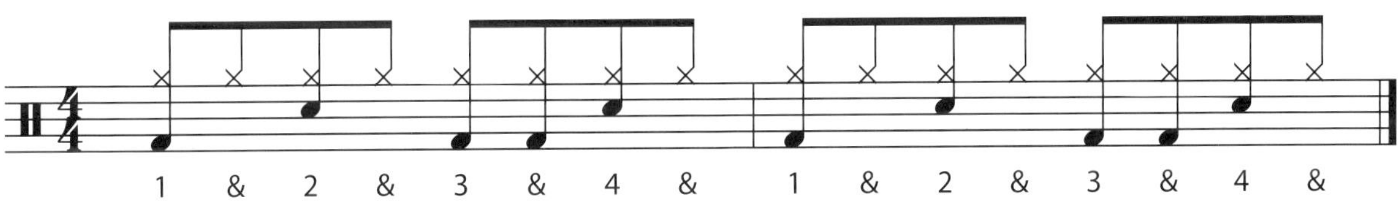

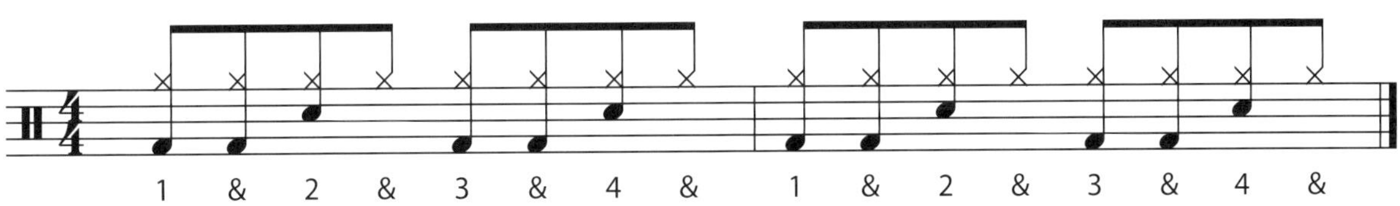

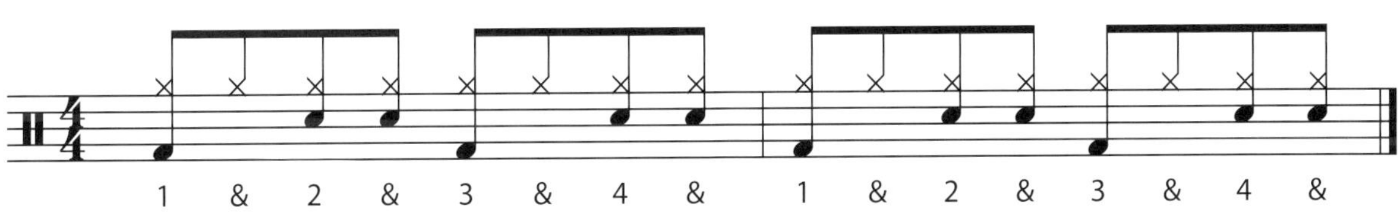

8. Snare und Toms • Viertelnoten

Audio 013

Diese Übungen sollen dich langsam an die ersten Fill-Ins heranführen, die du auf der Snare und den Toms spielst. Die einzelnen Übungen dauern vier Takte. Über den Noten stehen verschiedene Handsätze, diese helfen dir, deine Unabhängigkeit, deine Koordination und deinen Variantenreichtum zu verbessern.

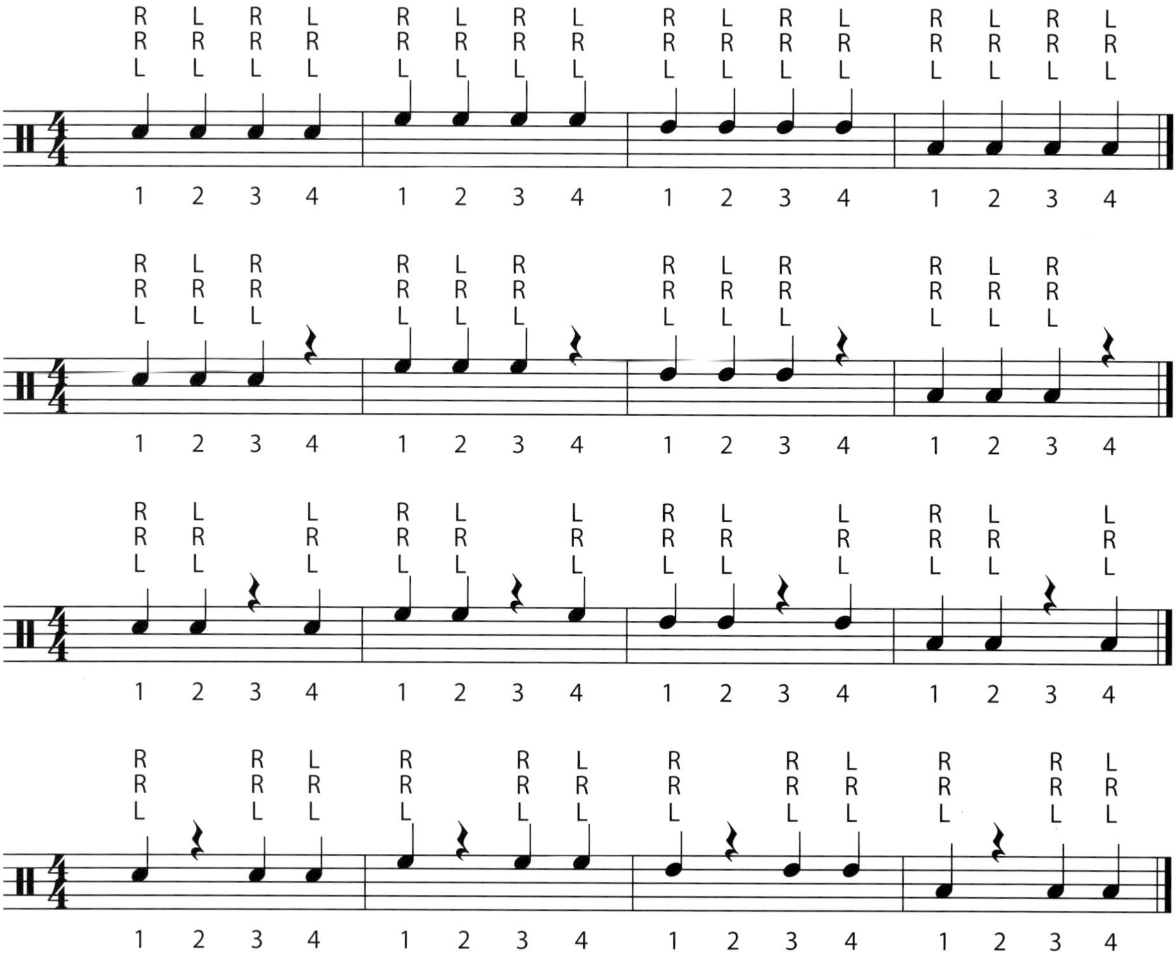

9. Snare und Toms · Achtel- und Viertelnoten

Audio 014

Die Übungen dauern zwei Takte. Bitte laut mitzählen und die verschiedenen Handsätze üben!

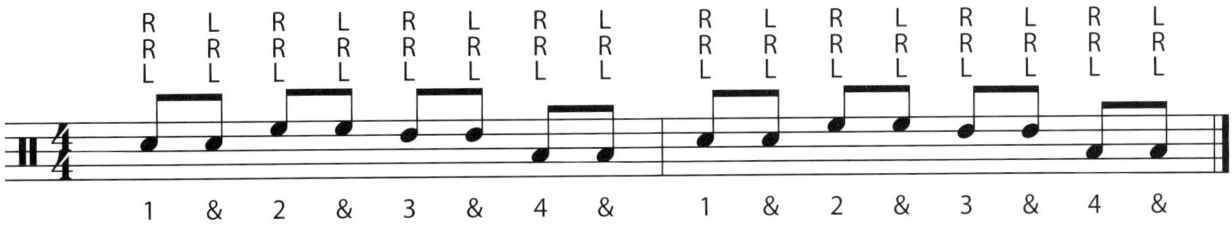

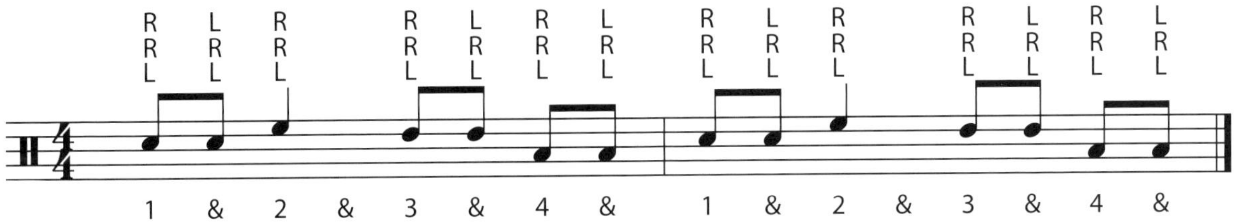

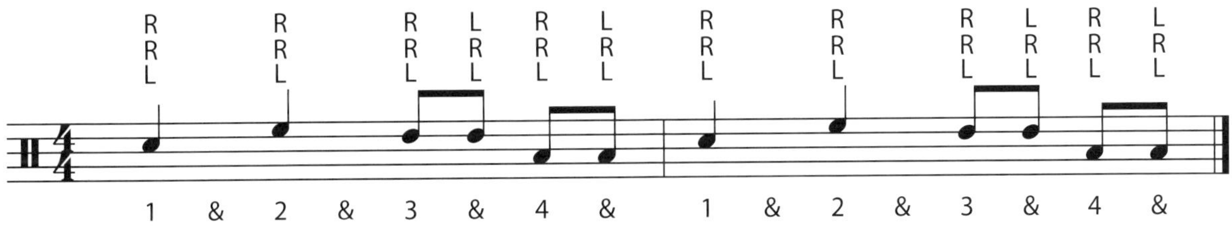

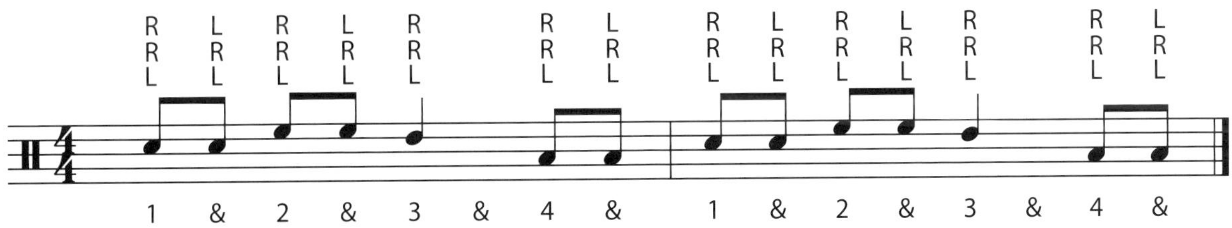

10. Zweitaktige Kombinationen von Grooves und Fill-Ins mit Achtel- und Viertelnoten

Dein erster Groove mit Fill-In. Der Groove bleibt bei dieser Übung immer gleich, daher brauchst du dich nur auf den Fill-In konzentrieren. Diese Übungen machen Spaß und sollten sehr sorgfältig geübt werden. Wenn du die Übungen sicher spielen kannst, benutze dein Metronom, um dein Timing zu verbessern.

Audio 015

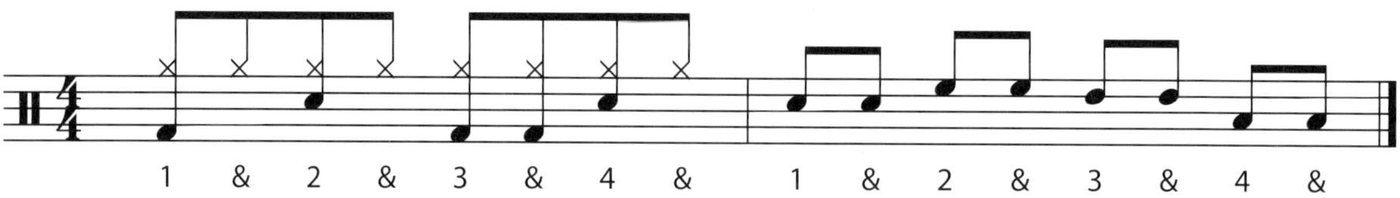

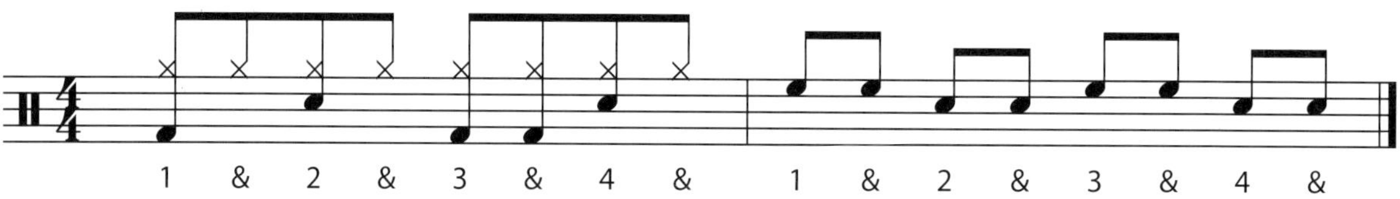

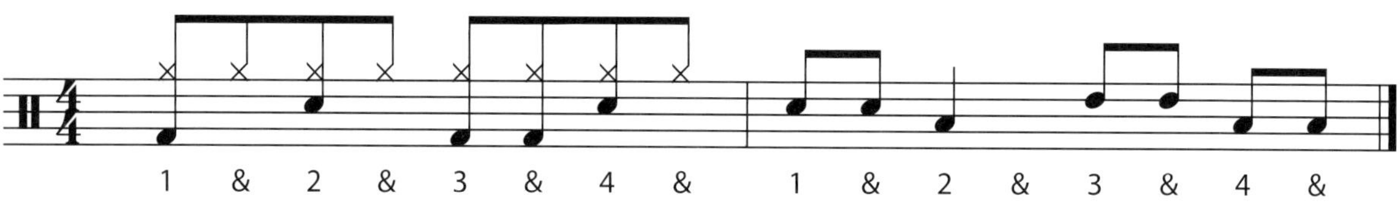

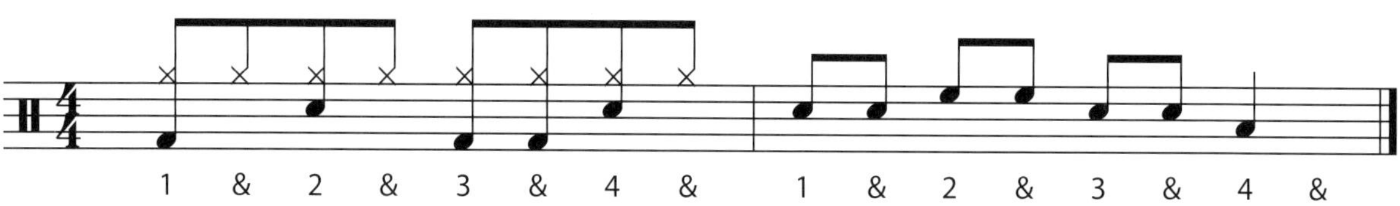

Audio 016

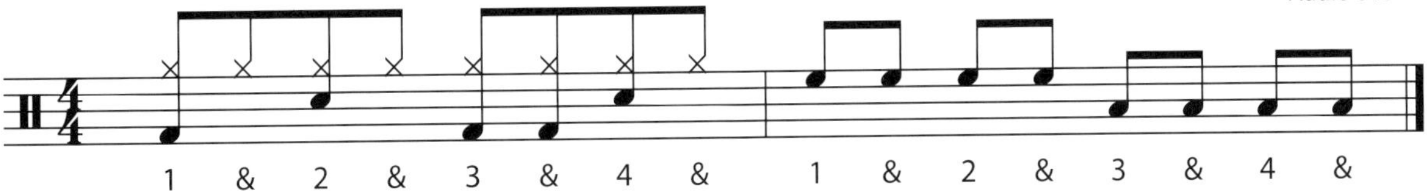

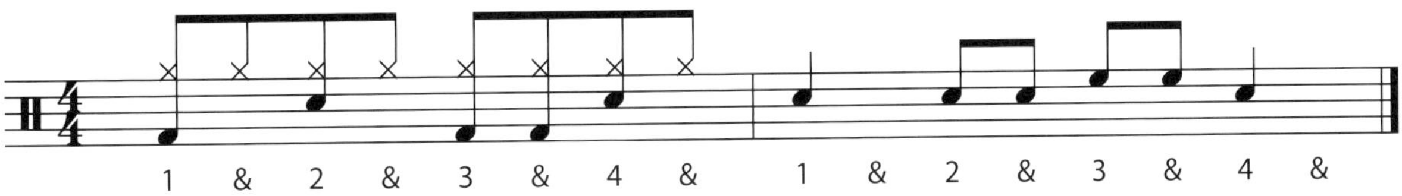

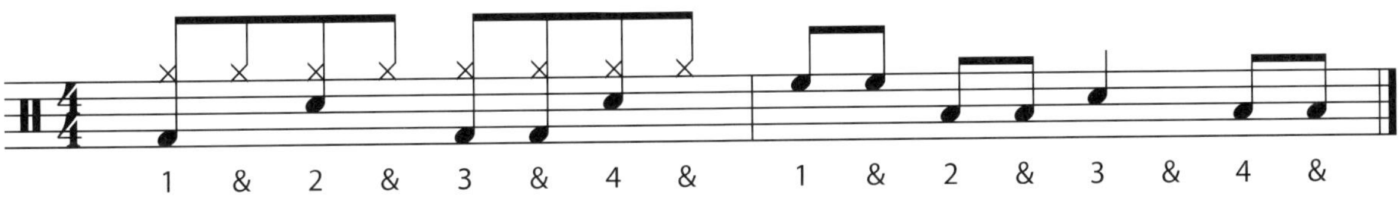

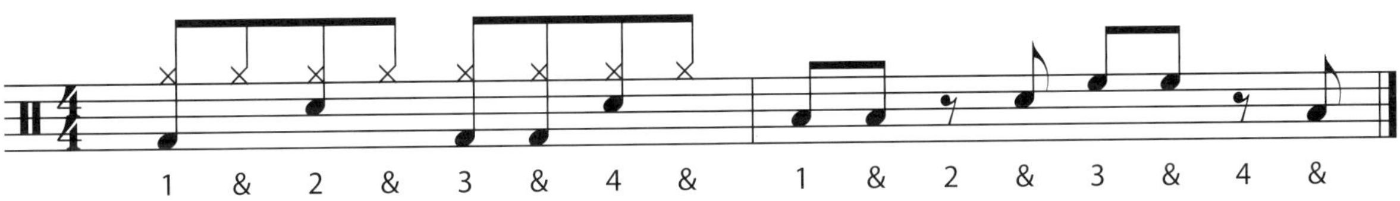

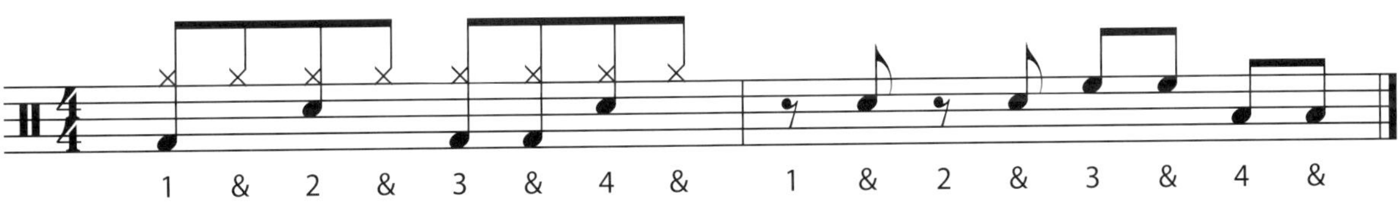

Tipp!

Wenn du die Übungen beherrschst, übe die Fill-Ins mit einer Hand.

E-Drum-Workshop Nr. 3

Decay • Muffling

Wir haben auf den letzten Seiten angefangen, mit den Toms zu arbeiten. Was kann man machen, wenn die Toms zu lange nachklingen? Bei einem Akustik-Set würde ich mit der Stimmung, verschiedenen Fellen oder einer Dämpfung anfangen, die Trommeln zu bearbeiten. Da gibt es verschiedene Möglichkeiten und jeder Drummer schwört auf seine eigene Methode. Der eine Drummer klebt Papiertaschentücher auf seine Trommeln, der andere Gaffa (stabiles Musikerklebeband). Es gibt kleine Gelplättchen oder sogar mechanische Dämpfer.

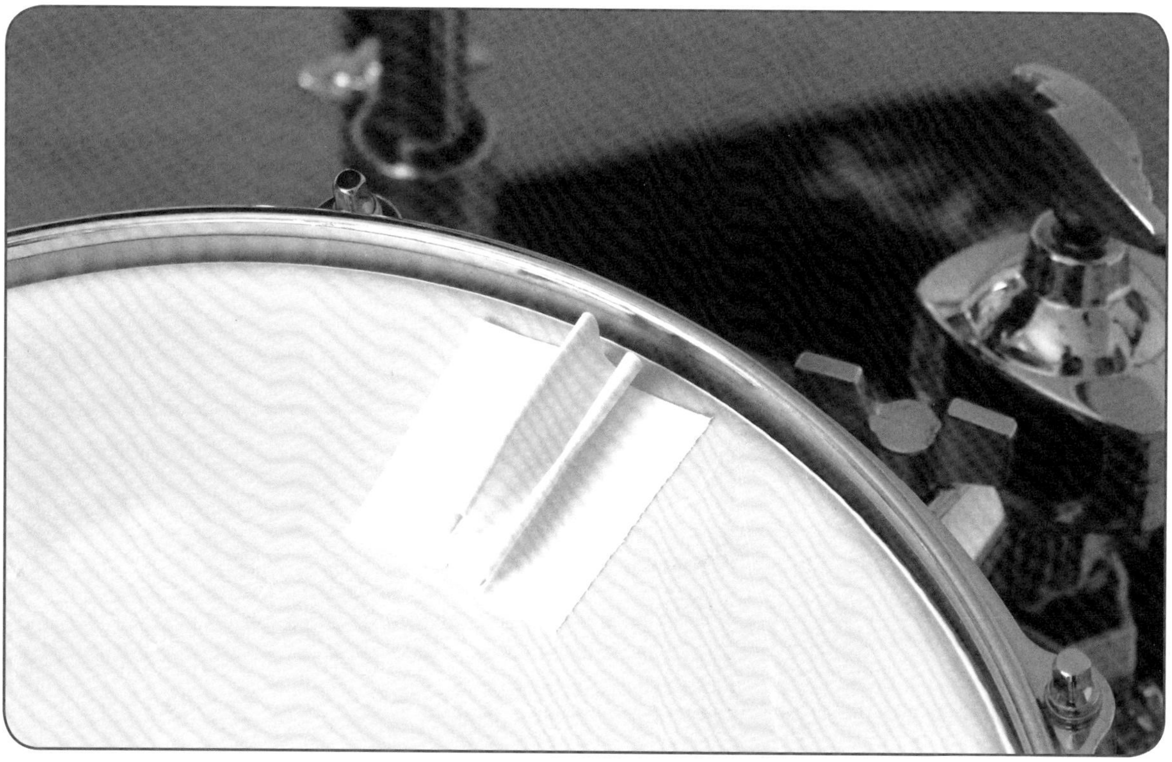

MOONGEL Damper-Pads. Kleine Gel-Pads, die von alleine auf den Fellen haften. Man kann sie wieder abnehmen und neu benutzen. Sie sind auch ganz einfach zu reinigen.

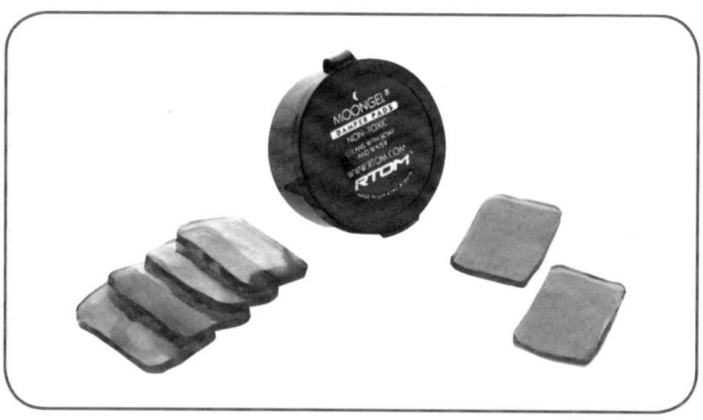

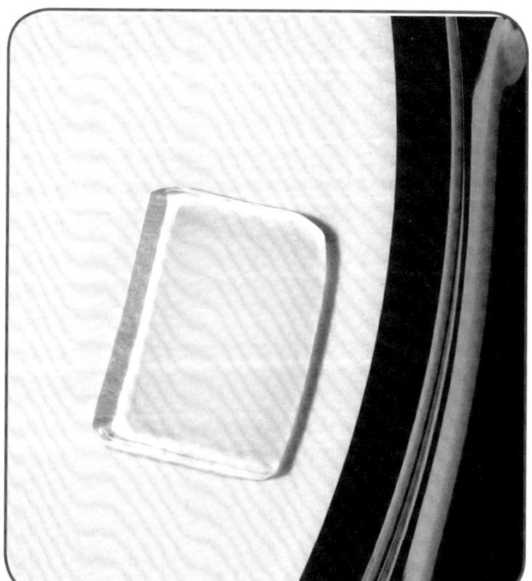

Decay im Soundmodul

Als Decay wird das Ausklingen, das Leiserwerden der Trommel bezeichnet. Ein gutes E-Drum-Soundmodul sollte diese Funktion simulieren können. Es gibt einen Decay-Wert, den man im Modul ändern kann. Diese Funktion erhält den guten Klang, kann ihn aber verkürzen oder verlängern. Dadurch kann man beispielsweise das Wummern eines Standtoms im Bassbereich vermindern, aber auch künstlich hinzufügen.

Muffling im Soundmodul

Einige Module haben eine Muffling-Funktion. Das ersetzt praktisch das Dämpfen einer akustischen Trommel. Hier wird der Sound elektronisch gedämpft. Die Muffling-Funktion hingegen beeinflusst in den meisten Fällen auch den Klang einer Trommel. Das kann eine Trommel schon sehr tot klingen lassen. Daher wird dieser Wert auch nur geändert, wenn man einen extrem trockenen Klang haben möchte.

Aufgabe: Ändere die Werte deiner Toms

Nun solltest du nachschauen, ob dein Soundmodul diese Funktionen unterstützt (Bedienungsanleitung). Ändere die Werte deiner Toms und probiere verschiedene Einstellungen aus. Dämpfe auch mal Bassdrum und Snare, um ganz trockene Grooves zu spielen.

Beachte!

Nicht alle Hersteller haben diese Funktionen in ihren Soundmodulen ...

11. Dein erster Sechzehntel-Groove

Audio 017

Du fängst an die Hi-Hat zu üben. Danach folgt die Snare und der Fuß folgt in der 3. Übung. Wichtig ist dabei die Zählweise (Seite 25). Auf der Hi-Hat spielst du mit beiden Händen abwechselnd (R/L) und fängst immer mit der rechten Hand an. Wenn die Snare in der 2. Übung dazukommt, lässt du den Schlag auf der Hi-Hat weg und spielst stattdessen auf der Snare. Die Bassdrum wird zusammen mit der Hi-Hat gespielt.

Übung 1 · Hi-Hat, rechte und linke Hand

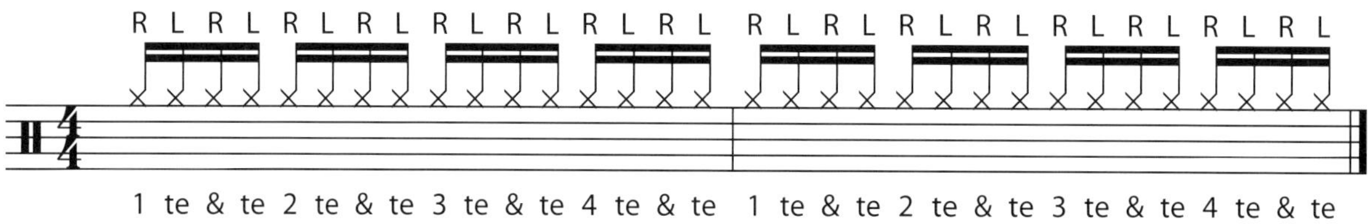

Übung 2 · Snare, rechte Hand auf „zwei“ und „vier“

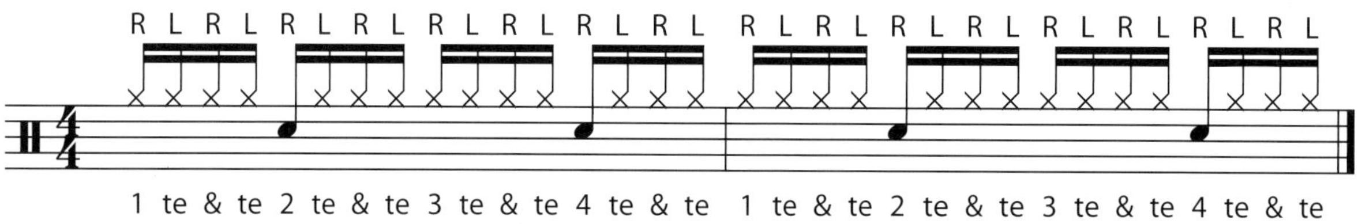

Übung 3 · Bassdrum, rechter Fuß auf „eins“ und „drei“

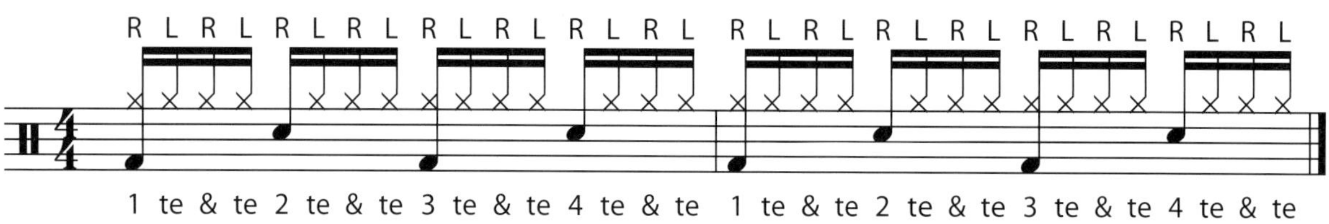

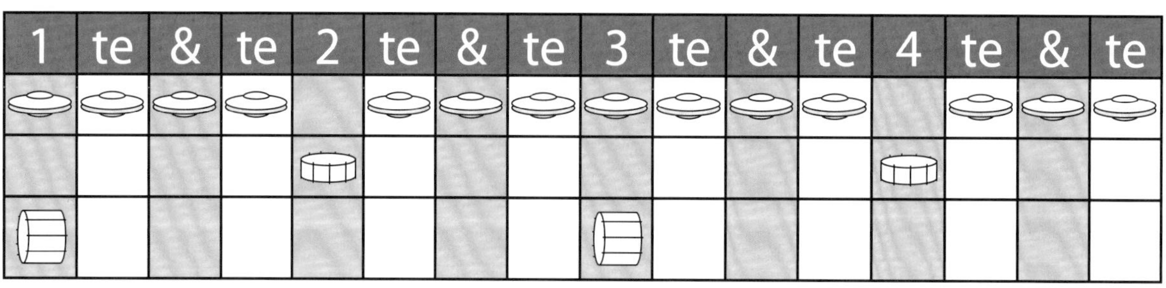

Hinweis: Dieses Schema muss für die Übung 3 zweimal gespielt werden.

Variationen · Sechzehntel-Groove

Audio 018

Führe die Übungen langsam und sorgfältig durch.
Da der Sechzehntelbeat schon etwas schwieriger ist, solltest du jeden Takt immer einzeln wiederholen. Solange, bis du die einzelnen Takte (Patterns) gut spielen kannst.

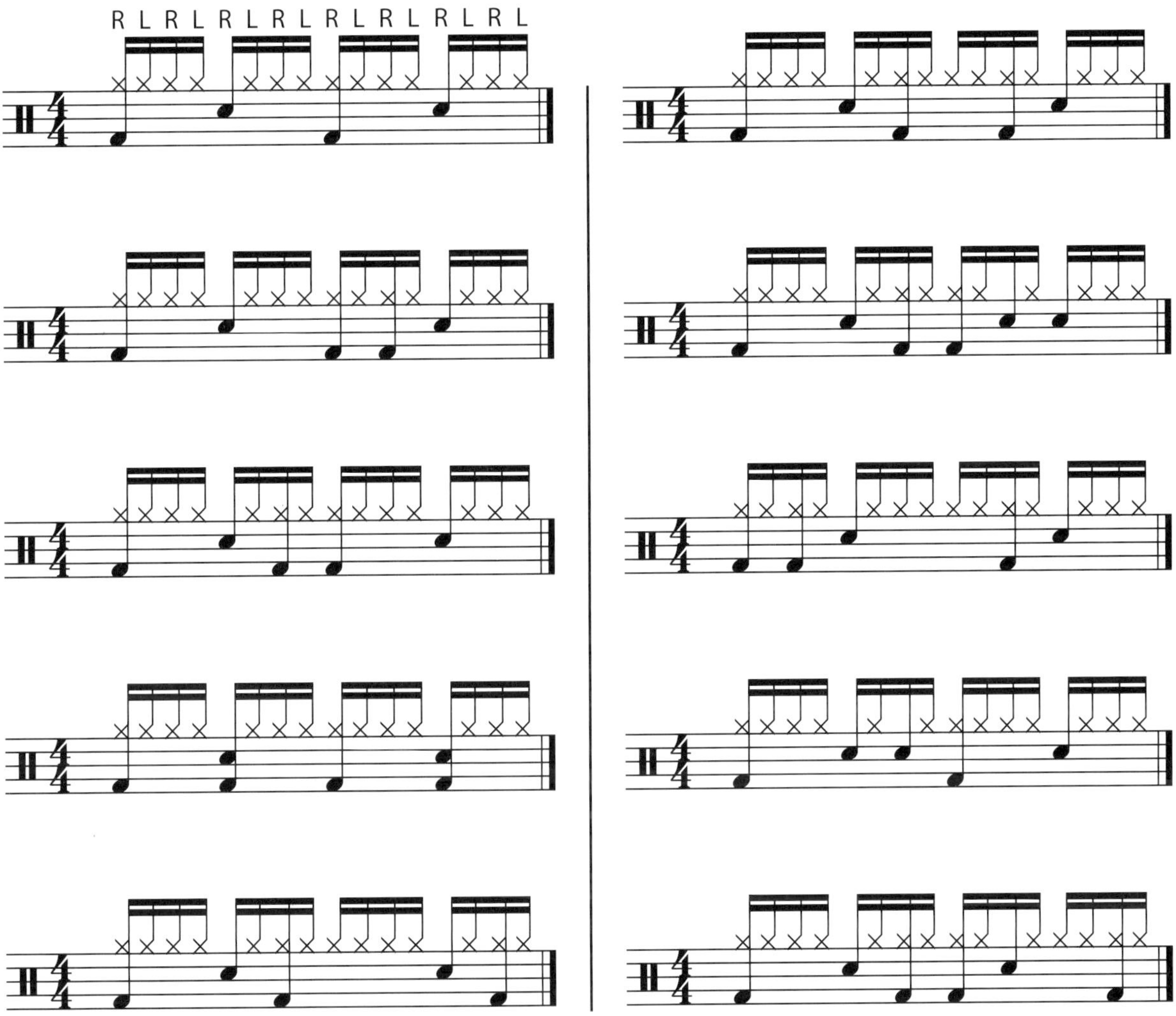

Werde kreativ ...

Fülle die folgenden Takte mit deinen Lieblings-Sechzehntel-Beats.

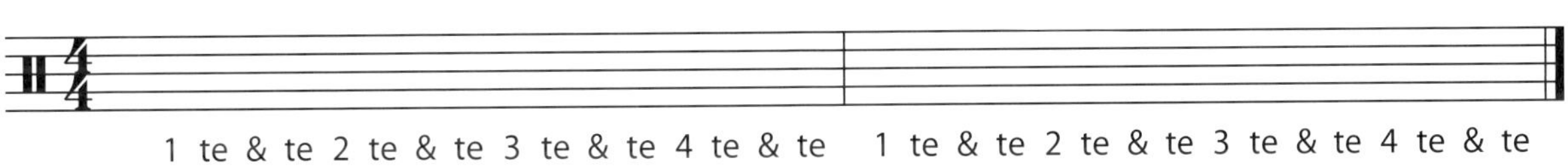

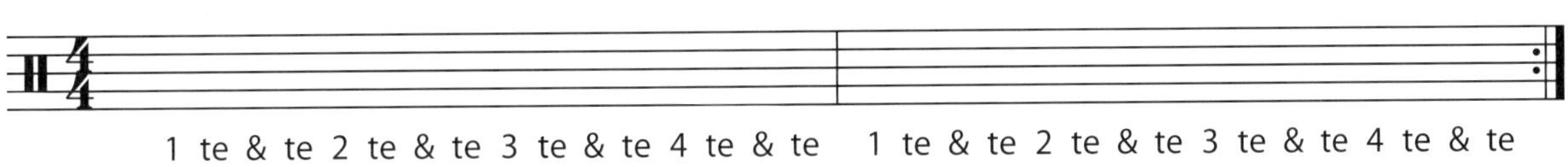

12. Der Sechzehntel-Beat · Hi-Hat mit einer Hand

Audio 019

In diesem Fall wird die Hi-Hat mit der rechten Hand gespielt. Snare und Bassdrum werden ganz genau zusammen mit der Hi-Hat gespielt. Diese Übung strengt die Hände und Arme sehr an, wenn man noch Anfänger ist. Bitte früh genug eine Pause einlegen, wenn du es im Arm oder in der Hand spürst.

Übung 1 · Hi-Hat, rechte Hand

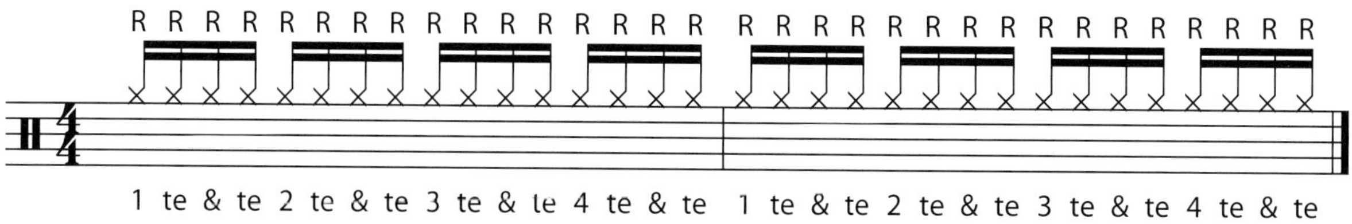

Übung 2 · Snare, linke Hand auf „zwei" und „vier"

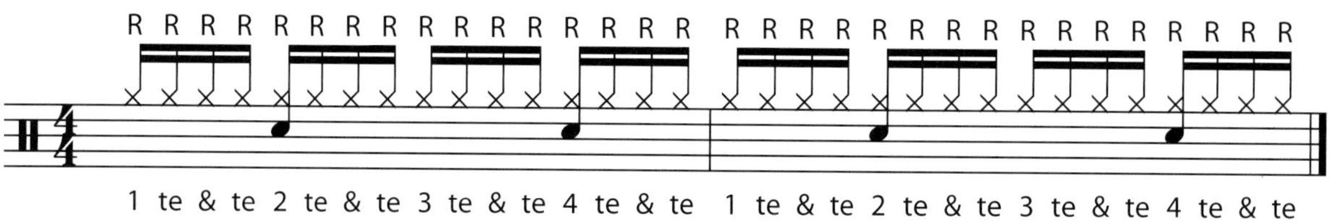

Übung 3 · Bassdrum, rechter Fuß auf „eins" und „drei"

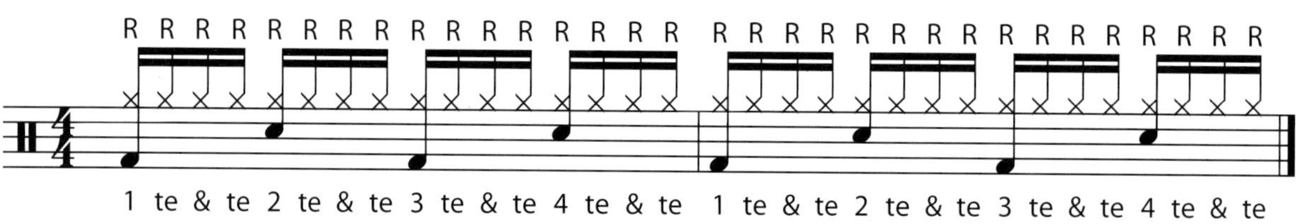

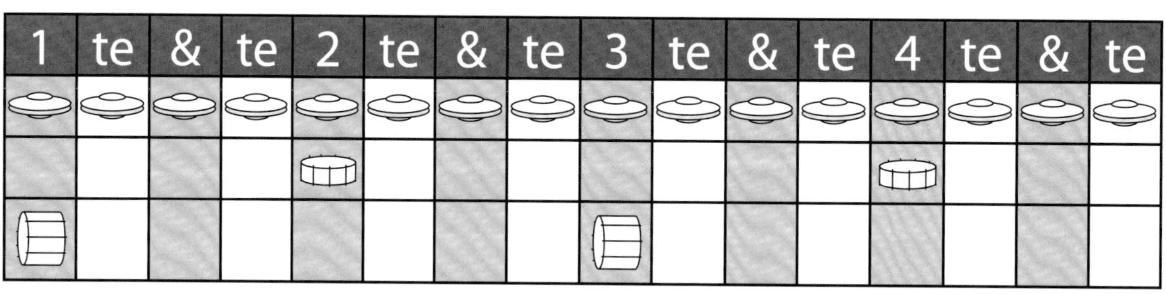

Hinweis: Dieses Schema muss für die Übung 3 zweimal gespielt werden.

Variationen · Sechzehntel-Groove

Audio 020

Du spielst die folgenden Übungen mit der rechten Hand auf der Hi-Hat.
Wenn du dich sehr sicher fühlst, kannst du versuchen, die Hi-Hat mit der linken Hand zu spielen und die Snare mit der rechten Hand. Nicht verzweifeln, wenn das am Anfang noch sehr schwer ist. Ganz, ganz langsam üben ...

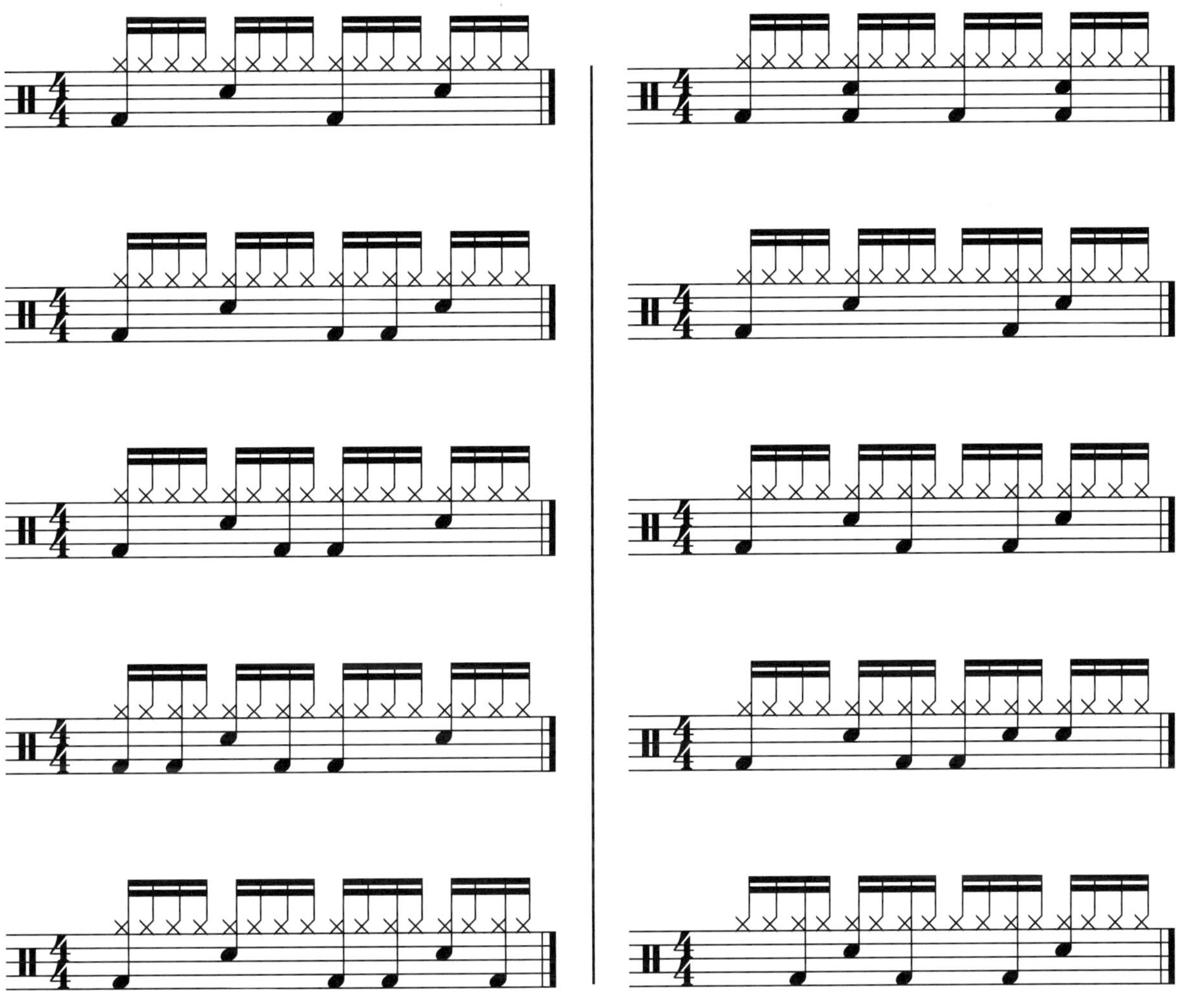

Werde kreativ ...

Fülle die folgenden Takte mit deinen Lieblings-Sechzehntel-Beats.

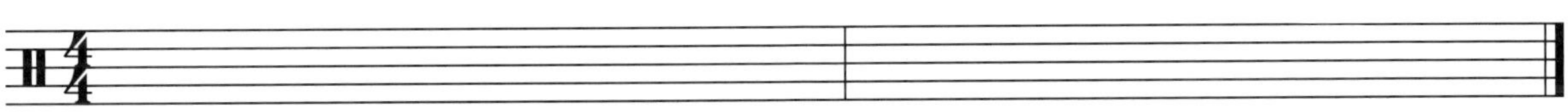

1 te & te 2 te & te 3 te & te 4 te & te 1 te & te 2 te & te 3 te & te 4 te & te

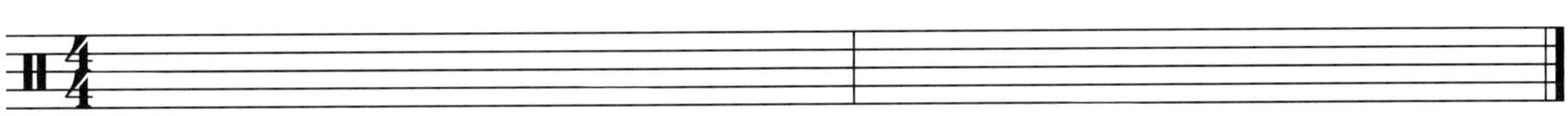

1 te & te 2 te & te 3 te & te 4 te & te 1 te & te 2 te & te 3 te & te 4 te & te

13. Snare und Toms · Sechzehntelnoten

Audio 021

Sechzehntel-Fill-Ins kommen häufig vor. Die folgenden Übungen dauern zwei Takte und helfen dir, verschiedene Fill-Ins zu erlernen. Übe sorgfältig alle Handsätze.

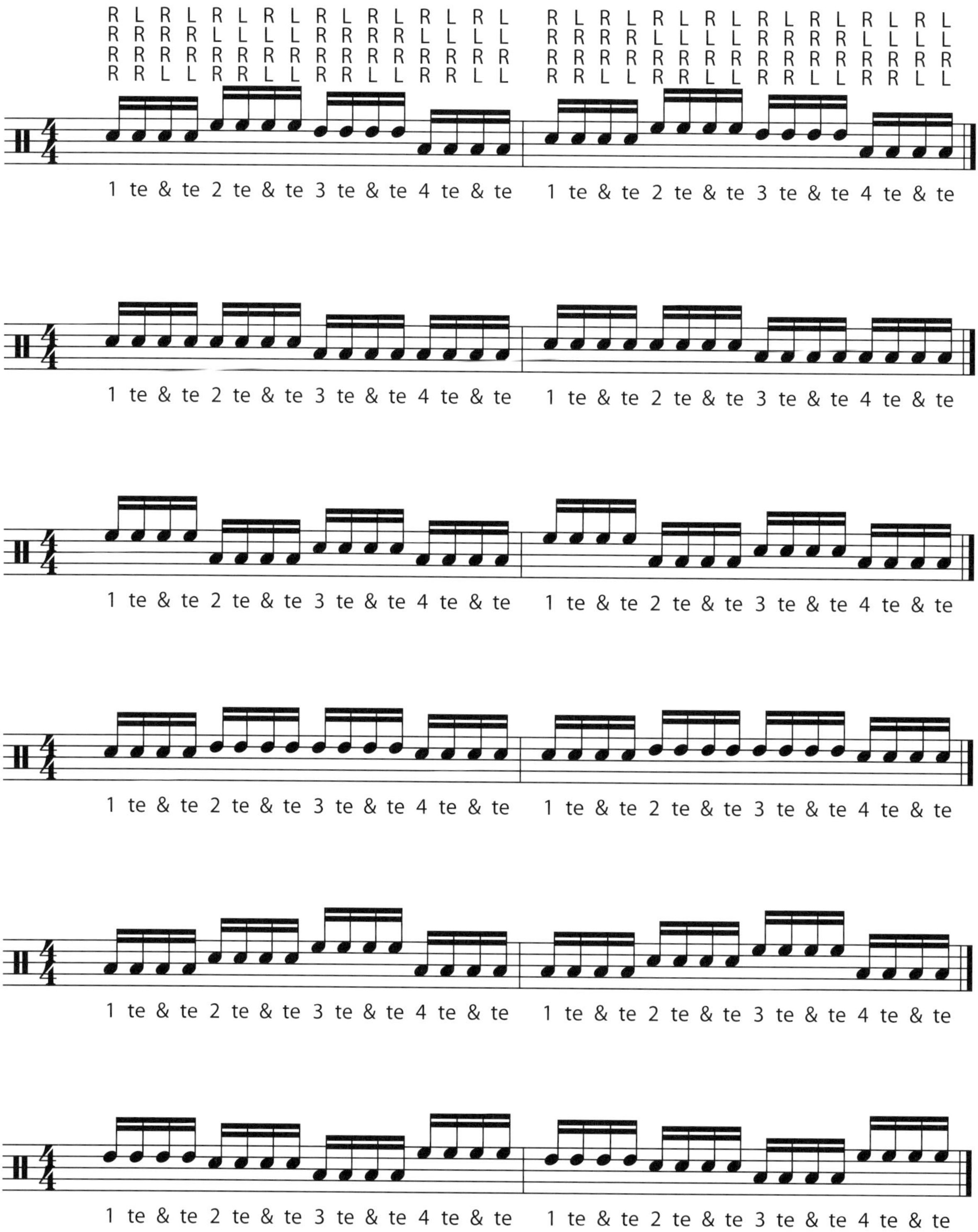

14. Sechzehntel-Beats und Fill-Ins

Audio 022

Spiele die Sechzehntel-Beats auf der Hi-Hat mit beiden Händen und wiederhole die Übungen möglichst oft.

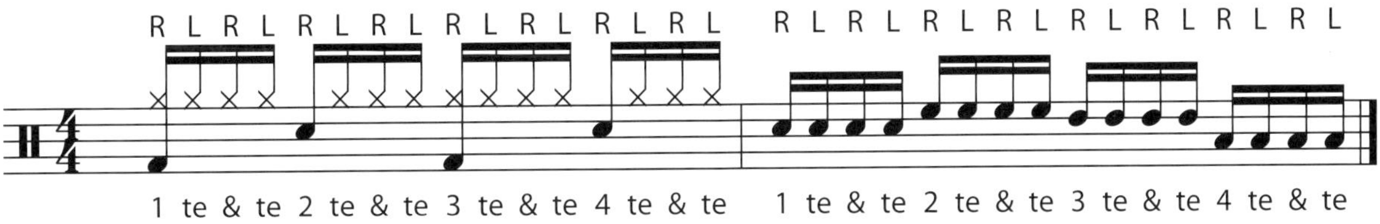

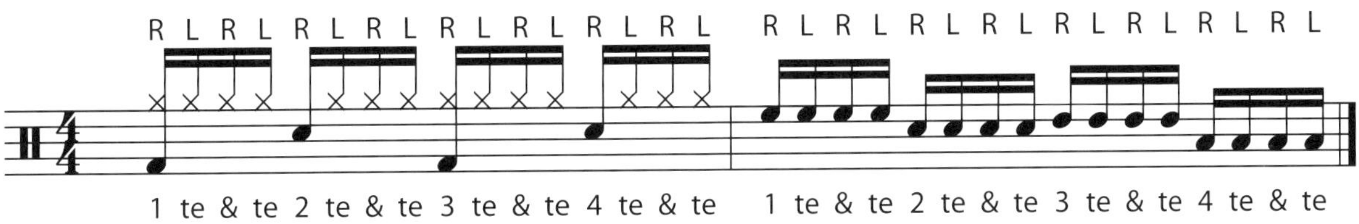

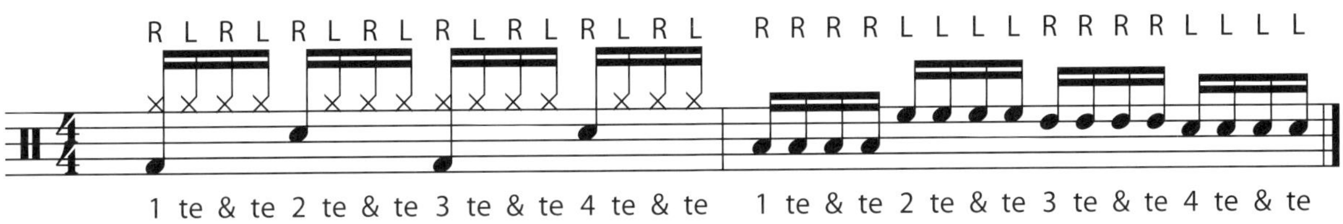

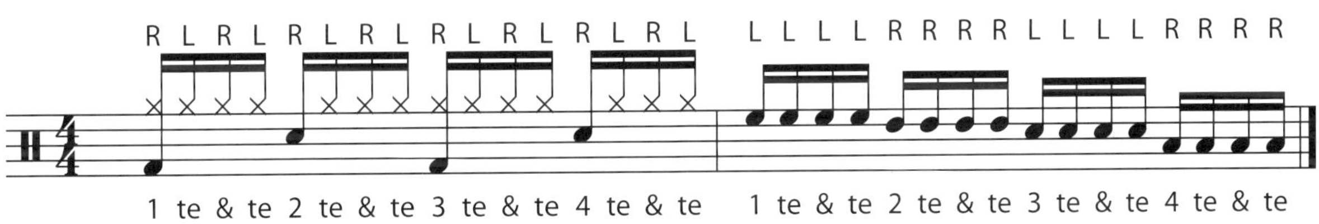

Werde kreativ ...

Fülle die folgenden Takte mit deinen eigenen Ideen ...

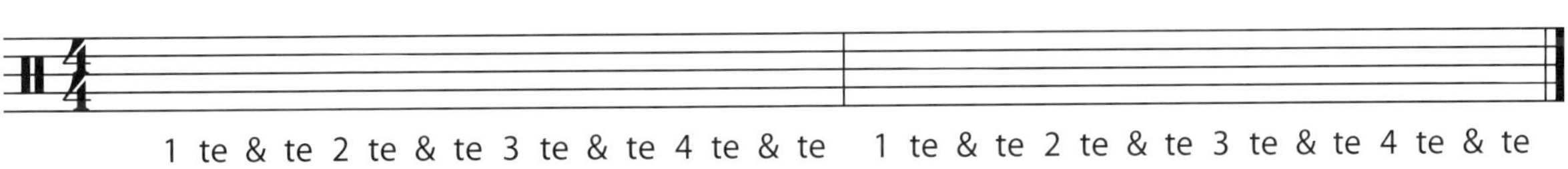

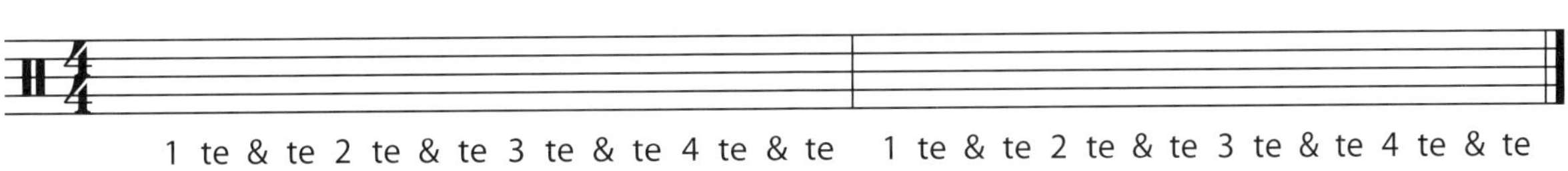

E-Drum-Workshop Nr. 4

Velocity • Layer

Was machen wir mit unseren Pads? Wir schlagen drauf ... natürlich. Aber jeder Schlagzeuger schlägt unterschiedlich stark auf seine Pads. Das hängt auch davon ab, wie erfahren ein Drummer ist. Der Anfänger kontrolliert seine Kraft und sein Drumming noch nicht so sehr und trommelt einfach drauflos. Viel schwieriger ist es, leise zu trommeln. Probiere das einmal mit den letzten Übungen, dann wirst du feststellen, dass das gar nicht so einfach ist.

Das E-Drum-Soundmodul hat 128 Velocitystufen (0 mitgezählt).
Das bedeutet: 0 (= kein Ton) bis 127 (= laut). Man spricht hier auch von Lautstärkestufen.

Du wirst feststellen, dass bei einem E-Drum irgendwann das Ende der Lautstärke erreicht ist, egal wie kräftig man schlägt. Bei einem akustischen Schlagzeug hingegen könnte man noch kräftiger schlagen, bis das Schlagfell reißt. Das sollte natürlich nicht passieren.

Bei einem E-Drum ist es sinnlos, kräftiger als Velocitywert 127 auf die Pads zu schlagen. Daher sind Schlagzeuger, die regelmäßig E-Drums spielen, häufig entspannter beim Trommeln.

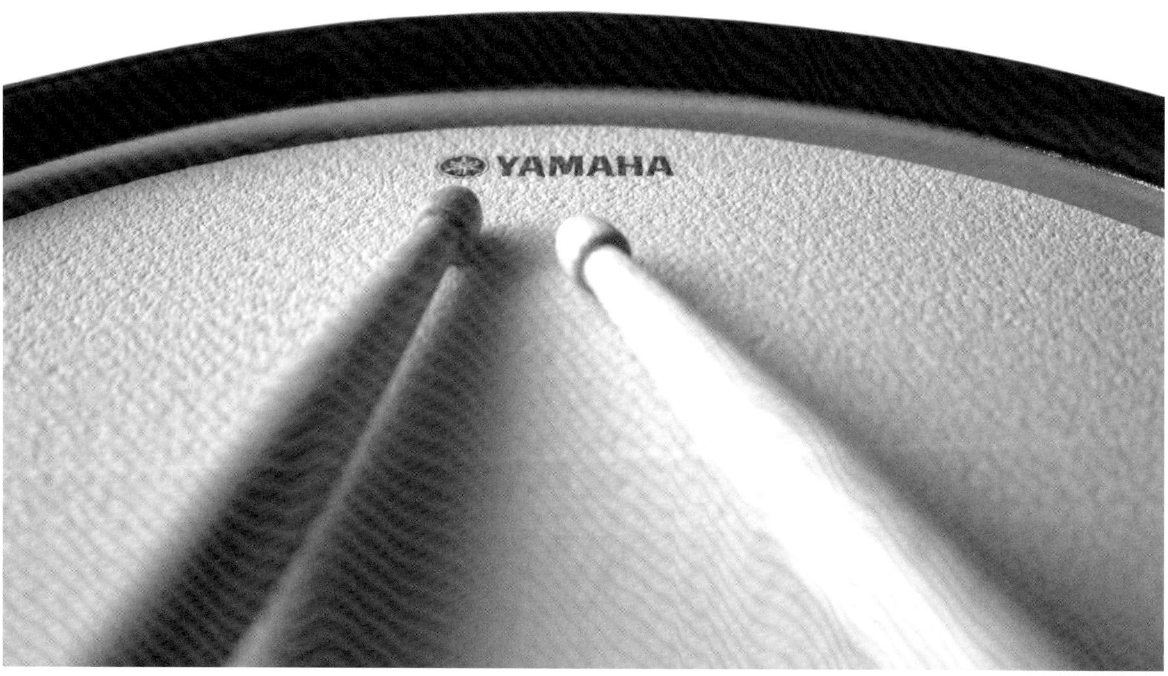

Layer mit Velocity-Einstellungen

Diverse E-Drum-Module haben die Funktion, verschiedenen Velocitystufen (Schlagstärkestufen) Sounds zuzuordnen. Das bedeutet, dass bei einem schwachen (= leiseren) Schlag ein anderer Sound erzeugt wird als bei einem stärkeren (= lauteren). Man spricht hier auch von Layern. Manche Module können 2 Sounds verarbeiten, andere 4 Sounds bis hin zu einer Vielzahl von Layern. Man kann Sounds auch stacken, das bedeutet, dass Sounds auch zusammen erklingen können.
Man kann z. B. bei einem Yamaha DTX700 E-Drum-Soundmodul bis zu vier Layer programmieren. Das können auch nur zwei Bassdrums sein, z. B. eine Effekt-Bassdrum zusammen mit einer Akustik-Bassdrum. Das macht man, um einen ganz eigenen neuen Bassdrum-Sound zu erzeugen.

Aber man kann den verschiedenen Sounds auch Velocitywerte (Schlagstärken) zuordnen. Das ist bei Percussion-Instrumenten sinnvoll, da man verschiedene Sounds auf einem Mono-Pad, einem Trigger oder einer Triggerzone spielen kann.

Beispiel Conga	normaler Sound	Velocity 0–70
	Slapsound	Velocity 71–127
Beispiel Triangel	kurzer Sound	Velocity 0–80
	langer Sound	Velocity 81–127
Beispiel Disco Snare	Snare Sound	Velocity 0–127
	Clap Sound	Velocity 0–127
	Beide Sounds erklingen zusammen auf einem Pad.	

Diese Funktion ist große Klasse, wenn man mit eigenen Sounds (Samples) arbeiten kann. Das Thema Samples bearbeiten wir in einem anderen Workshop.

Velocitycurve - Velocitykurve

Ein gutes Soundmodul gibt mir als Drummer die Möglichkeit, die Pads optimal auf mein Spiel einzustellen. In den Einstellmenüs wird häufig die Bezeichnung Velocitycurve (Kurve) verwendet. Diese Kurve gibt das Verhältnis des Schlages zur Lautstärke des Sounds an. Je nachdem, wie man seine Velocitykurve einstellt, beinflusst diese Kurve dein Drumming. Die Velocitykurve findet man häufig in den Triggereinstellungen.

Die Grundeinstellung ist in den modernen E-Drums schon sehr gut eingestellt. Aber man hat die Möglichkeit seine eigenen Feineinstellungen vorzunehmen.

15. Snare und Toms mit Sechzehntel- und Achtelnoten

Audio 023

Tolle Fill-Ins, die du immer wieder einsetzen kannst. Übe solange, bis dir diese Fill-Ins ganz leicht fallen, dann weiter zur nächsten Seite.

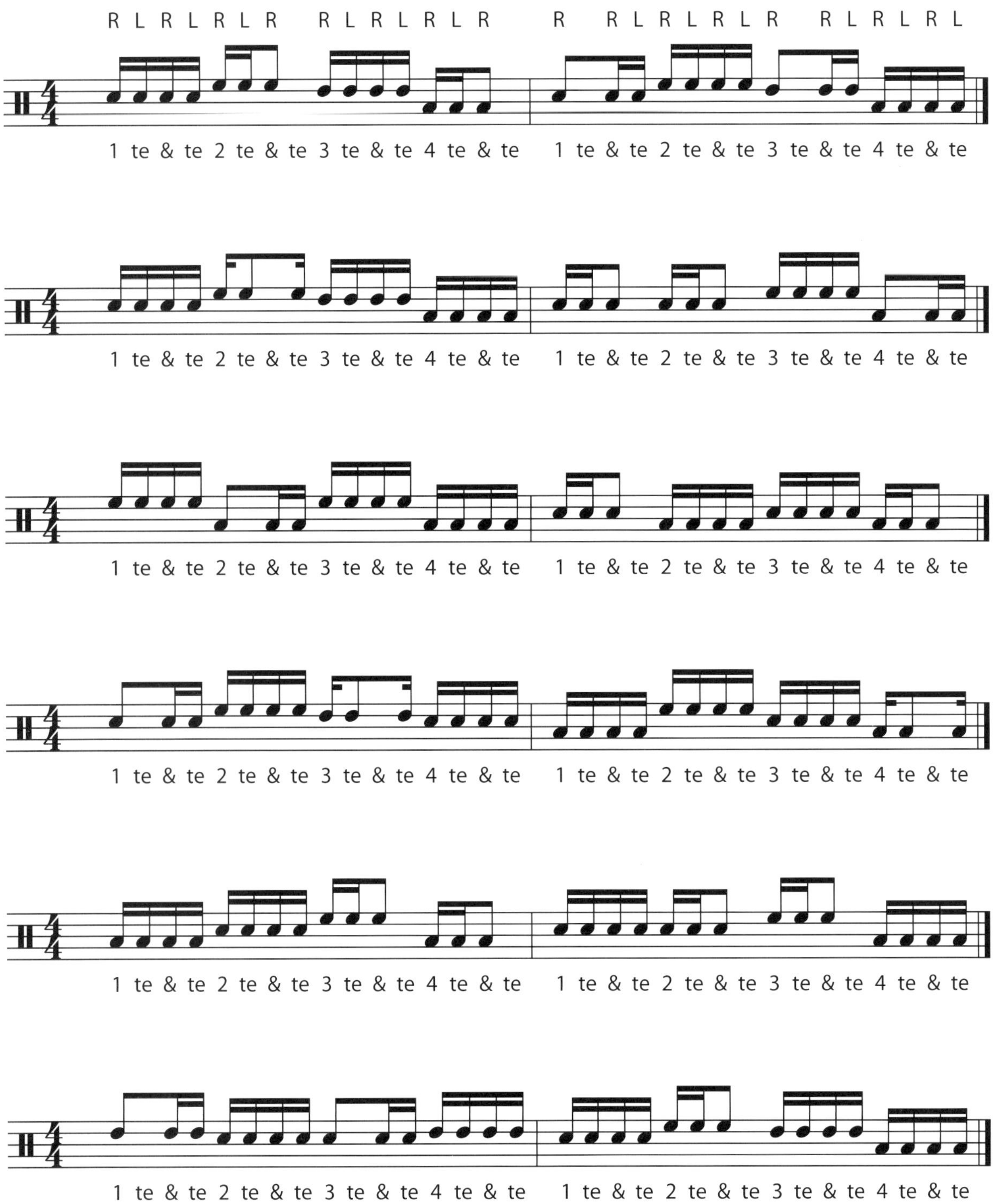

16. Sechzehntel-Grooves und Fill-Ins

Audio 024

Spiele die Sechzehntel-Grooves auf der Hi-Hat mit beiden Händen und übe den Wechsel zwischen Groove und Fill-In. Wiederhole jede Übung möglichst oft.

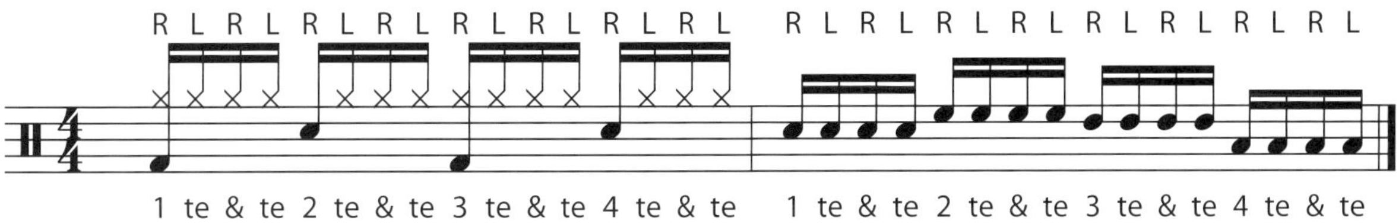

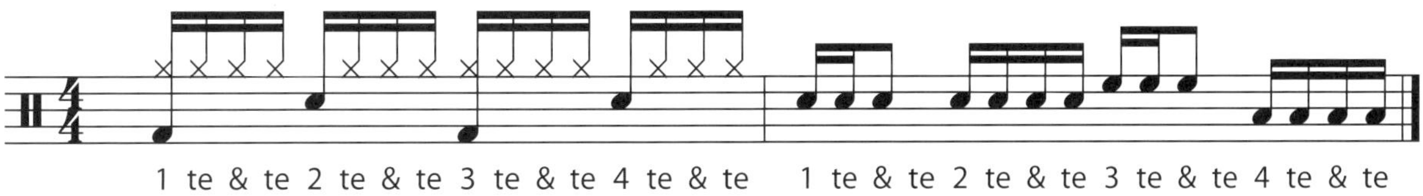

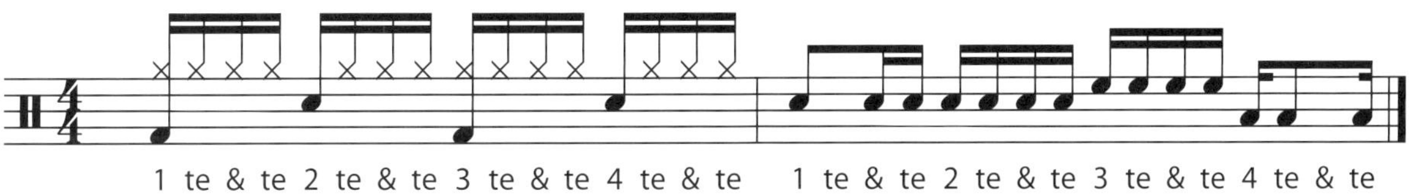

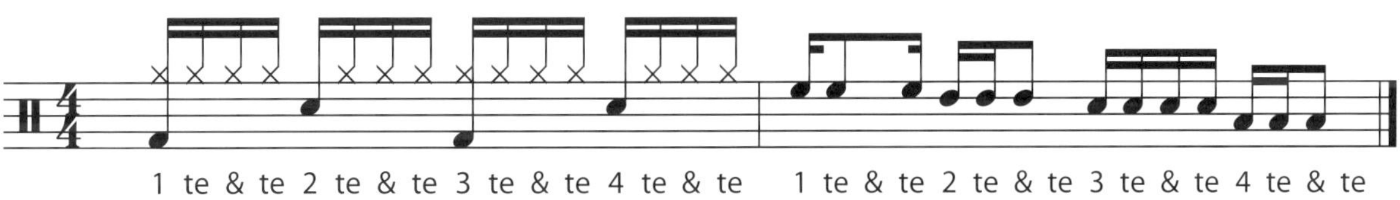

Werde kreativ ...

Fülle die folgenden Takte mit deinen eigenen Ideen ...

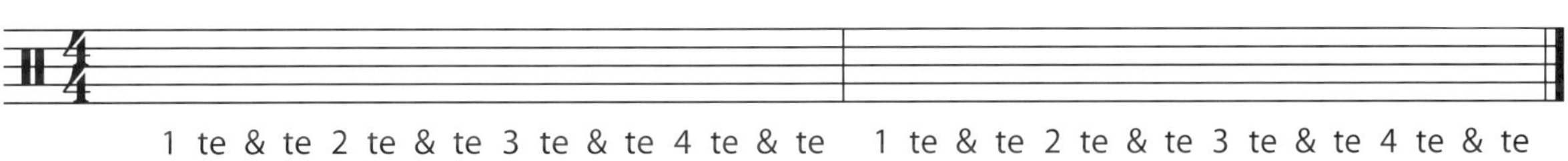

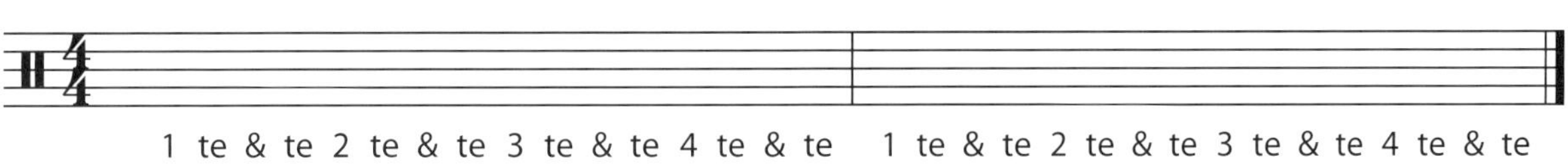

17. Achtel-Grooves • Snare-Fill-Ins

Audio 025

Die folgenden Übungen helfen dir, den Wechsel zwischen den verschiedenen Fill-Ins einfacher zu beherrschen. Die Fill-Ins werden zunächst nur auf der Snare gespielt.

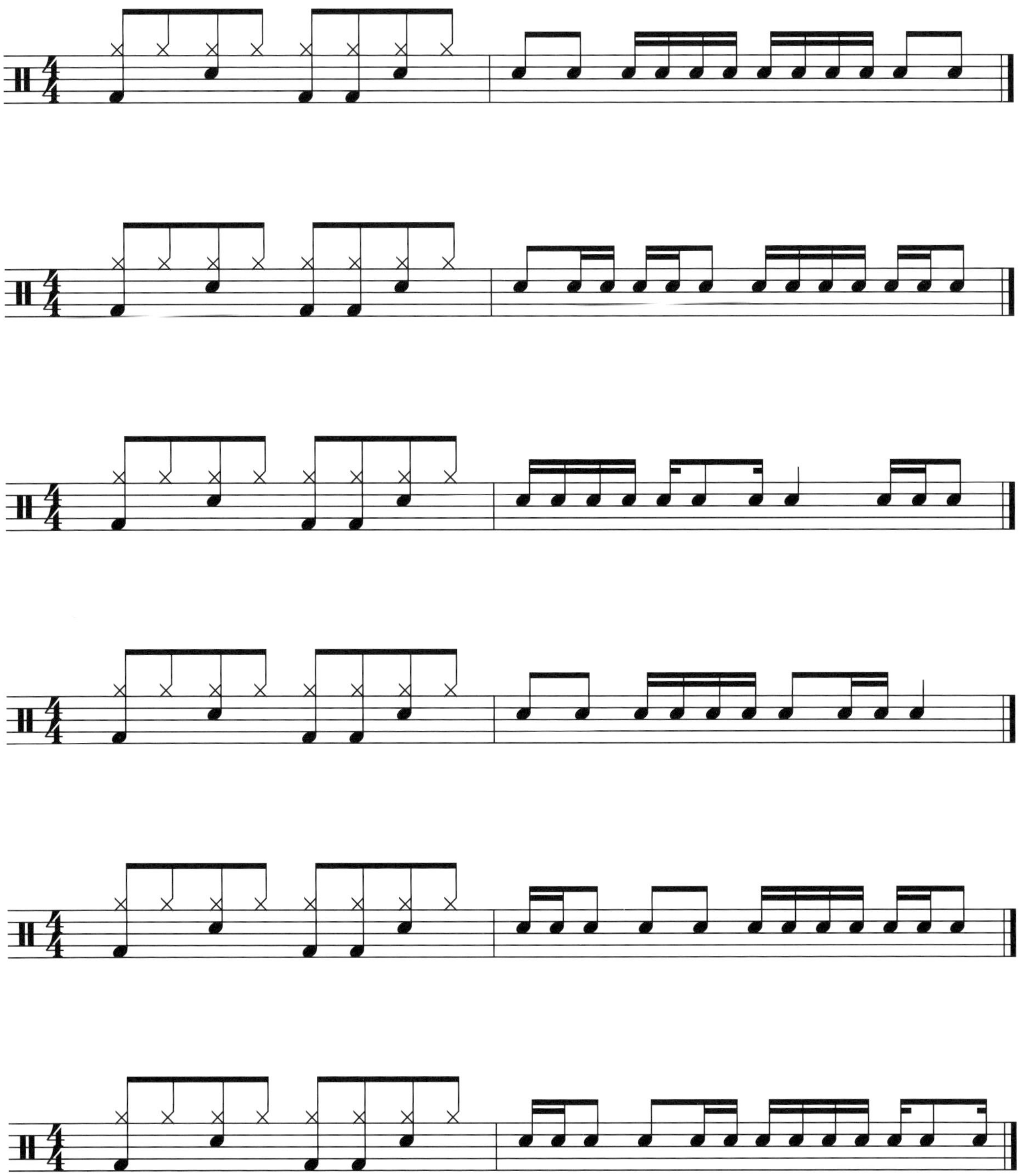

18. Achtel-Grooves · Snare- und Tom-Fill-Ins

Jetzt werden die Fill-Ins auf der Snare und den Toms gespielt.

Audio 026

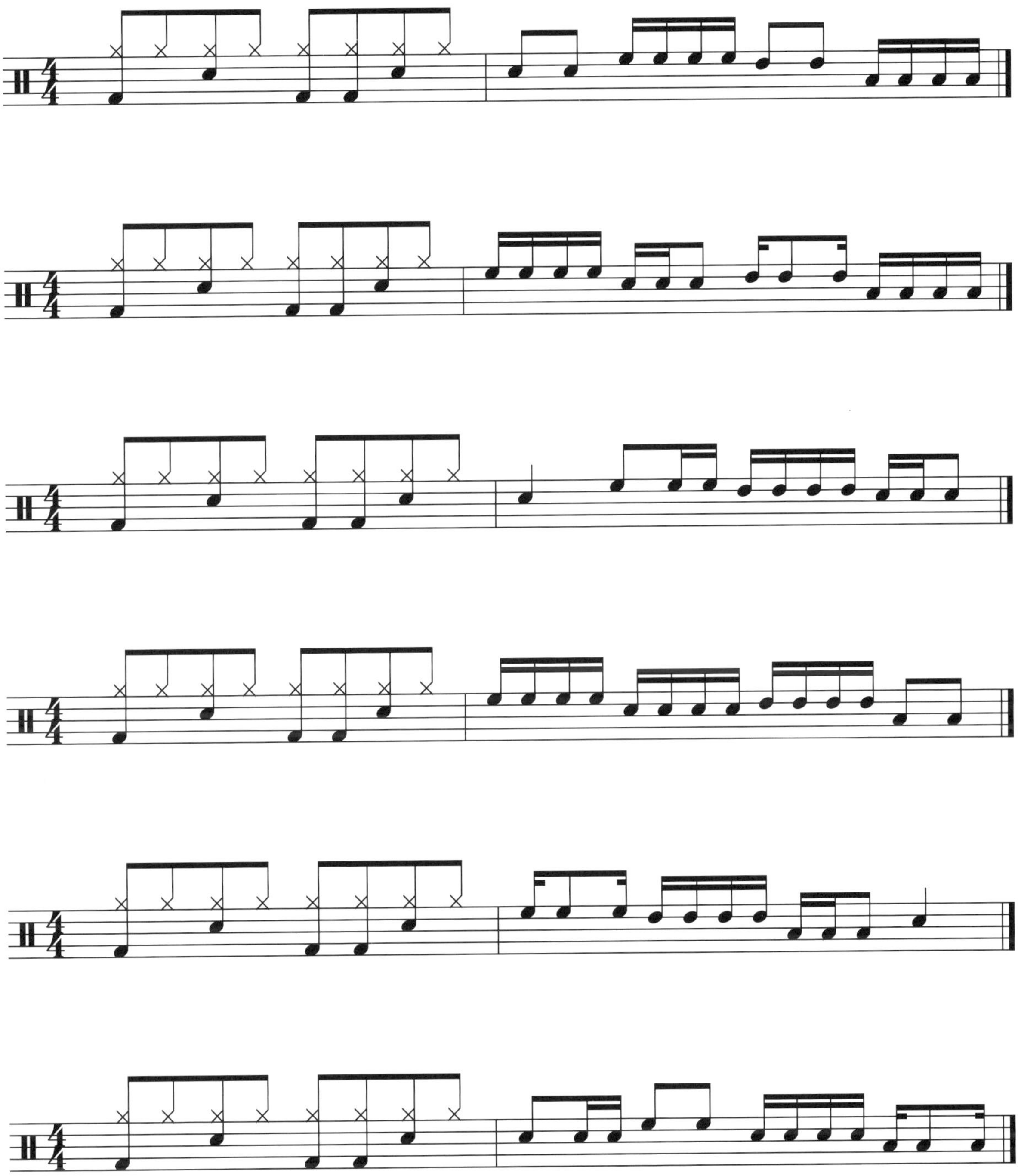

E-Drum-Workshop Nr. 5

USB TO HOST • Stick

Ein USB-Anschluss sollte bei keinem E-Drum-Soundmodul fehlen. Dieser Ein-/Ausgang übernimmt ganz viele Funktionen. Die meisten E-Drums haben einen Eingang für einen USB- Stick und einen USB-TO-HOST-Ein-/Ausgang.

USB-Stick-Eingang

Der USB-Stick ist heutzutage nicht mehr aus unserem Leben wegzudenken. Mit einem Stick kann man Daten in das Modul laden oder Daten des Moduls speichern. Bei den größeren Yamaha Soundmodulen kann man z. B. mit eigenen Drumsounds oder Loops arbeiten. Die werden auch Samples genannt. Diese kann man via USB-Stick in das Modul laden und den Pads zuordnen.

Auch MIDI-Files kann man in viele Module laden. Das sind Songdaten, die das Modul in Form von Playalongs/Songs abspielen kann. Aber wichtig ist auch die eigenen Daten zu sichern. Das können Drum-Kits sein, Einstellungen im Modul oder auch Sequenzerdaten, die man eingespielt hat. Oft wird dieser Eingang auch für Software- oder Soundupdates verwendet.

Bei kleineren E-Drum-Modulen gibt es häufig keinen Stick-Eingang, dann müssen die Daten mit einem Standard-USB-Kabel über den USB-TO-HOST-Anschluss auf einen Computer transferiert werden. Mehr dazu auf der nächsten Seite.

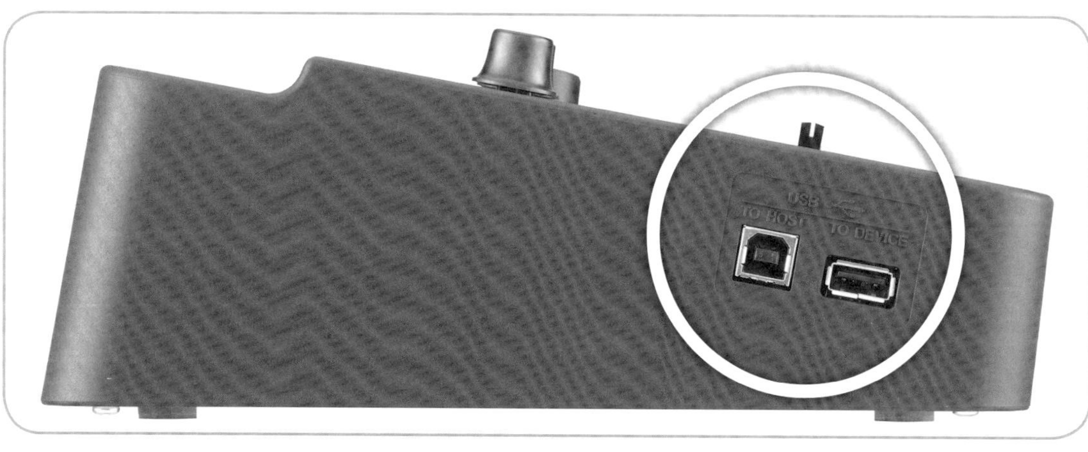

USB TO HOST

Über diesen Ein-/Ausgang kann man das Modul mit einem PC, Mac oder einem iOS-Gerät (iPhone, iPad) verbinden. Das hat viele Vorteile.

DAW - Digitale Audio Workstation

Das Sound-Modul kann mit einer Musiksoftware verbunden werden. Ich persönlich arbeite mit Cubase von Steinberg. Wenn das E-Drum-Soundmodul mit dem Computer verbunden ist, kann man eigene Drumtracks aufnehmen. Die Software nimmt dann die MIDI-Daten auf, die von meinem Drum-Kit an den Computer geschickt werden.

Plug-Ins

Wenn das Modul mit einem Rechner verbunden ist, kann man auch Plug-Ins ansteuern.
Es gibt eigenständige Programme (Stand-Alone-Versionen) oder auch Plug-Ins, die in eine Musiksoftware, z. B. Cubase integriert werden (Seite 114).

Apps

Es gibt zahlreiche Apps auf dem Markt. Verbinde einfach mal dein Modul mit einem iPad und benutze verschiedene Apps. Die Hersteller bieten verschiedene kostenlose Apps an, die z. B. das Drumtraining ergänzen. Aber auch Apps wie Garageband oder Cubasis bringen eine Menge Spaß und sind nützlich. (Seite 124)

Datenaustausch

Der USB TO HOST ist aber auch wichtig, um Daten auszutauschen, zu speichern oder ein Update des Soundmoduls durchzuführen.

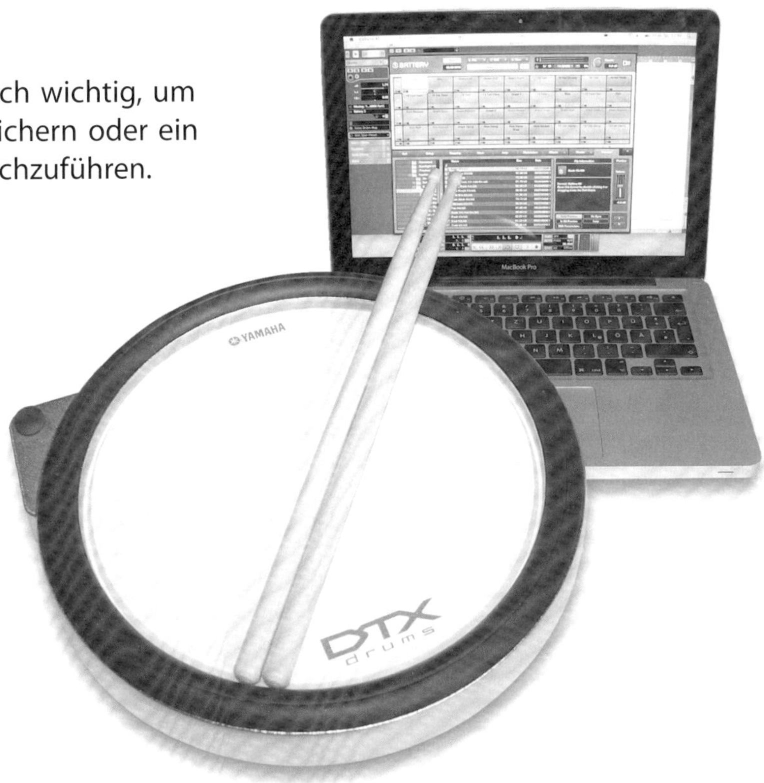

19. Snare · Achteltriolen

Jetzt lernst du deine ersten Triolen. Triolen sind klasse und werden dich auf deinem ganzen musikalischen Weg begleiten. Sie machen die Musik sehr interessant und sind in vielen Musikrichtungen zu finden.

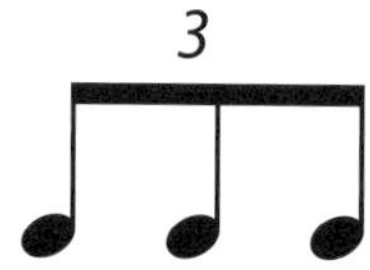

Bisher haben wir uns mit Ganzen, Halben, Viertel-, Achtel- und Sechzehntelnoten beschäftigt. Es handelt sich hier immer um Zweier-Aufteilungen. Eine Achtelnote ist so lang wie zwei Sechzehntelnoten, eine Viertel wie zwei Achtelnoten usw. Das nennt man auch „binäre" Rhythmik.
Es gibt aber auch „ternäre" Rhythmik. Das ist eine Dreier-Aufteilung. Eine Achteltriole besteht aus drei Noten, die der Länge einer Viertelnote entsprechen:

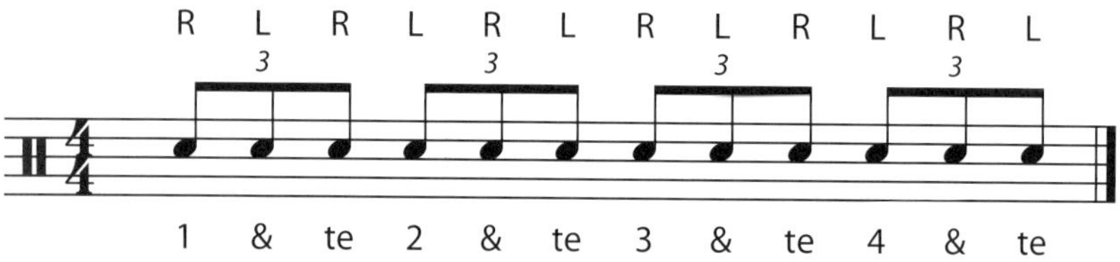

(Sprich: Ein und te Zwei und te ...)

Die folgende Grafik zeigt die Einteilung. Für jede Viertelnote stehen drei Noten.
Der Handsatz sollte am Anfang immer RLR LRL RLR LRL sein. Später werden noch andere Handsätze dazukommen.

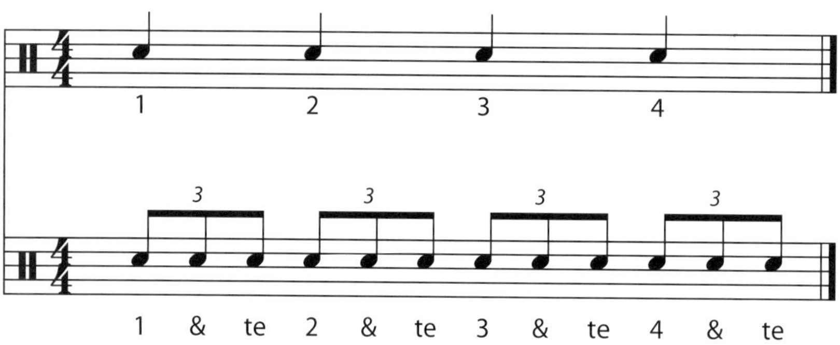

Zählweise eines Taktes

Achteltriolen											
1 eins	& und	te te	2 zwei	& und	te te	3 drei	& und	te te	4 vier	& und	te te

Snare-Übung • Viertelnoten und Achteltriolen

Dies ist die erste Triolen-Übung. Spiele die Viertelnoten und im zweiten Takt die Triolen immer hintereinander. So bekommst du ein Gefühl für Triolen. Es hilft, wenn du die 1, 2, 3 und 4 mit dem rechten Fuß mitstampfst.

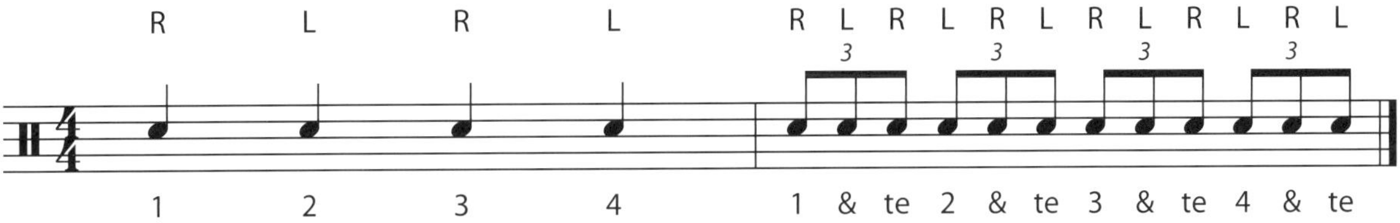

Snare-Übung • Achteltriolen-Übungen

Übe die folgenden Handsätze sehr sorgfältig und langsam. Wenn du sie beherrschst, kannst du das Tempo steigern. Wenn man die vier Zahlen (1, 2, 3, 4) etwas mit einem Akzent betont, hilft es dir, das Triolen-Feeling zu erhalten. Aber die Übungen sollten auch ohne Akzent geübt werden. Das sind auch tolle Aufwärmübungen.

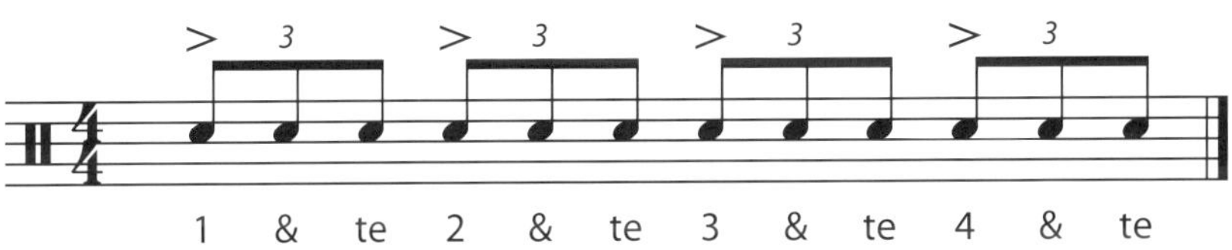

R	L	R	L	R	L	R	L	R	L	R	L
R	R	R	L	L	L	R	R	R	L	L	L
R	L	L	R	L	L	R	L	L	R	L	L
L	R	R	L	R	R	L	R	R	L	R	R
R	R	R	R	R	R	R	R	R	R	R	R
L	L	L	L	L	L	L	L	L	L	L	L
R	L	L	L	R	R	R	L	L	L	R	R

Snare-Solo · Viertelnoten und Achteltriolen

Audio 027

Zunächst solltest du dir jeden Takt einzeln vornehmen. Dann übst du beide Takte einer Zeile und zum Schluss solltest du das ganze Stück zusammenhängend spielen. Ich gebe wie immer keine Geschwindigkeit vor. Spiele es so langsam, dass es flüssig ist ...

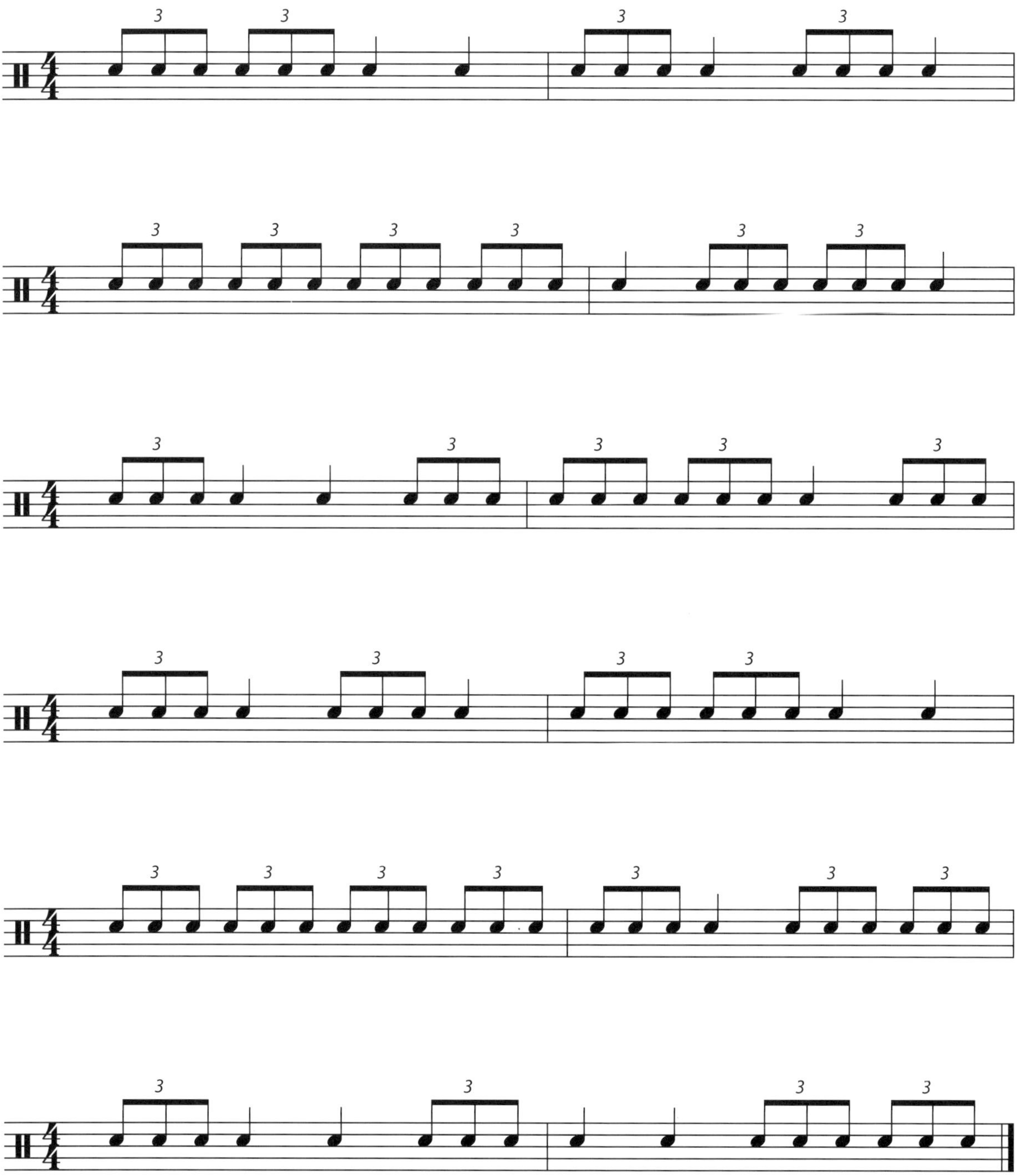

Snare-Übungen · Achteltriolen und Pausen

Diese Übungen bereiten dich auf die weiteren Triolen-Übungen vor. Bitte sorgfältig alle Handsätze üben.

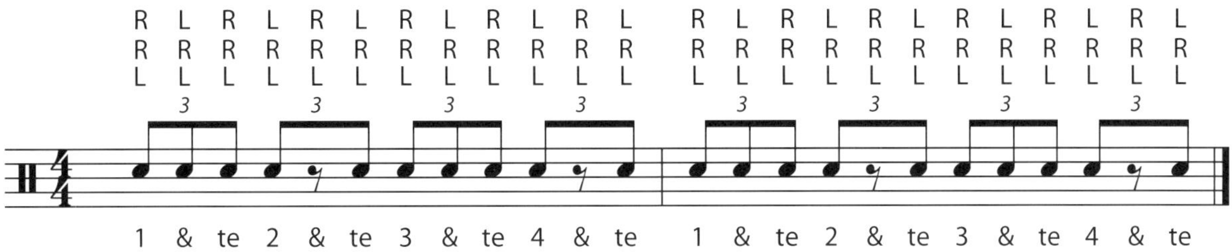

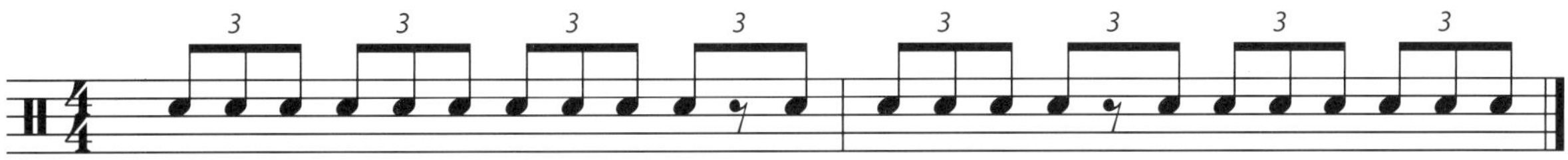

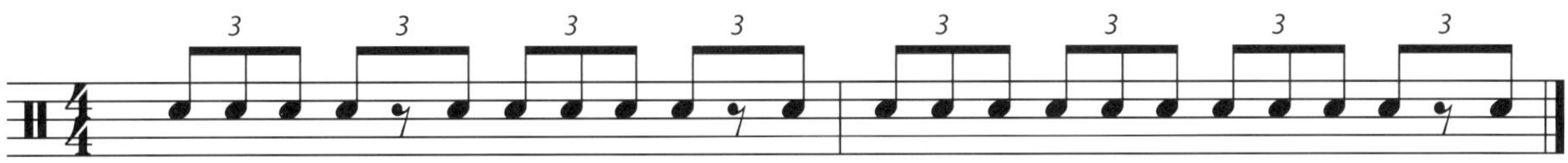

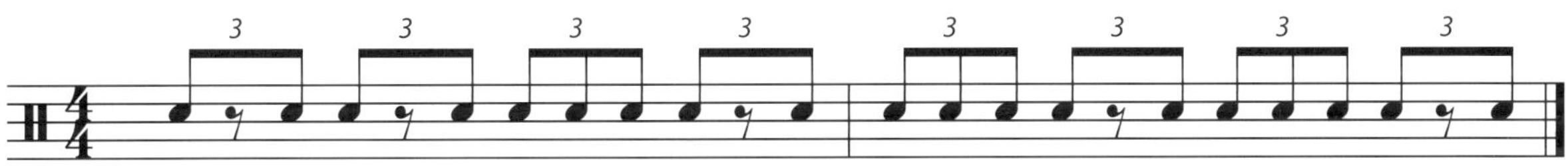

Tipp!

Denke daran, die Hände regelmäßig zu lockern und zu dehnen. Übungen auf 18.

20. Achteltriolen-Grooves

Audio 028

Nachdem du Triolen kennengelernt hast, möchte ich dir die Achteltriolen-Grooves erklären. Das sind tolle Grooves, die du bei vielen verschiedenen Musikrichtungen einsetzen kannst. Die Grooves basieren auf einer Dreiteilung des Grundrhythmus. Die folgenden Übungen sind im 4/4-Takt. Wie bei den anderen Groove-Übungen starten wir mit der Hi-Hat, dann folgt die Snare und Bassdrum.

Übung 1 · Hi-Hat, rechte Hand spielt die Triolen

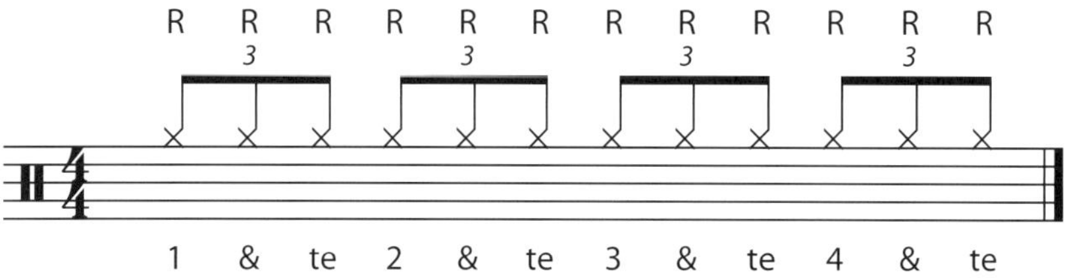

Übung 2 · Snare, linke Hand auf „zwei" und „vier"

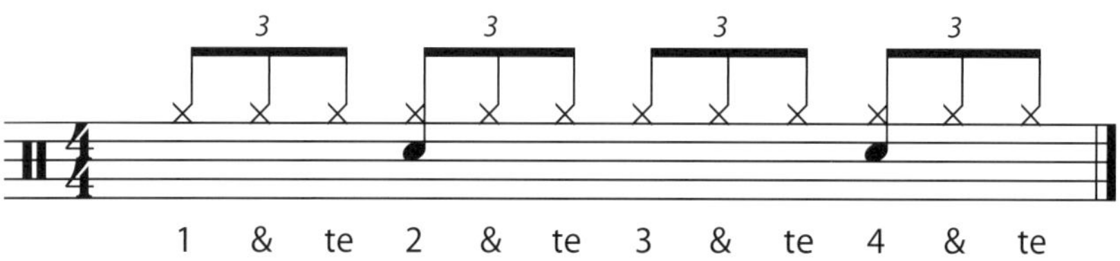

Übung 3 · Bassdrum, auf „eins" und „drei"

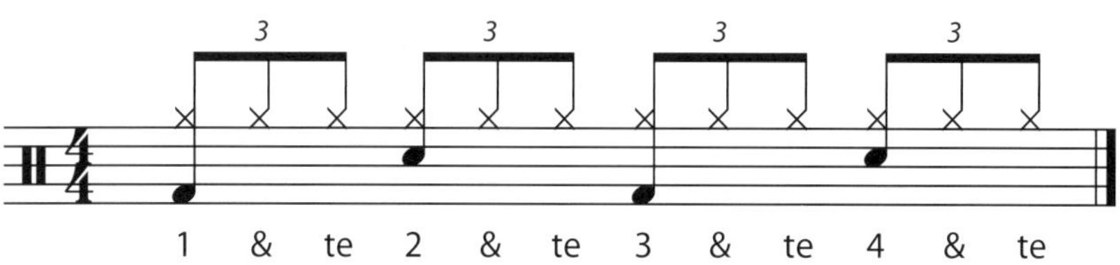

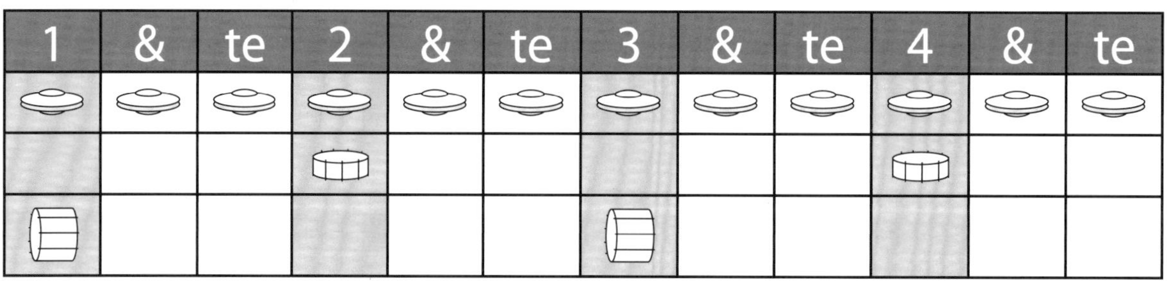

Variationen • Bassdrum, Achteltriolen-Groove

Audio 029

Die folgenden Variationen bringen tolle Grooves hervor, die dich auf deinem Weg zum Drummer begleiten werden.

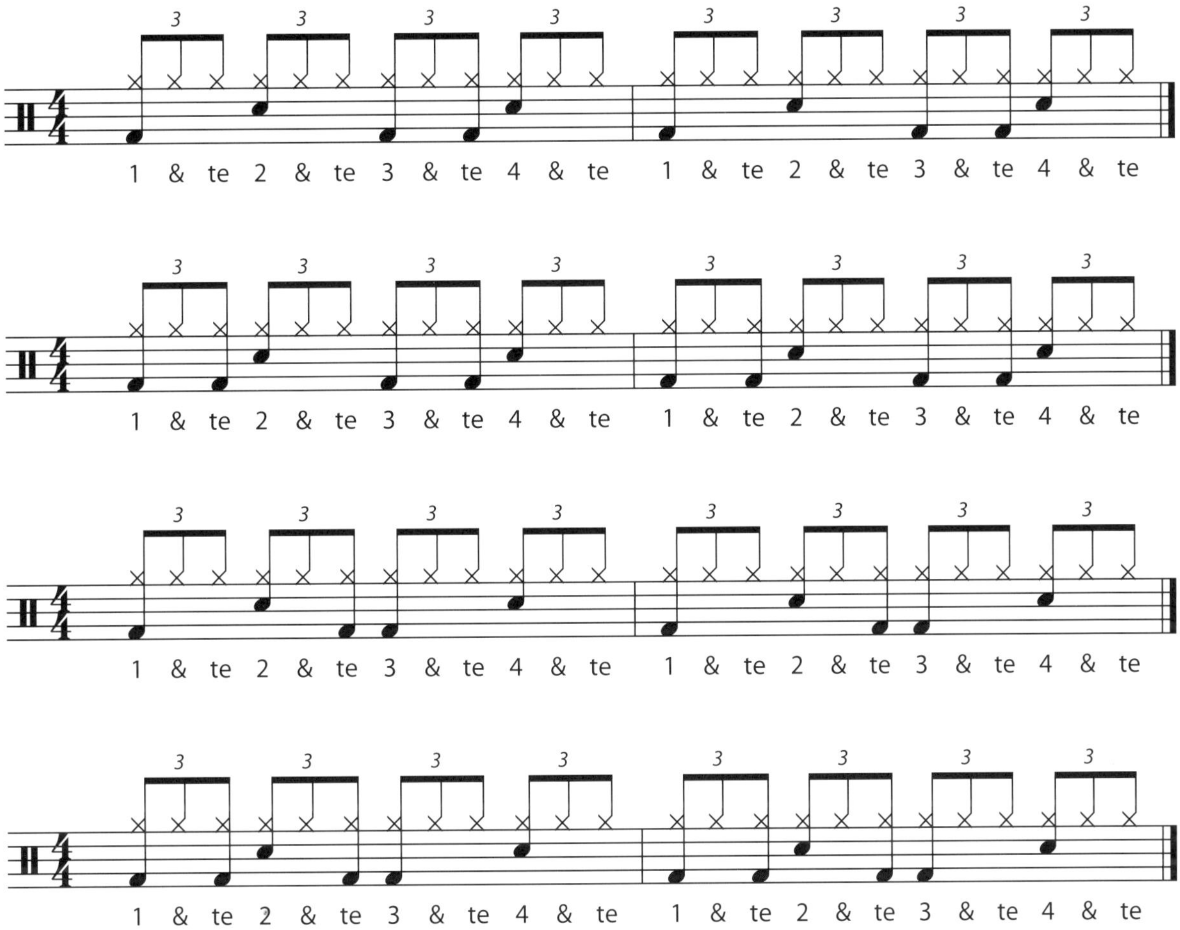

Variationen · Snare, Achteltriolen-Groove

Audio 030

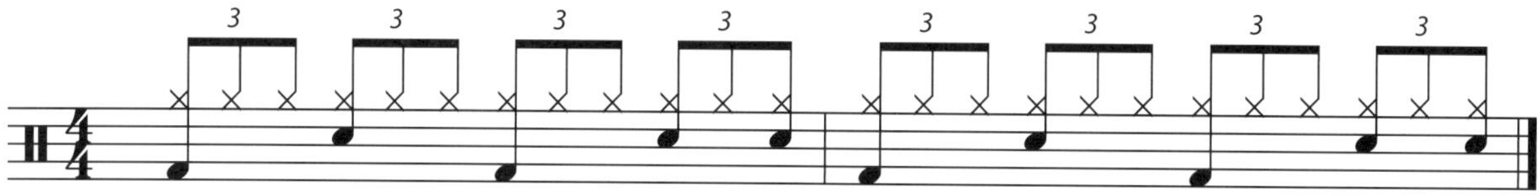

1 & te 2 & te 3 & te 4 & te 1 & te 2 & te 3 & te 4 & te

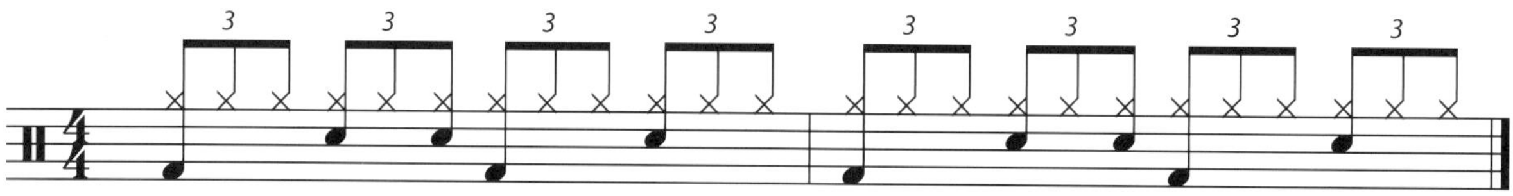

1 & te 2 & te 3 & te 4 & te 1 & te 2 & te 3 & te 4 & te

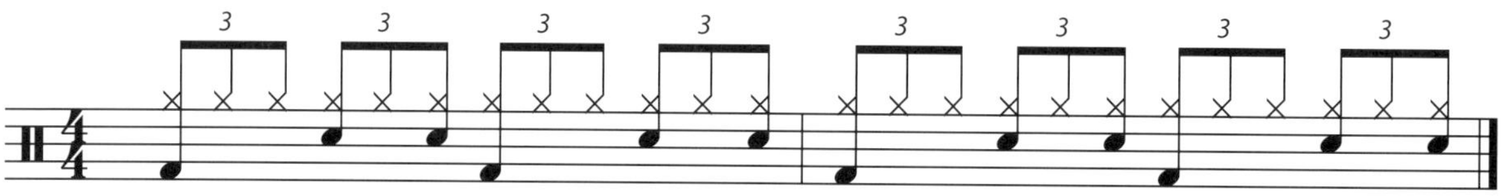

1 & te 2 & te 3 & te 4 & te 1 & te 2 & te 3 & te 4 & te

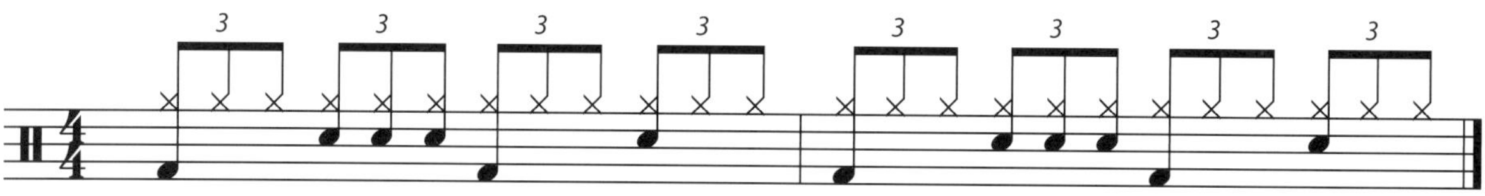

1 & te 2 & te 3 & te 4 & te 1 & te 2 & te 3 & te 4 & te

Audio 031

Variationen · Snare und Bassdrum, Achteltriolen-Groove

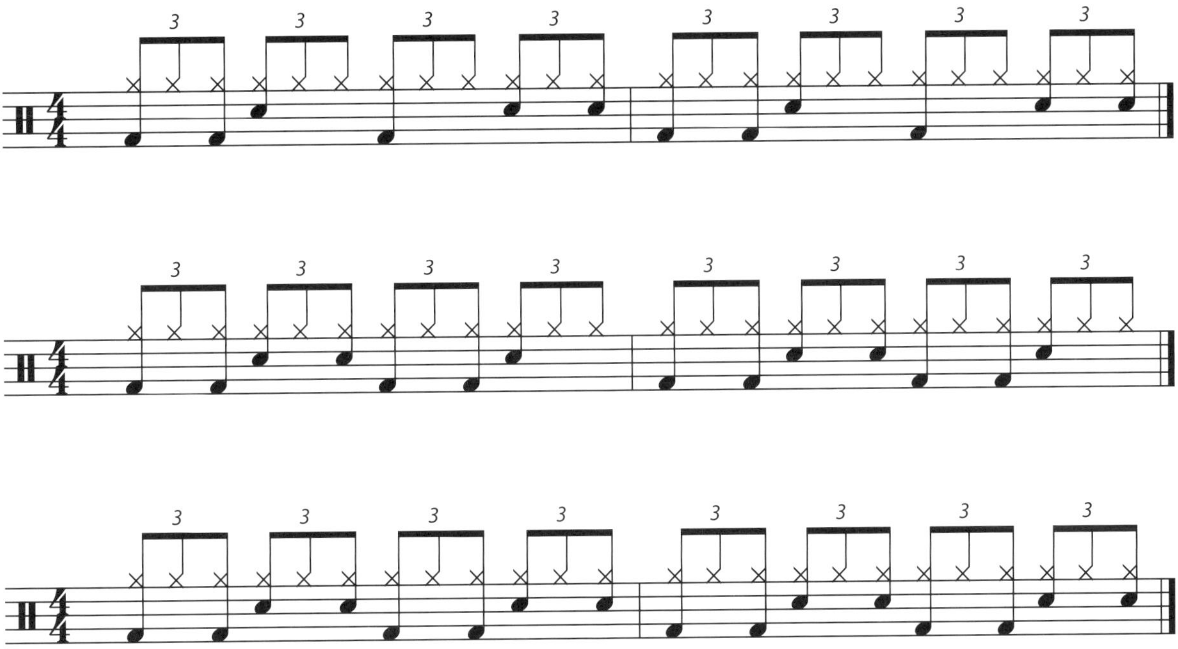

Werde kreativ ...

Fülle die folgenden Takte mit deinen Lieblings-Achteltriolen-Grooves.

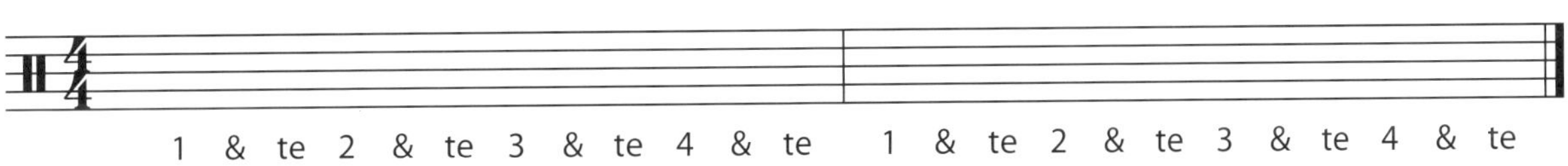

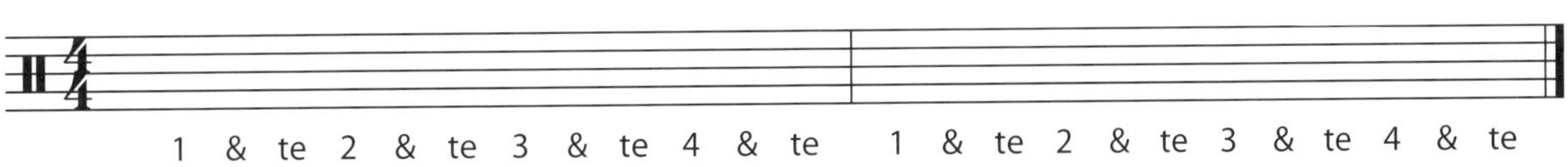

Snare und Toms · Fill-Ins mit Triolen

Audio 032

In dieser Übung lernst du, die Triolen als Fill-In auf die Snare und die Toms zu verteilen. Übe zuerst den ersten Handsatz, danach die beiden anderen.

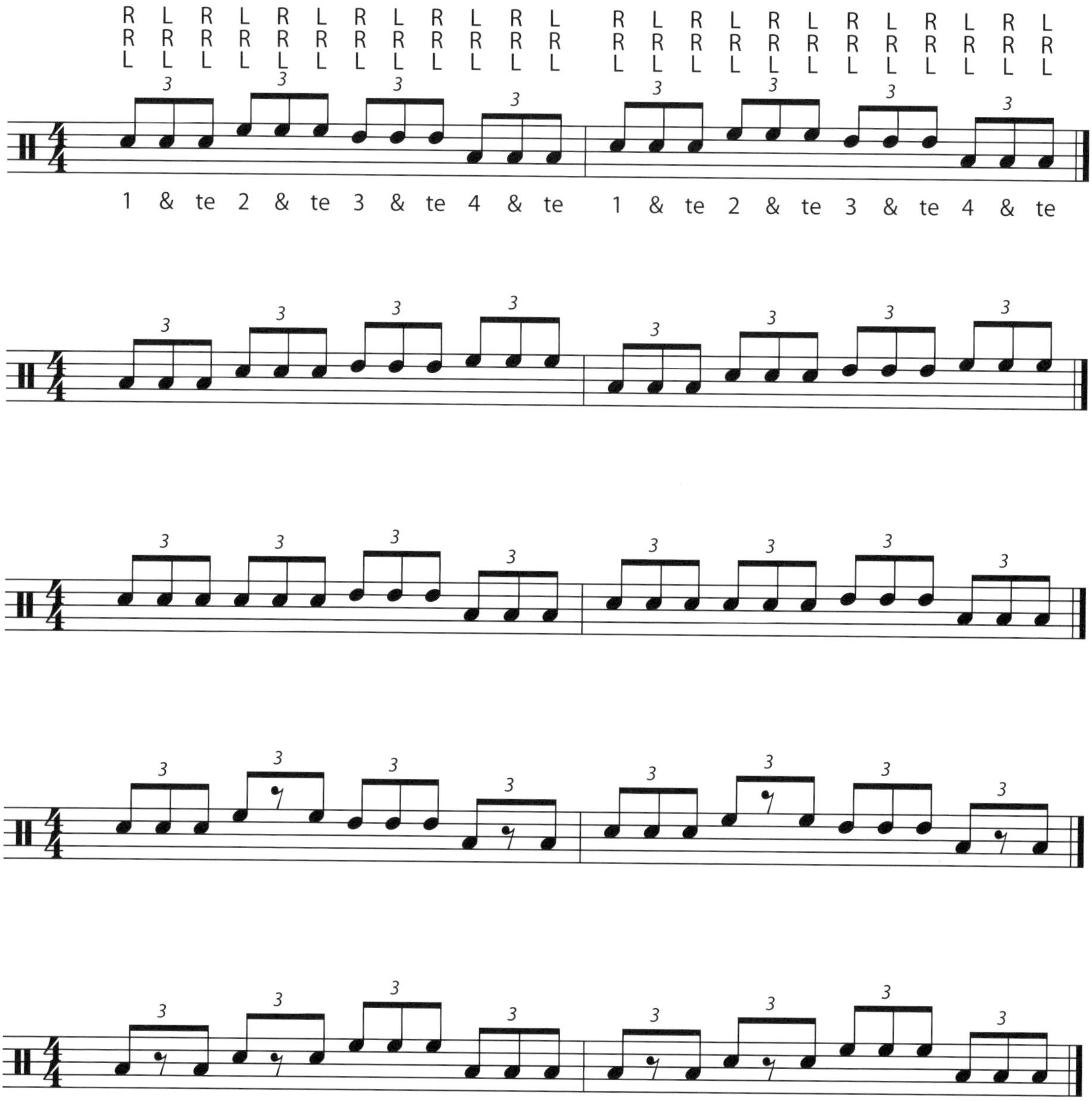

Achteltriolen-Grooves • Triolen-Fill-Ins

Audio 033

Wiederhole die Übungen solange, bis du die Fill-Ins richtig sicher spielen kannst. Bitte auch alle Handsätze üben.

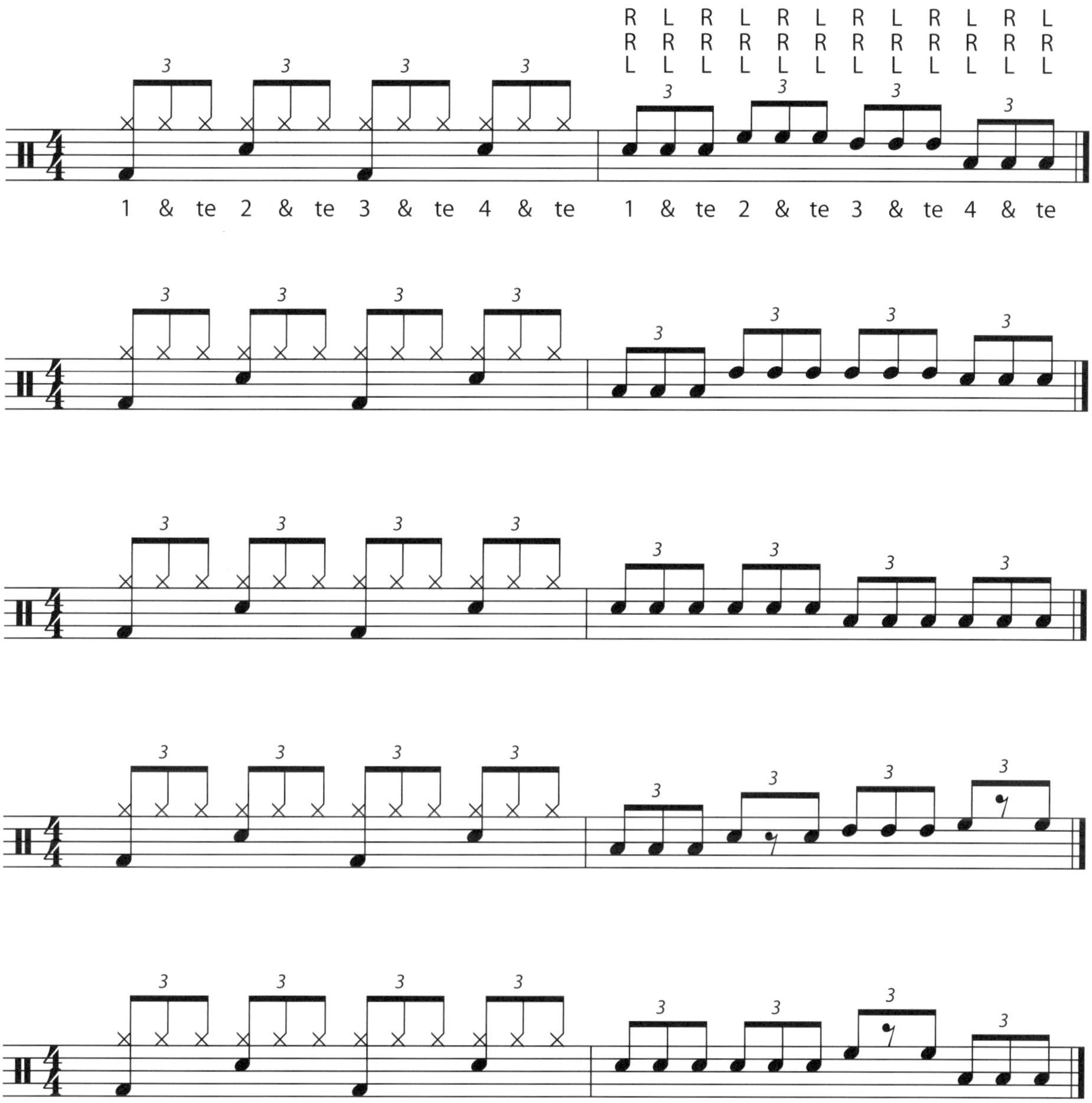

E-Drum-Workshop Nr. 6

Sampling • Samples

Was ist Sampling und was sind Samples? Braucht man als Drummer überhaupt Samples? Das sind Fragen, die immer wieder auftauchen. In der heutigen Zeit hat man als Schlagzeuger die Möglichkeit, selber zu samplen oder mit fertigen Samples zu arbeiten. Dafür braucht man natürlich ein Soundmodul, das diese Funktionen unterstützt. Die Module der Firma Yamaha bieten schon im preiswerteren Segment diese Möglichkeit.

Was ist Sampling?

Sampling ist ganz einfach erklärt. Sicher hast du ein Handy oder Smartphone. Die Handys haben fast alle eine Aufnahmefunktion. Wenn du jetzt etwas mit deinem Handy aufnimmst, wird das akustische Signal in ein digitales umgewandelt. So einfach ist Sampling. Es gibt auch tolle Apps für Smartphones, mit denen man Samples aufnehmen und bearbeiten kann.

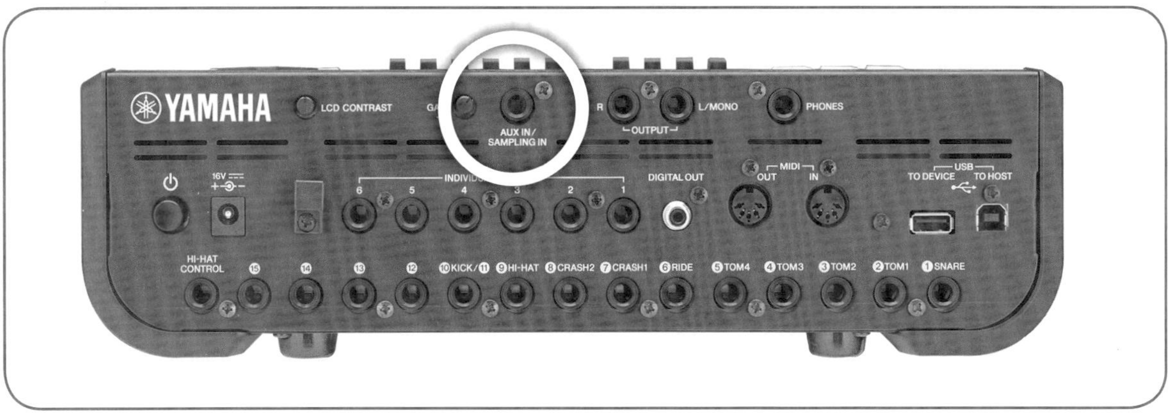

Auf dem Markt gibt es auch viele verschiedene kleine digitale Aufnahmegeräte, mit denen man professionelle Aufnahmen machen kann. Die Geräte sind auch nicht größer als ein Handy.

Ich nehme gerne verschiedene Geräusche auf, bearbeite die Sounds in einer Musiksoftware wie Cubase oder Wavelab und lade sie mit einem USB-Stick oder über einen USB-Host-Eingang in meine E-Drums.
Es gibt auch E-Drum-Soundmodule, die einen Sampling-Eingang haben. Dort kann man zum Beispiel direkt ein Mikrofon anschließen und akustische Drums oder irgendeinen anderen Sound samplen.

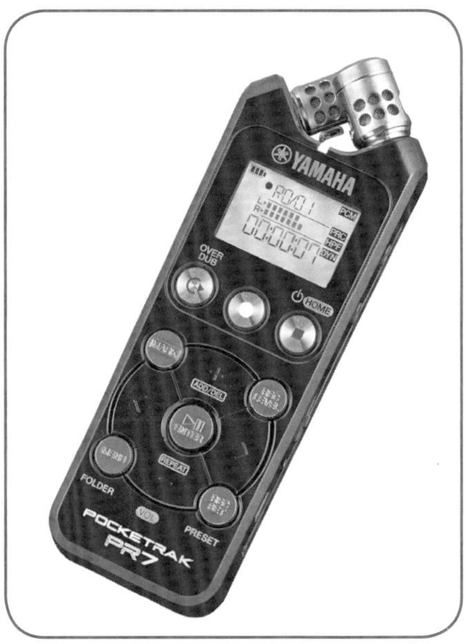

Datenformat

Die meisten Geräte arbeiten mit Samples im Standard-Audio-CD-Format. Das sind 44,1 kHz und 16 Bit. Das Format WAV ist vielen schon bekannt und wird am meisten verwendet. Manche Geräte unterstützen auch das Aiff-Format. Es gibt kleine kostenlose Programme, die Samples (Audiofiles) in das richtige Format wandeln können, falls das Format deiner eigenen Samples abweicht.

Wie sieht eigentlich so ein Sample aus?

Hier siehst du eine Sampledatei, die ich in das Programm Cubase geladen habe. Mit einer guten Software kann ich die Samples bearbeiten.
Man kann sie schneiden, die Tonhöhe ändern oder das Sample noch mit Effekten und Filtern bearbeiten.
Es gibt viele Funktionen, um einen Sound zu verändern.

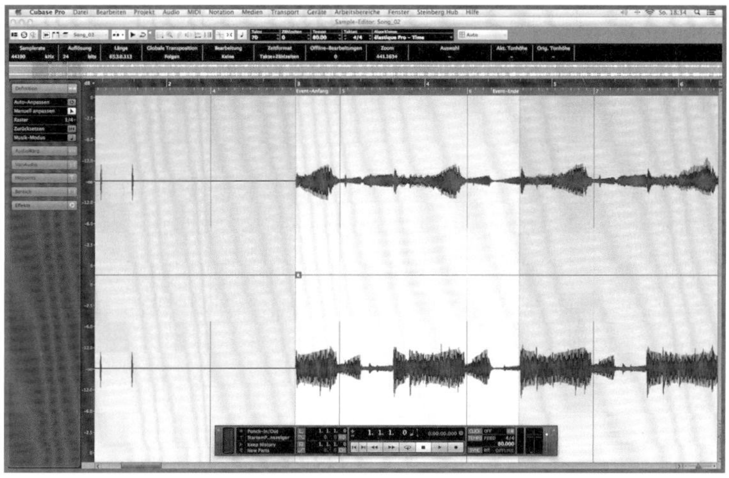

Sample Loops

Mit Loops zu arbeiten macht unheimlich Spaß. Ein solcher Loop kann zum Beispiel ein Basslauf, Keyboard-Akkorde oder ein Gitarren-Riff sein. Einen Loop kann man dann mit den Pads starten und stoppen (sofern das Modul diese Funktion unterstützt). Damit kann man als Drummer die Band auch mit Effekten und Sounds unterstützen. Häufig werden Loops in moderner Elektronikmusik eingesetzt.

Welche Vorteile habe ich durch Drum-Samples?

Es gibt sehr viele Drum-Samples auf dem Markt. Da bleibt kaum ein Wunsch offen. Mit einem Soundmodul, das Samples laden kann, ist es prinzipiell möglich, jedes Drum-Kit zu spielen, das es auf dem Markt gibt (bzw. wenn es davon Samples gibt). Zum Beispiel ein altes Vintage-Kit, das als richtiges Akustik-Drum-Kit kaum zu bezahlen ist. Oder verrückte Elektronik-Sounds. Die Grenze des Machbaren verschiebt sich ganz weit und es ergeben sich ganz neue Ideen.

Einfach auf die Pads legen

Wenn man sich ein eigenes Drum-Kit im Soundmodul zusammenstellt, kann man den Pads die Samples oder auch Loops zuordnen und diese dann direkt spielen.

21. Der Shuffle-Groove

Audio 034

Der Shuffle kommt vor allem im Blues und Jazz vor. Man spricht auch vom „Swing"-Rhythmus. Aber er kommt auch oft in Rock- oder Pop-Songs vor. Die Basis dieses Grooves sind Triolen. Um ein gutes Shuffle-Feeling zu bekommen, musst du viel üben! Dabei kann dir auch ein Playalong aus deinem Drum-Kit helfen.

Übung 1 · Hi-Hat, rechte Hand spielt die Triolen mit Pausen

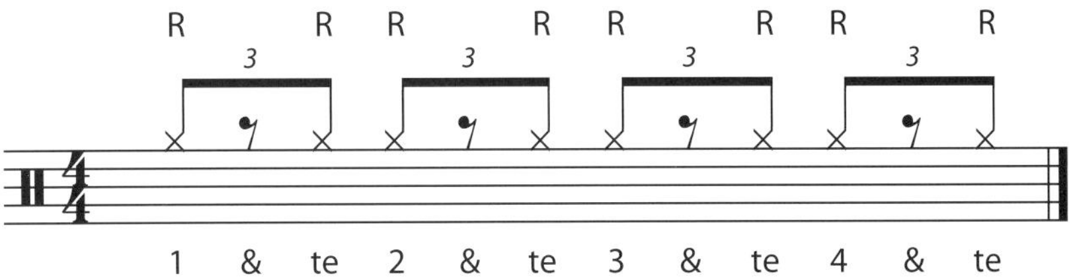

Übung 2 · Snare, linke Hand auf „zwei" und „vier"

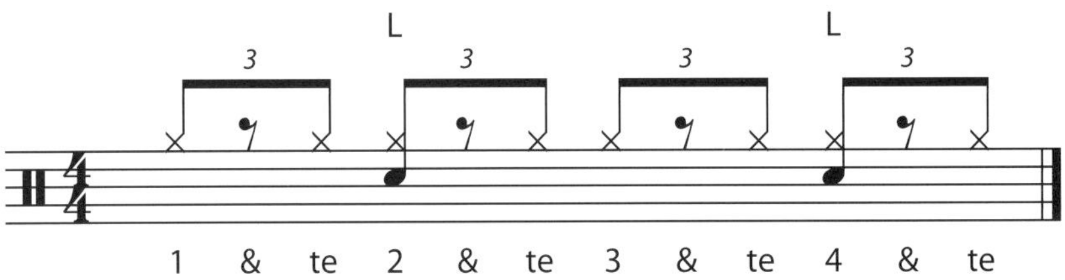

Übung 3 · Bassdrum, auf „eins" und „drei"

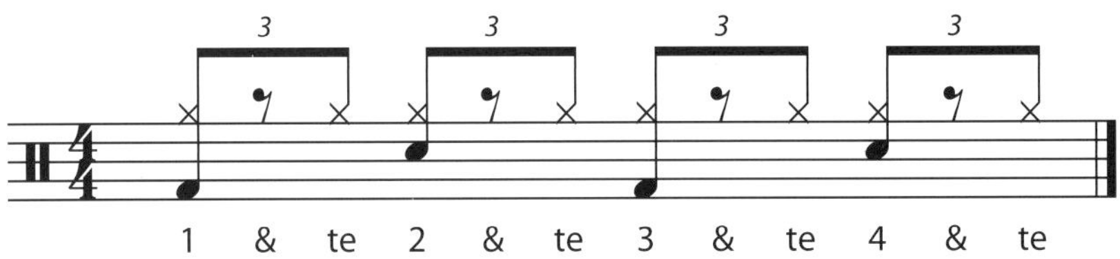

1	&	te	2	&	te	3	&	te	4	&	te
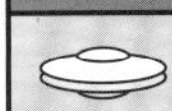		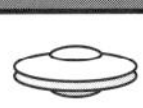	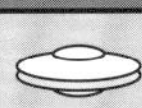		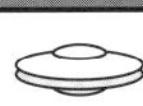	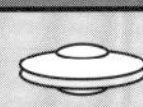		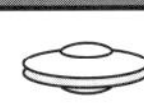	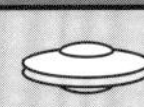		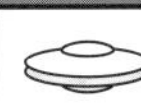
			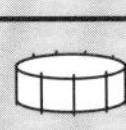						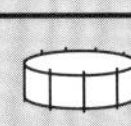		
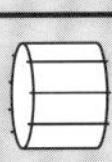						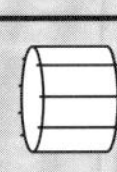					

Auf den Audiotracks werden die Beispiele jeweils einmal wiederholt.

Variationen • Bassdrum, Shuffle-Grooves

Audio 035

Diese Übungen hast du schon einmal mit durchgehender Triolen-Hi-Hat geübt. Jetzt werden diese Grooves im Shuffle-Feeling gespielt.

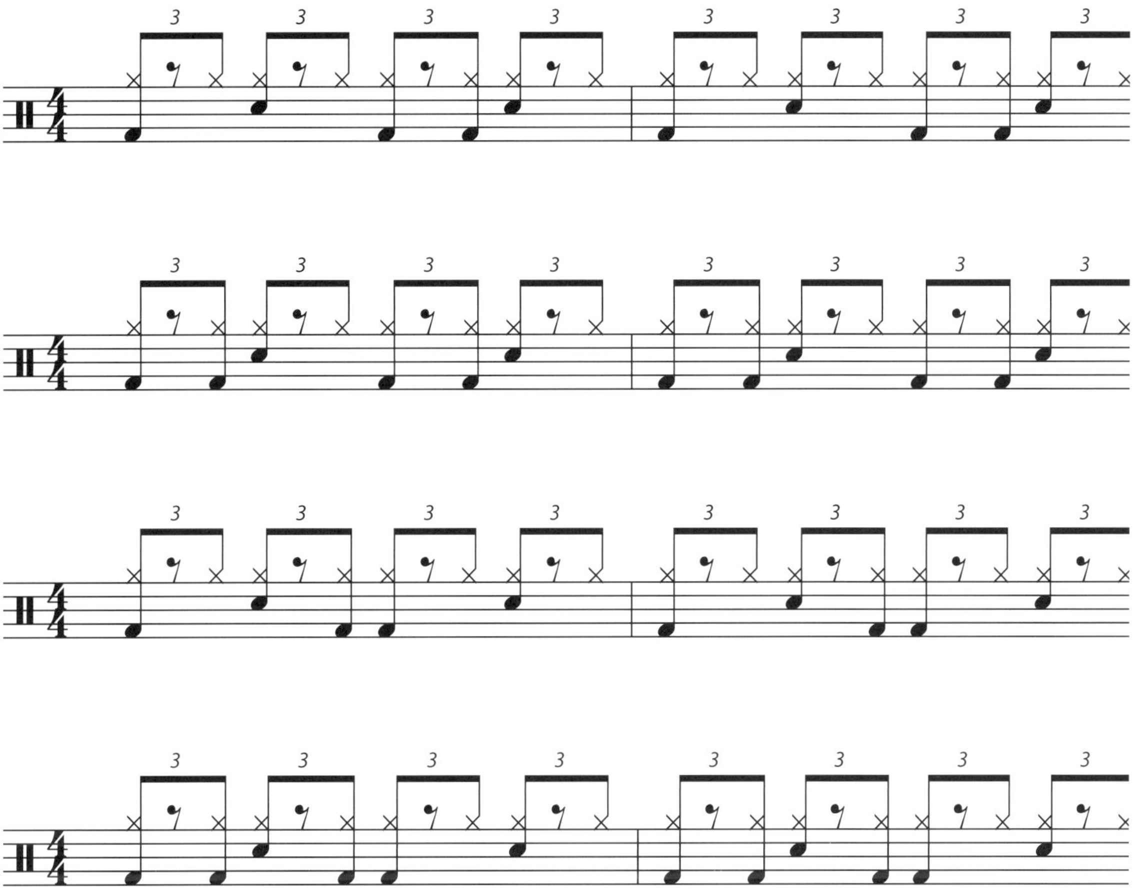

Variationen · Snare, Shuffle-Grooves

Audio 036

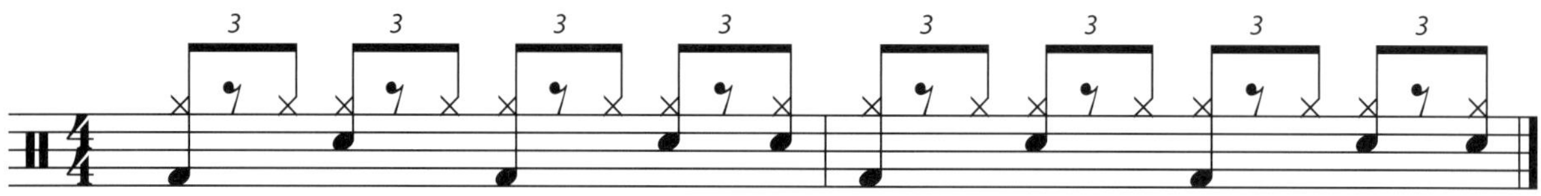

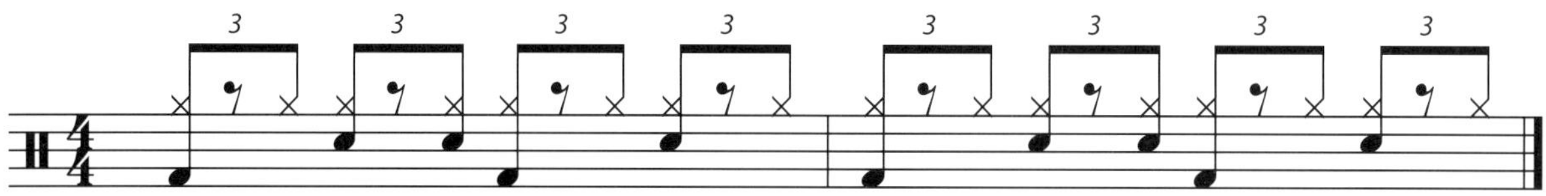

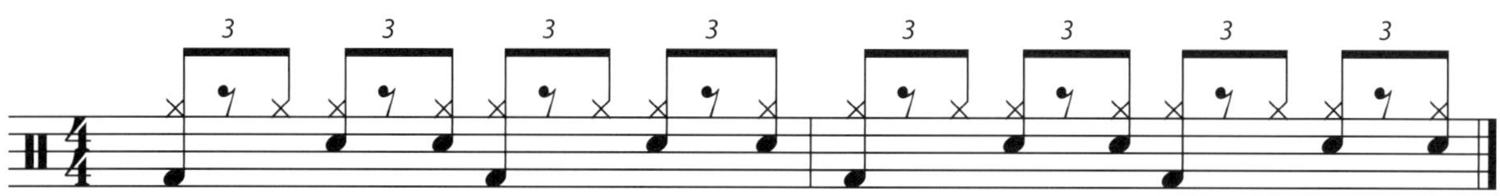

Werde kreativ ...

Fülle die folgenden Takte mit deinen Lieblings-Shuffle-Grooves.

1 & te 2 & te 3 & te 4 & te 1 & te 2 & te 3 & te 4 & te

1 & te 2 & te 3 & te 4 & te 1 & te 2 & te 3 & te 4 & te

Shuffle-Groove · Triolen-Fill-Ins, Snare und Toms

Audio 037

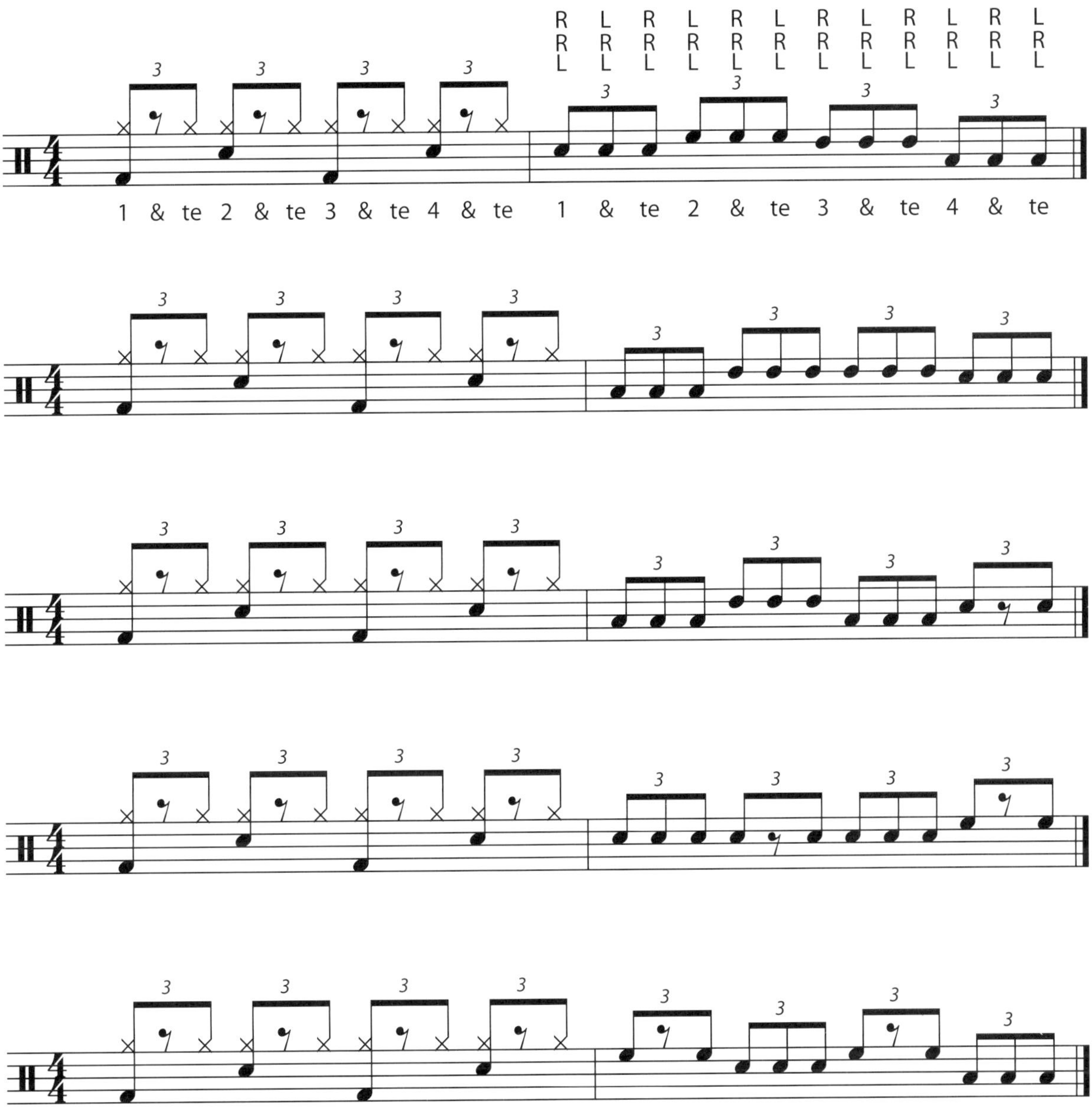

22. Punktierte Notenwerte

Audio 038

Manche Notenwerte lassen sich mit den Noten, die du bisher kennengelernt hast, nicht darstellen. Daher verwendet man punktierte Noten oder Pausen. Ein Punkt hinter einer Note verlängert diese um die Hälfte ihres Wertes.

Ein Beispiel: Ganze Note (4 Schläge) + Punkt (2 Schläge) = 6 Schläge

Hier ist eine Übersicht punktierter Notenwerte:

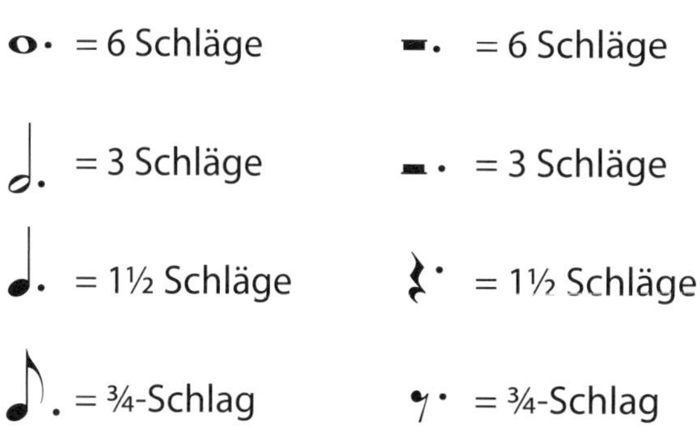

Man kann auch 16tel- oder 32tel-Noten punktieren, aber das kommt so selten vor, dass wir diese Noten in diesem Buch nicht verwenden.

Hier werden die bisher erlernten Notenwerte mit punktierten Viertelnoten auf der Snare kombiniert:

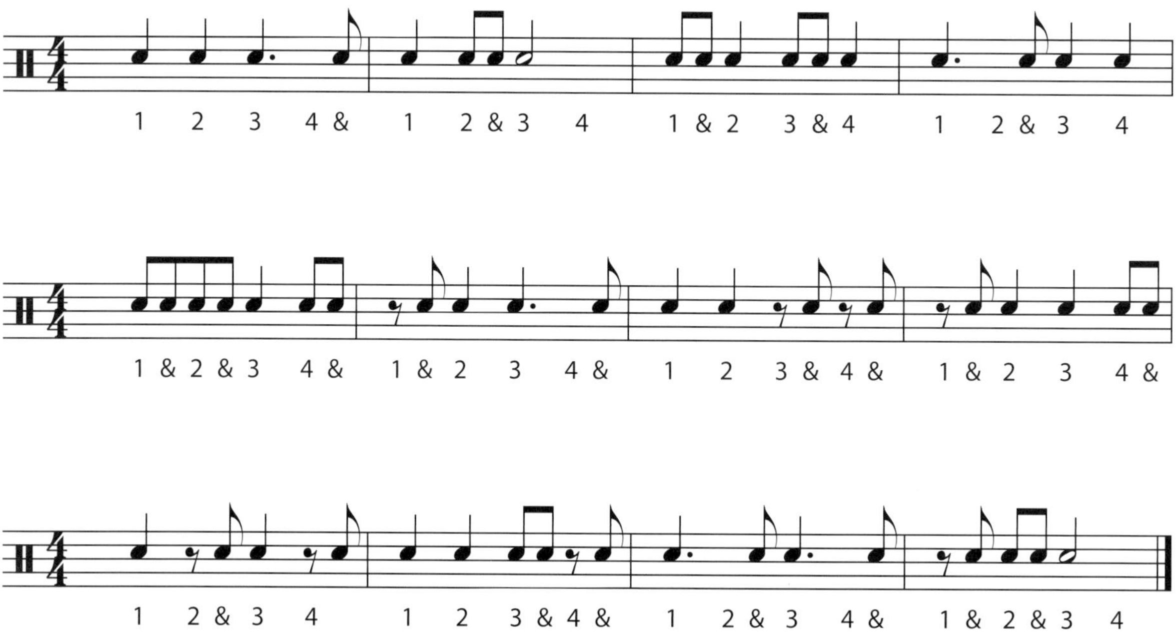

23. Akzente

Akzente sind für Drummer sehr wichtig. Damit kannst du einen Groove oder Fill-In ganz neu mit Spielfreude und Leben füllen. Ein Akzent wird mit einem Zeichen über der Note dargestellt. Die folgenden Übungen kannst du später auch einmal auf der Hi-Hat üben.

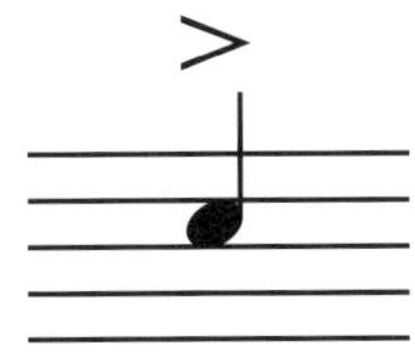

Akzent
(Betonung)

Audio 039

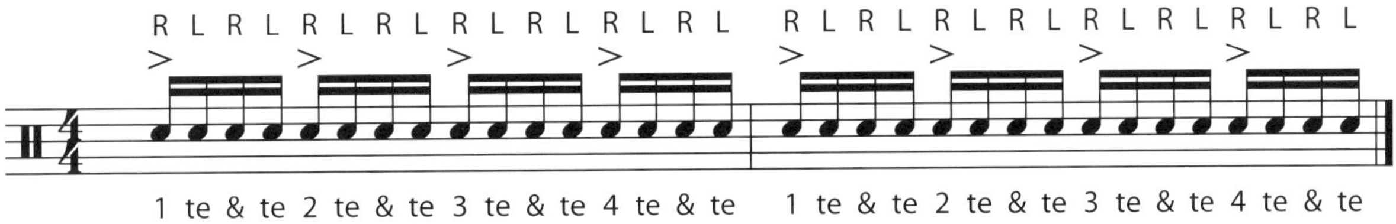

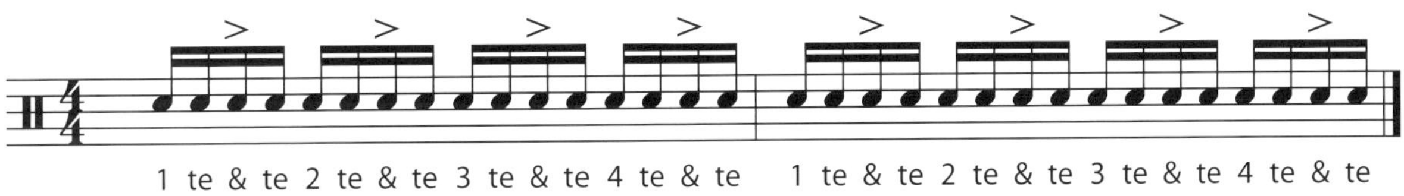

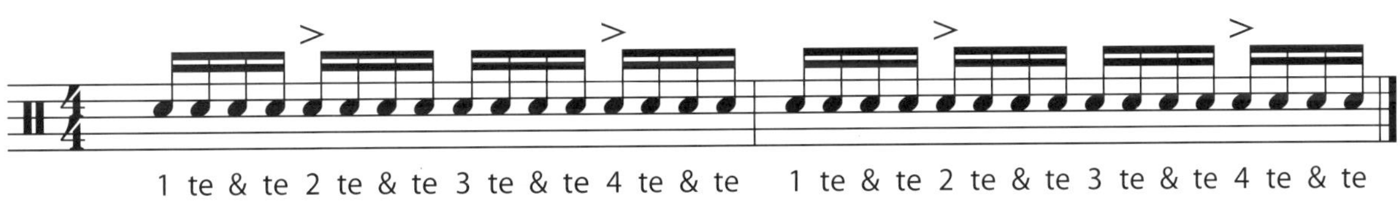

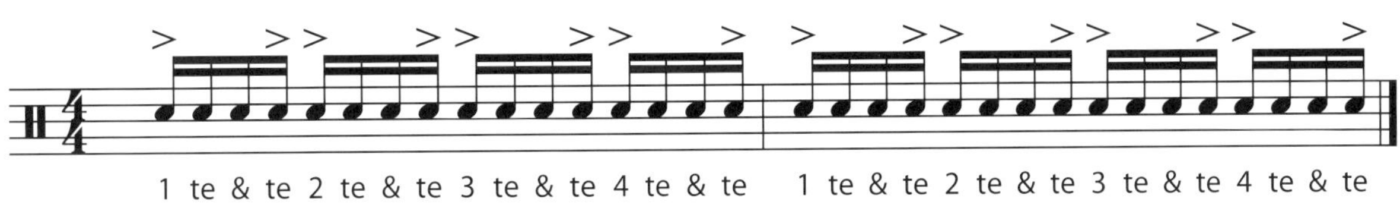

Tipp!

Laut mitzählen!
Bitte auch dein Metronom einsetzen!

24. Crescendo und Decrescendo

Bei diesen Übungen geht es darum, allmählich lauter oder leiser zu werden. Ein langer offener Pfeil zeigt dir an, bis zu welcher Note du lauter oder leiser werden sollst. Versuche so gleichmäßig zu spielen, dass man keine großen Übergänge hört. Es folgen einige Übungen auf der Snare mit Sechzehntelnoten.

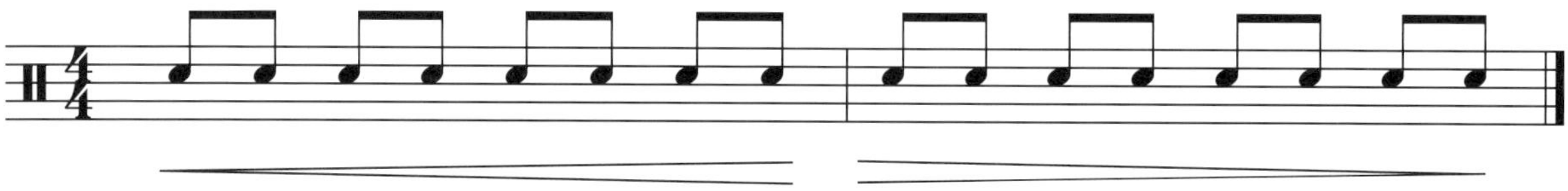

crescendo = gleichmäßig lauter werden decrescendo = gleichmäßig leiser werden

Audio 040

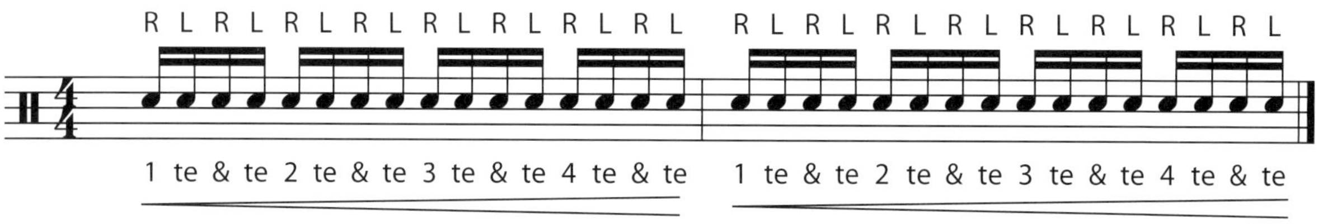

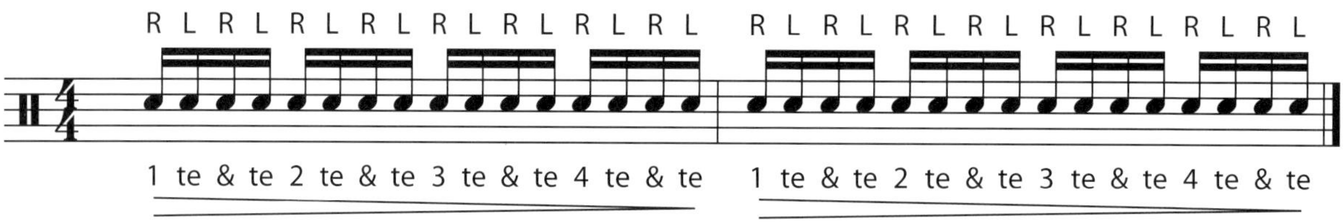

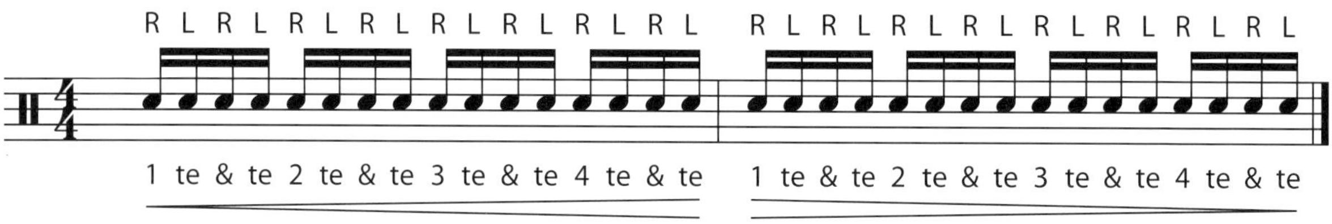

25. Snare-Solo mit Akzenten und Dynamik

Wenn du diese Soli beherrschst, kannst du sie deiner Familie oder Freunden vorspielen. Es ist toll, ein dynamisches Solo vorzutragen.

Audio 041

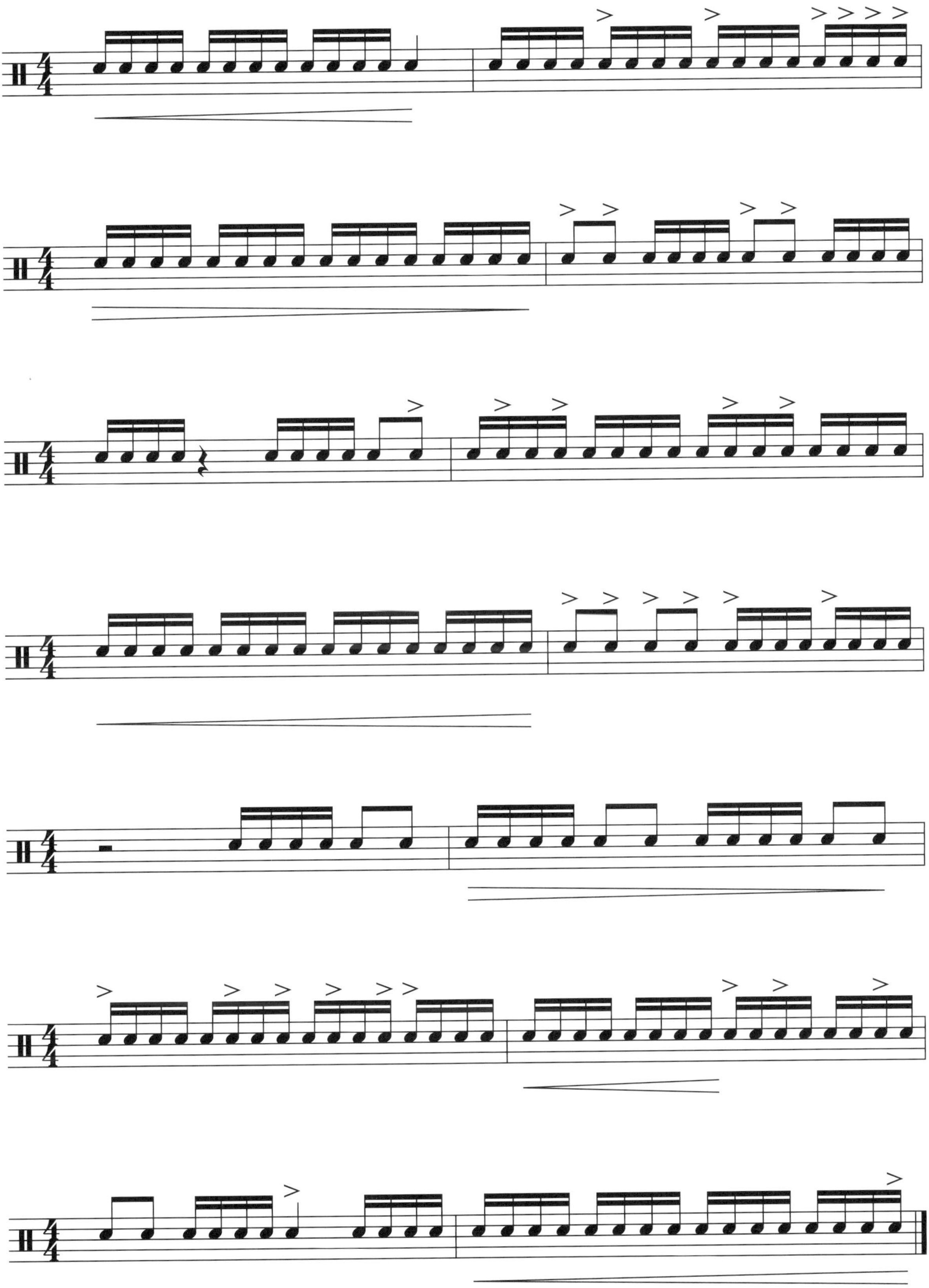

E-Drum-Workshop Nr. 7

Triggering • Hybrid-Drum-Kit

In diesem Workshop möchte ich zeigen, wie einfach es ist, ein Akustik-Drum-Kit mit Triggern auszustatten und über sein Akustik-Kit sein E-Drum-Soundmodul anzusteuern. Nicht jedes Modul auf dem Markt hat eine Funktion, um Eingänge des Soundmoduls an verschiedene Trigger anzupassen. Daher solltest du vor dem Kauf sicherstellen, dass dir diese Funktion zur Verfügung steht und ob der Trigger auch zu deinem Modul passt.

Es gibt viele Trigger auf dem Markt und in diesem Workshop benutze ich Yamaha-Trigger, die perfekt zu meinem Yamaha-DTX-Modul passen. Aber ich habe auch DDrum-Trigger probiert und gute Ergebnisse erzielt.

Was ist ein Trigger?

Ein Trigger für ein akustisches Drum-Set arbeitet genauso wie ein Trigger in einem Pad. Der Trigger wird auf das Fell geklebt oder an den Kesselrand geschraubt. Wenn der Stick oder Schlägel auf das Fell trifft, ensteht ein Impuls (erzeugt durch Piezowandler), der im Modul den Sound auslöst.

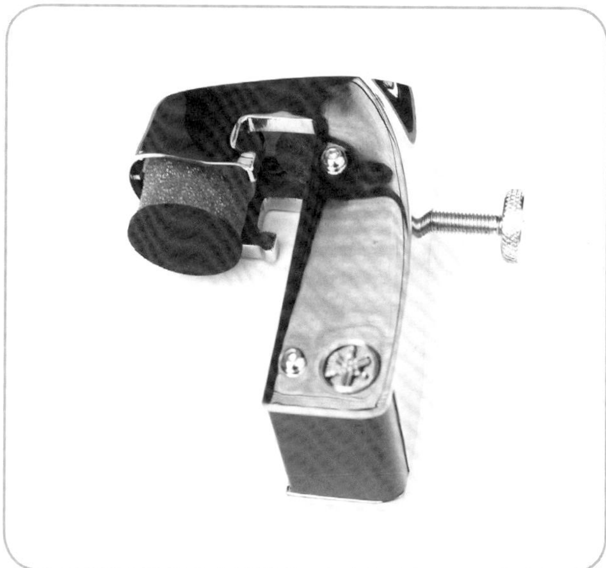

Die Vorbereitung der Trommeln

In diesem Workshop zeige ich, wie man seine Trommeln perfekt für das Triggering vorbeitet, wenn man keine zusätzlichen Mikrofone benutzt. Um ein sauberes Signal des Triggers zu bekommen, sollte man die Trommeln dämpfen. Das hat auch den Vorteil, dass man später nicht zu viel einstellen muss.
Ein Akustik-Kit, das getriggert wird, kann man zusätzlich auch mit Mikrofonen aufnehmen. Dann sollte man die Trommeln nicht zu sehr dämpfen, aber muss wahrscheinlich mehrere Einstellungen ausprobieren.

Um Felle zu dämpfen, gibt es von Remo sogenannte Muff'l-Ringe in allen herkömmlichen Trommelgrößen. Die werden zusammen mit dem Fell und dem Spannreifen auf die Trommel geschraubt. Das Fell wird dadurch gedämpft, lässt sich aber noch sehr gut spielen und der Trigger bekommt ein gutes Signal. Ich mag die Muff'ls sehr gerne, da sie Zeit sparen und man nicht mehr so viel basteln muss.

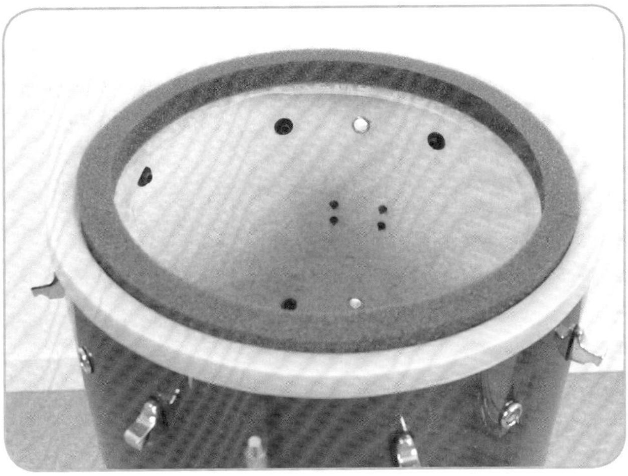

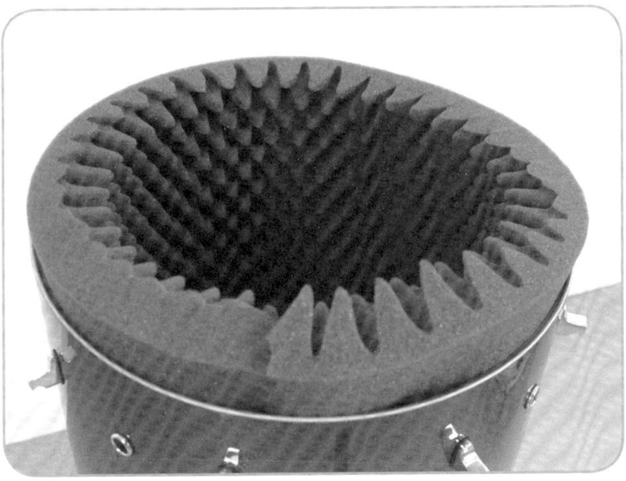

Nun zur Bastelvariante. Mit einem Stück Schaumstoff kann man den Innenteil einer Trommel verkleiden. Dafür schraubt man ein Fell ab, schneidet sich ein passendes Stück Schaumstoff zurecht und legt es in die Trommel. Wichtig ist dabei, dass das Stück etwas größer ist als der Trommelinnenteil. Wenn man dann das Fell wieder aufschraubt, wird der Schaumstoff zusammengedrückt und dämpft beide Felle. Diese Methode verändert den Sound und das Spielverhalten enorm, da beide Felle gedämpft werden. Die Trommel wird erheblich leiser.

Nachdem man alle Trommeln gedämpft hat, geht es jetzt noch um die Bassdrum. Auch hier gibt es einen passenden Muff'l-Ring. Zusätzlich kann man auch eine Decke oder ein Kissen in die Trommel legen.

Tipp!

Diese Dämpfung ist nur sinnvoll, wenn die Trommel **nicht** durch ein Mikrofon abgenommen werden soll.

Position der Trigger

Die Position des Triggers ist sehr wichtig. Man sollte nicht direkt draufschlagen und trotzdem sollte der Trigger ein gutes Signal bekommen. Wie auf den Bildern zu sehen, sucht man sich eine Position aus, auf die man im Normalfall nicht schlagen würde. Wer sein Akustik-Drum-Kit schon einmal mit Mikrofonen abgenommen hat, kennt diese Stellen bereits. Man möchte ja seine Mikrofone nicht kaputtschlagen.

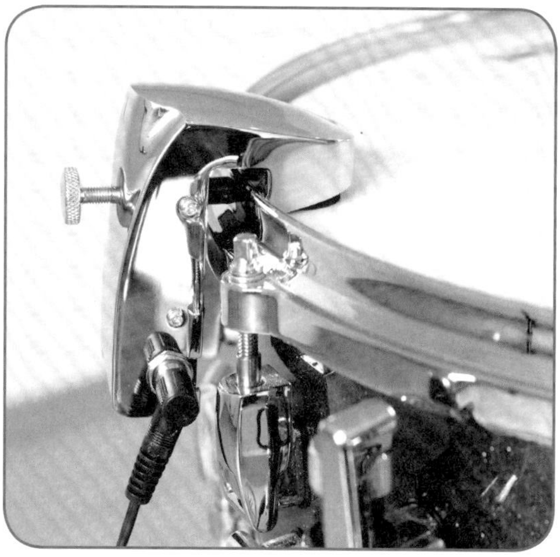

Yamaha DT50S (Dual Sensor) Snare & Tom Trigger

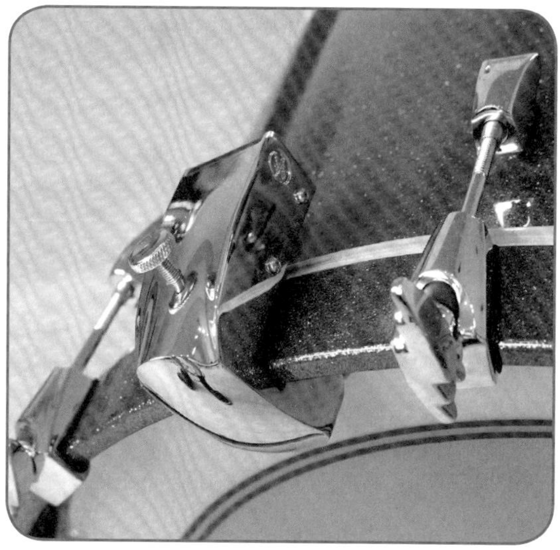

Yamaha DT50K Bassdrum Trigger

Soundmodul und Verkabelung

Jetzt muss noch das Soundmodul angebracht werden. Auf dem Foto unten ist das gut gelöst, denn das Yamaha DTX502 kann mit einer Halteklammer direkt an einen Hi-Hat- oder Beckenständer angeschraubt werden. Das Modul wurde schon dafür entwickelt.
Jetzt nur noch die Kabel einstecken und die Programmierung kann beginnen.

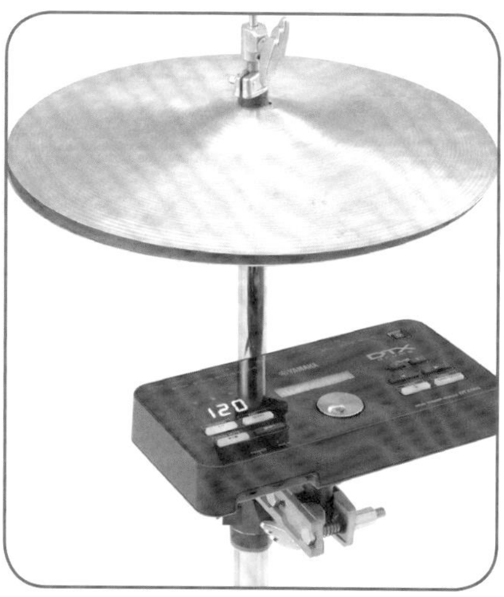

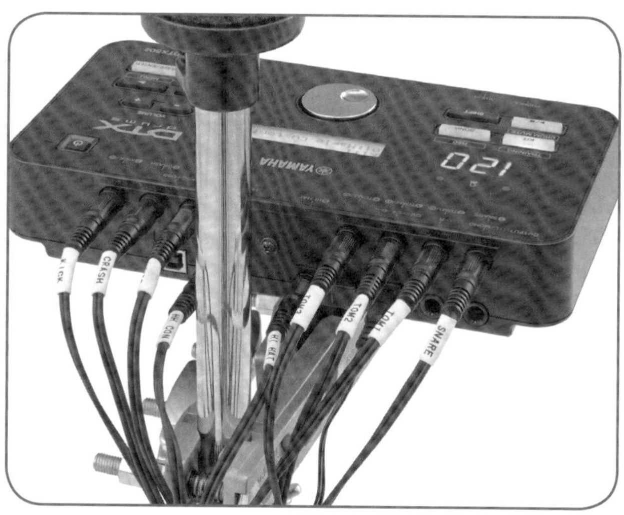

Einstellungen

Das Modul kann nicht wissen, welches Pad oder welchen Trigger man gerade anschließt. Daher muss man die Triggereingänge richtig einstellen. Ein gutes Modul bietet die Möglichkeiten die richtige Einstellung zu finden, auch wenn die Pads oder Trigger nicht vom gleichen Hersteller stammen. Beim Yamaha DTX 502 kann man pro Kanal (zum Beispiel Snare oder Toms) die Einstellungen ändern. Alle Trigger oder Pads von Yamaha sind natürlich schon vorprogrammiert und man muss den Kanälen nur noch den jeweiligen Namen zuordnen. Aber es gibt auch User(Benutzer)-Triggereinstellungen, in denen man alle Feinheiten noch programmieren kann, bis das Triggersignal optimal ist.
Das hängt natürlich auch immer von der Fellspannung und Dämpfung ab.

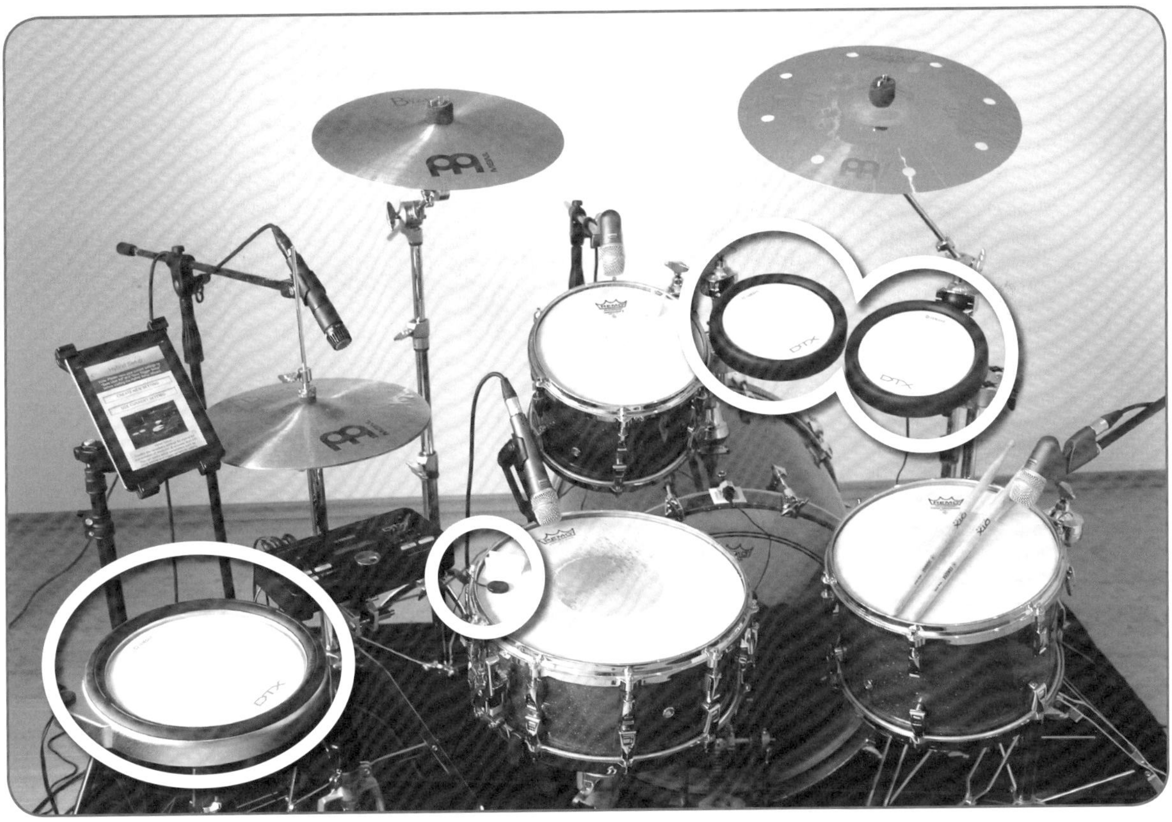

Verschiedene Pads und Trigger benötigen verschiedene Trigger-Einstellungen.

Und was mache ich mit den Becken?

Mit den Becken ist das nicht so einfach. Trigger kann man nicht auf Becken kleben, da diese lange schwingen. Hier sollte man sich entscheiden, ob man die richtigen akustischen Becken mit Mikrofonen abnehmen möchte oder elektronische Becken-Pads verwendet. Wenn man Mikrofone verwendet, muss man versuchen, über den Mixer (Mischpult) ein gutes Verhältnis zwischen Akustik und Elektronik zu bekommen.

Hybrid-Drum-Kit

Nachdem wir uns intensiv mit dem Thema Triggering befasst haben, folgt sofort das Thema Hybrid-Drumming.

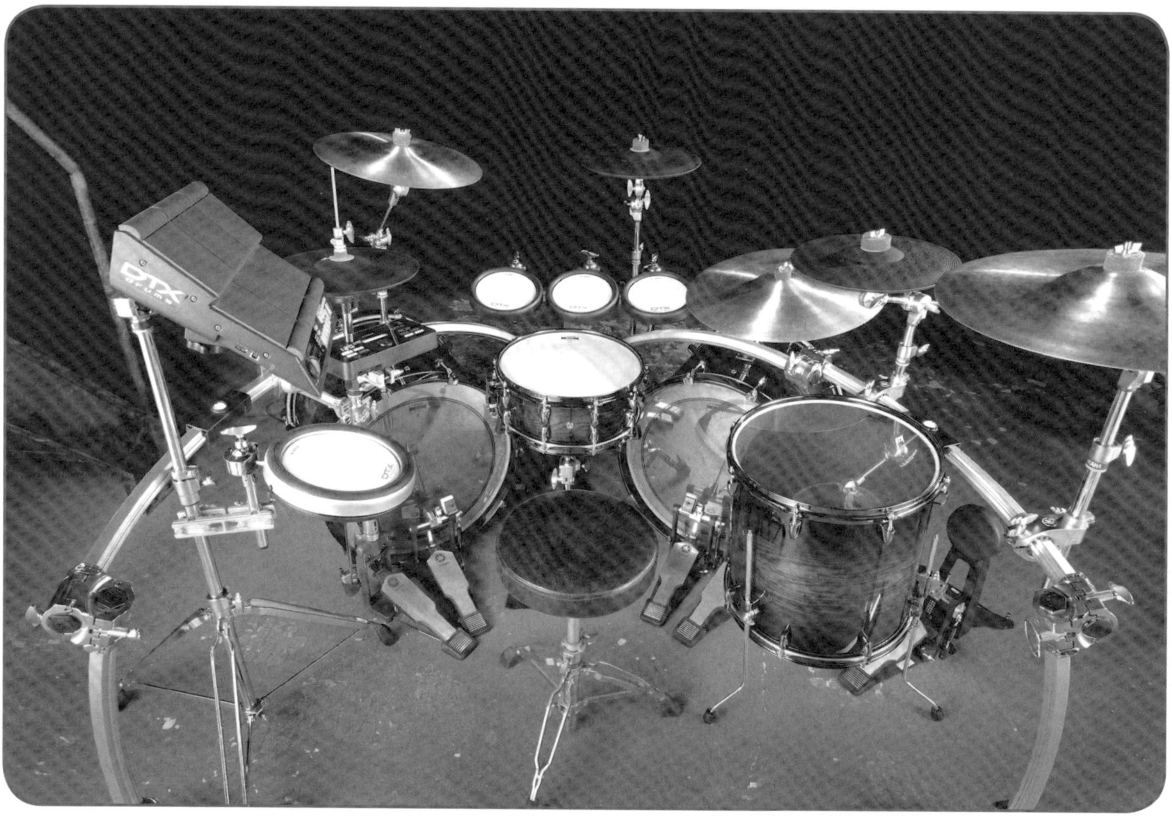

Hybrid-Drum-Kits werden immer beliebter. Ein Hybrid-Kit ist die Kombination eines Akustik- und eines Elektronik-Kits. Es bleibt die Frage, ob man sich für ein Hybrid-Kit entscheidet und welche Vorteile das für den Drummer hat.

Die Vorteile

Wenn man ein Akustik-Drum-Set spielt, hat man durch die Auswahl von Bassdrum, Snare, Toms und die Auswahl der Lieblingsbecken einen festen Sound. Wenn man die Drums mit Mikrofonen abnimmt, kann man diesen Sound nur noch durch Effekte verändern.
Der Vorteil eines Hybrid-Kits liegt in der Menge der Sounds, die dem Drummer dann zur Verfügung stehen: Elektronik-, Dance- und Dubsounds oder sogar eigene Samples. Wenn man zusätzlich Trigger einsetzt, kann man zum Beispiel direkt auf dem Akustik-Kit ein Electronic-Drum-Kit spielen. Trommler von Coverbands lieben Hybrid-Kits, da sie jede Musikrichtung authentisch bedienen können. Heavy-Metal-Trommler triggern gerne ihre Bassdrums, damit sie bei schnellen Double-Bassdrum-Tracks besser klingen ... das sind nur zwei Beispiele für Vorteile von Hybrid-Kits.

Das Triggering

Beim Hybrid-Drumming möchte man den akustischen Sound der Trommeln erhalten. Daher werden Toms und Snare nicht gedämpft, sondern zusätzlich mit Mikrofonen abgenommen. Ebenso die Bassdrum, obwohl hier ein Muff'l-Ring nicht schadet und auch oft im Akustik-Bereich eingesetzt wird. Das ist Geschmacksache, aber gut für das Triggerverhalten.

Einstellungen

Wie schon auf den vorherigen Seiten beschrieben muss man dem Modul mitteilen, welche Trigger oder Pads man verwendet. Die optimale Einstellung zu finden kann etwas länger dauern, da wir die Trommeln nicht dämpfen. Jetzt fehlt nur noch ein Endmix zusammen mit den Mikrofonen. Ich verwende im Studio hauptsächlich Mikrofone der Firma Shure, die sich über Jahre im Live- und Studio-Einsatz bewährt haben.

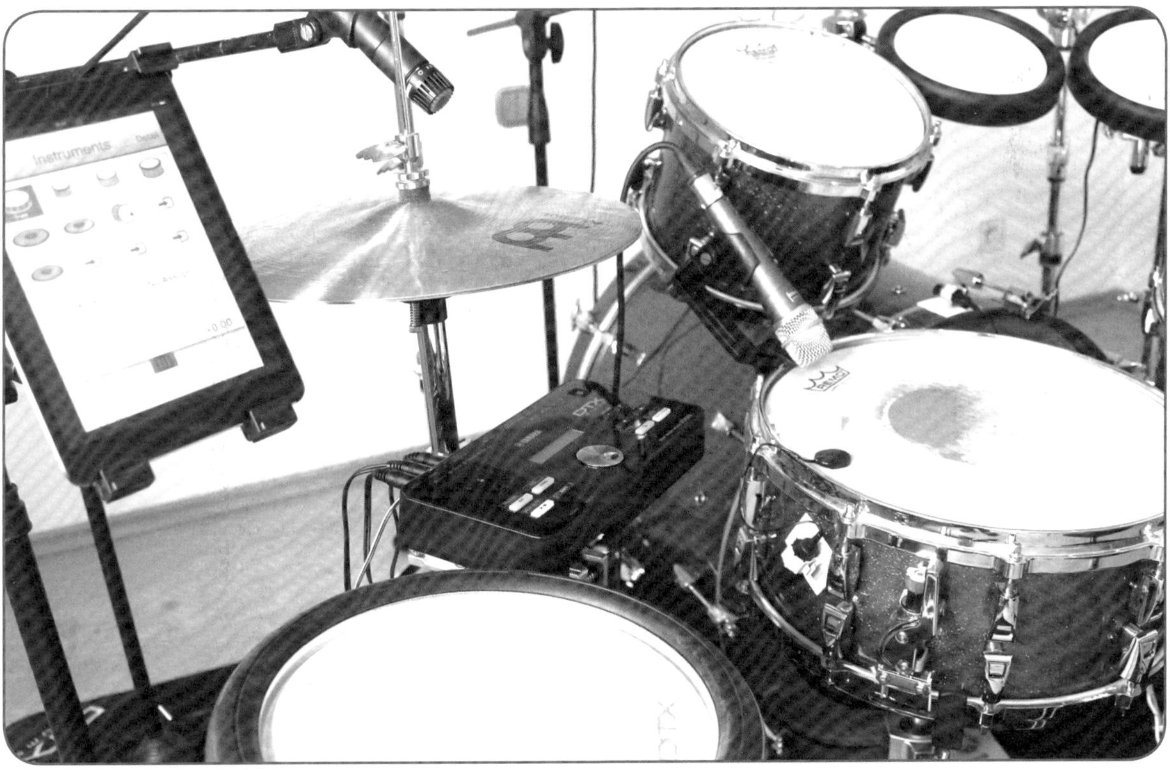

Fazit

Mit einem Hybrid-Kit hat man eine Soundvielfalt wie mit keinem anderen Drum-Kit. Man kann akustisch spielen, Elektronik-Sounds benutzen oder beides mischen. Probiere einmal die Akustik-Bassdrum mit einem fetten Effektsound zu mischen. Die Ergebnisse sind große Klasse. Wenn du in einer Coverband spielst, kannst du „Bryan Adams" mit dem Live-Kit spielen oder „Lady Gaga" mit den Electronic-Sounds. So hast du immer den passenden Sound am Start ...

26. Das Crash-Cymbal-Pad

Audio 042

Diese Übungen zeigen dir, wie man ein Crash-Becken einsetzt. Das Crash kann als Akzent an verschiedenen Stellen im Groove gespielt werden. Häufig wird es zusammen mit der Bassdrum oder Snare gespielt. Wenn du einen Groove auf der Hi-Hat spielst, wird die Hi-Hat an einigen Stellen durch das Crash-Becken ersetzt. Das sind unsere ersten Übungen, es gibt natürlich auch andere Variationen.

Übung 1 · Hi-Hat, rechte Hand

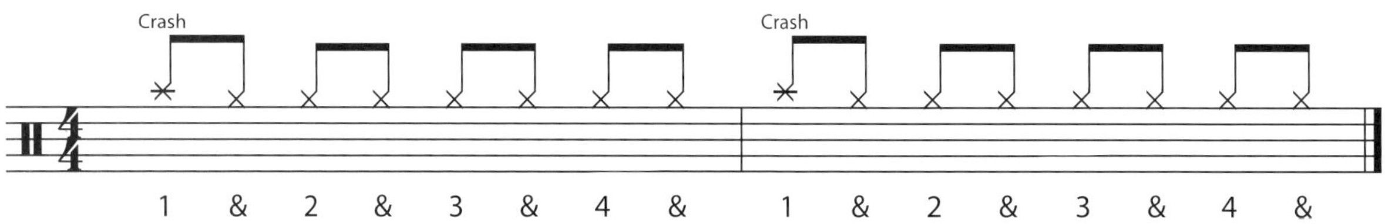

Übung 2 · Snare, linke Hand auf „zwei" und „vier"

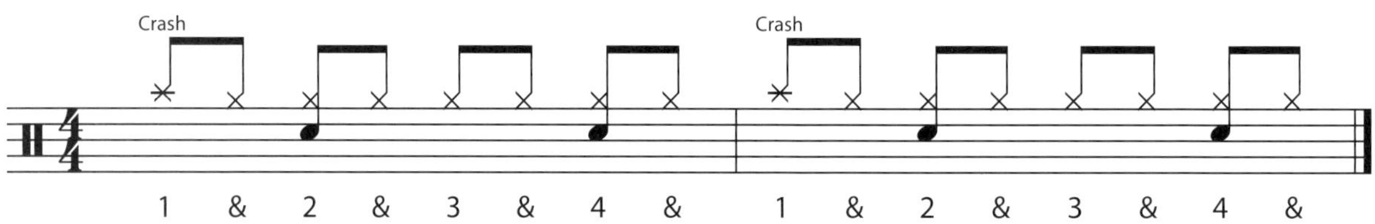

Übung 3 · Bassdrum, rechter Fuß auf „eins" und „drei"

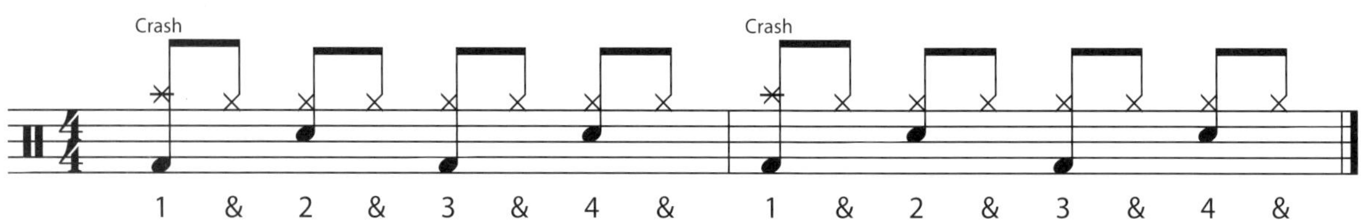

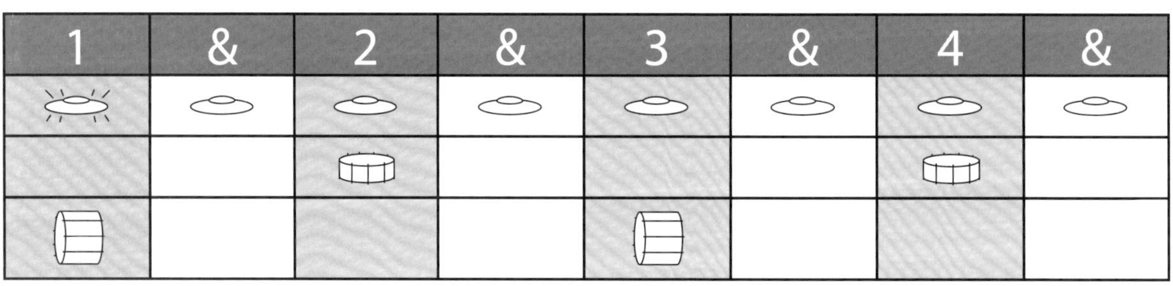

Hinweis: Dieses Schema muss für die Übung 3 zweimal gespielt werden.

Variationen · Crash-Becken, Achtel-Groove

Audio 043

Hier wird das Crash an verschiedenen Stellen gespielt. Entweder zusammen mit der Bassdrum oder der Snare. Das Zeichen „C" (für „Crash") über den Noten soll dir zunächst eine Hilfestellung geben. Die Entfernung zwischen der Hi-Hat und dem Crash solltest du sauber überbrücken. Das muss flüssig gespielt werden, daher langsam üben!

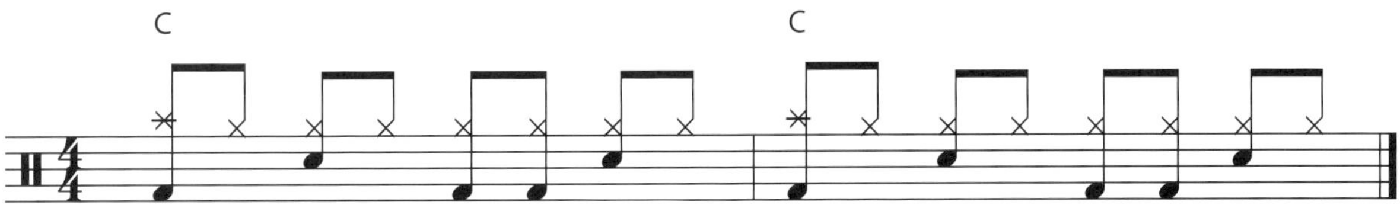

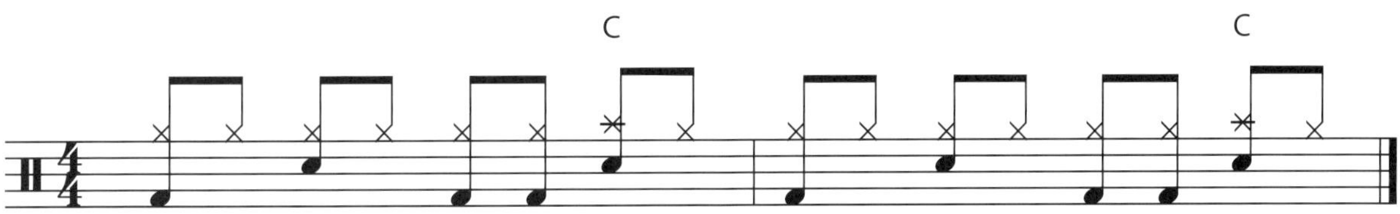

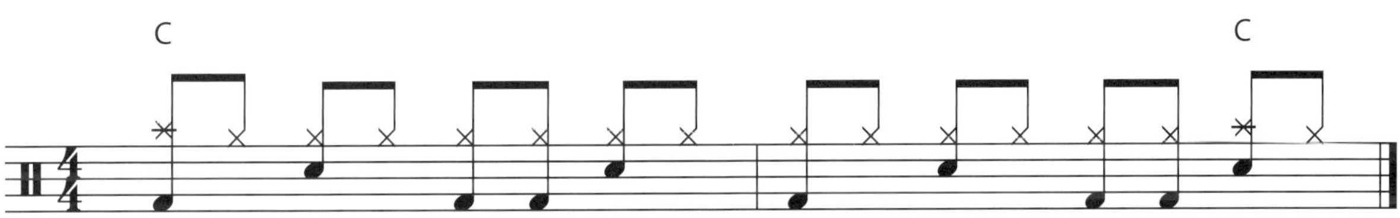

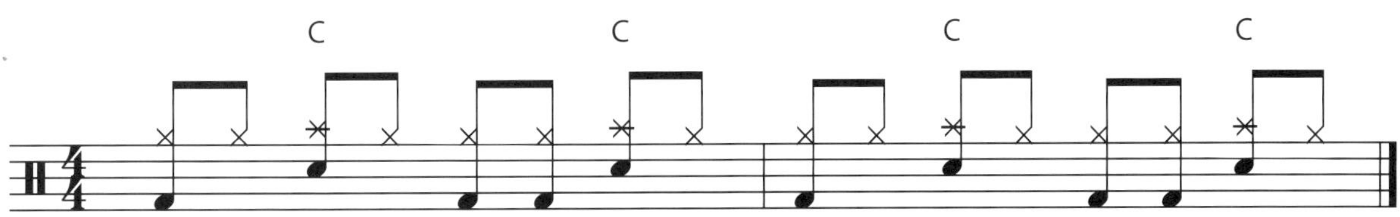

27. Achtel-Grooves • Ride-Becken

Wenn du ein Mehr-Zonen-Ride-Becken-Pad hast, solltest du diese Grooves, die du schon einmal auf der Hi-Hat gespielt hast, auf der Bogenzone üben. Ein Drei-Zonen-Pad ist folgendermaßen aufgeteilt: Kuppel (Cup) in der Mitte, Bogen (Bow) von der Kuppel bis zum Rand und die Randzone (Edge). Der Bogenbereich gibt den Klang eines normalen Ride-Beckens wieder.

1 = Kuppel (englisch „cup")
2 = Bogen (englisch „bow")
3 = Rand (englisch „edge")

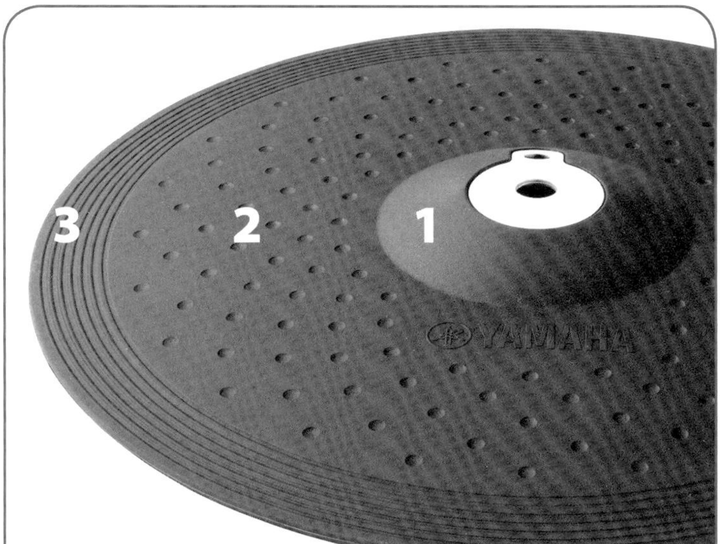

Yamaha PCY135

Hier folgt die Notierung eines normalen Achtelgrooves mit dem Ride-Becken.

Audio 044

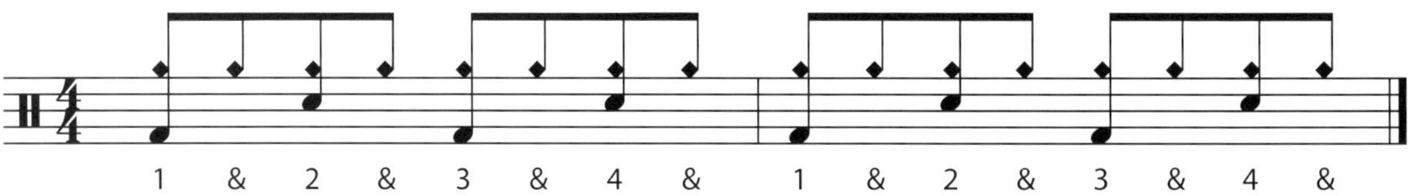

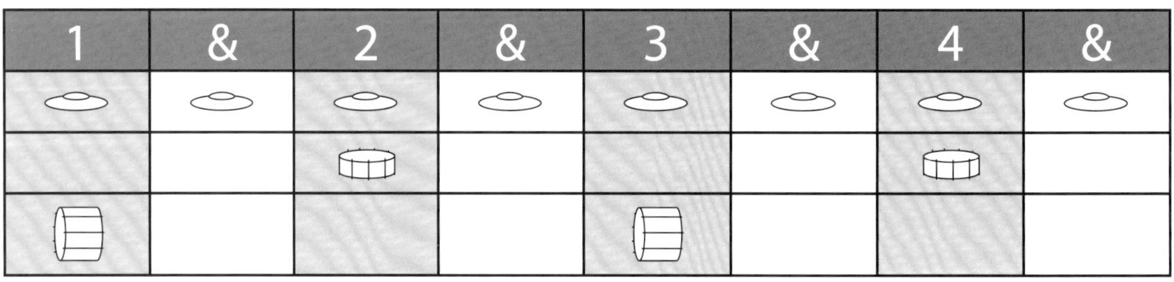

Hinweis: Dieses Schema muss für die Übung zweimal gespielt werden.

Achtel-Grooves • Ride-Becken

Audio 045

Diese Achtel-Grooves hast du alle schon einmal gespielt. Allerdings spielst du jetzt die rechte Hand auf dem Bogen des Ride-Beckens. Das macht Spaß!

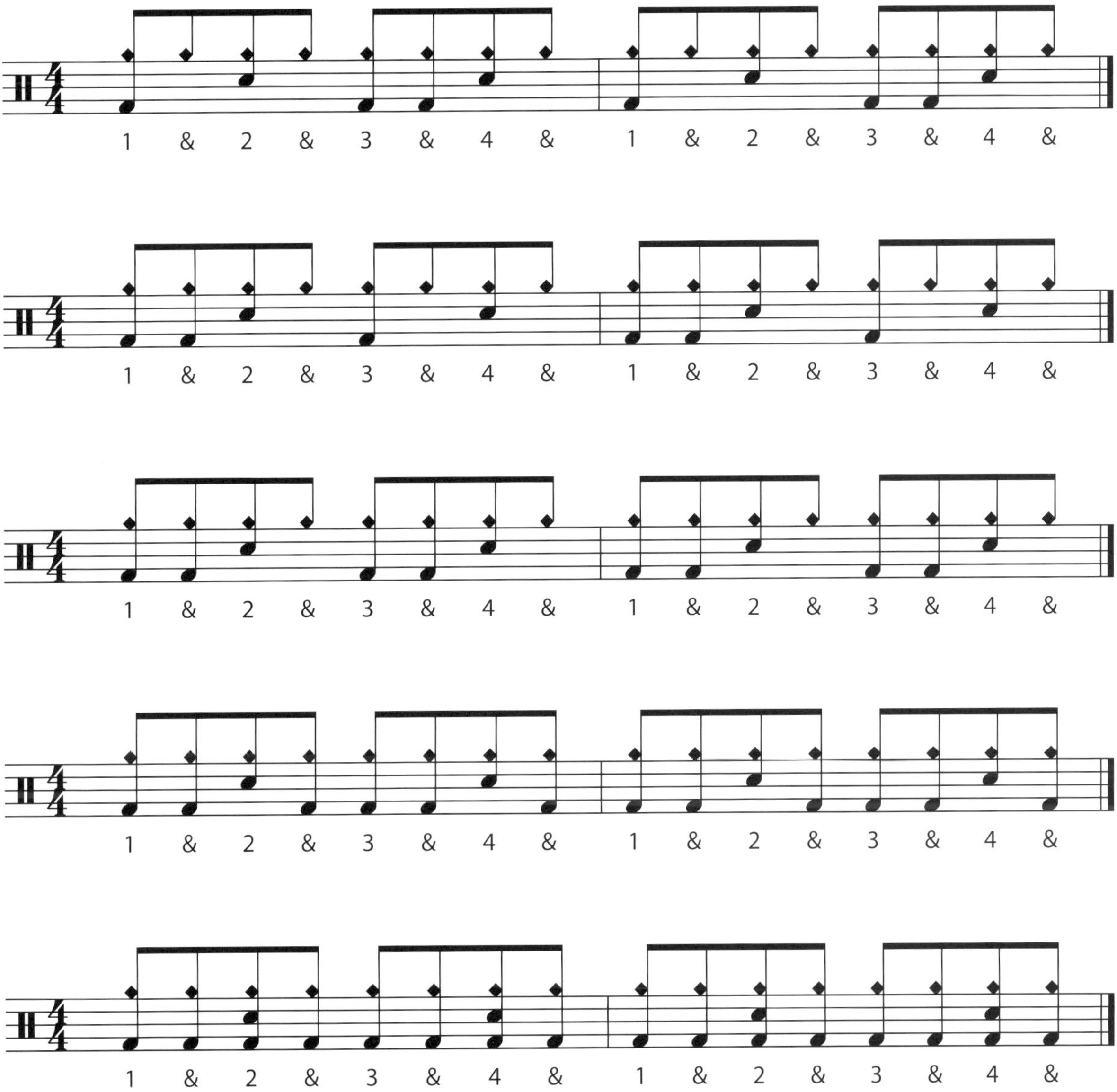

Achtel-Grooves · Ride- und Crash-Becken

Audio 046

Der Spielweg zwischen Ride und Crash ist bei einem Standard-Drum-Kit-Aufbau noch weiter als zwischen Hi-Hat und Crash. Das wird dir am Anfang noch schwerfallen. Wenn du lange genug übst, wird es immer leichter. Auch hier hilft dir das „C", das normalerweise in der Notierung nicht vorkommt.

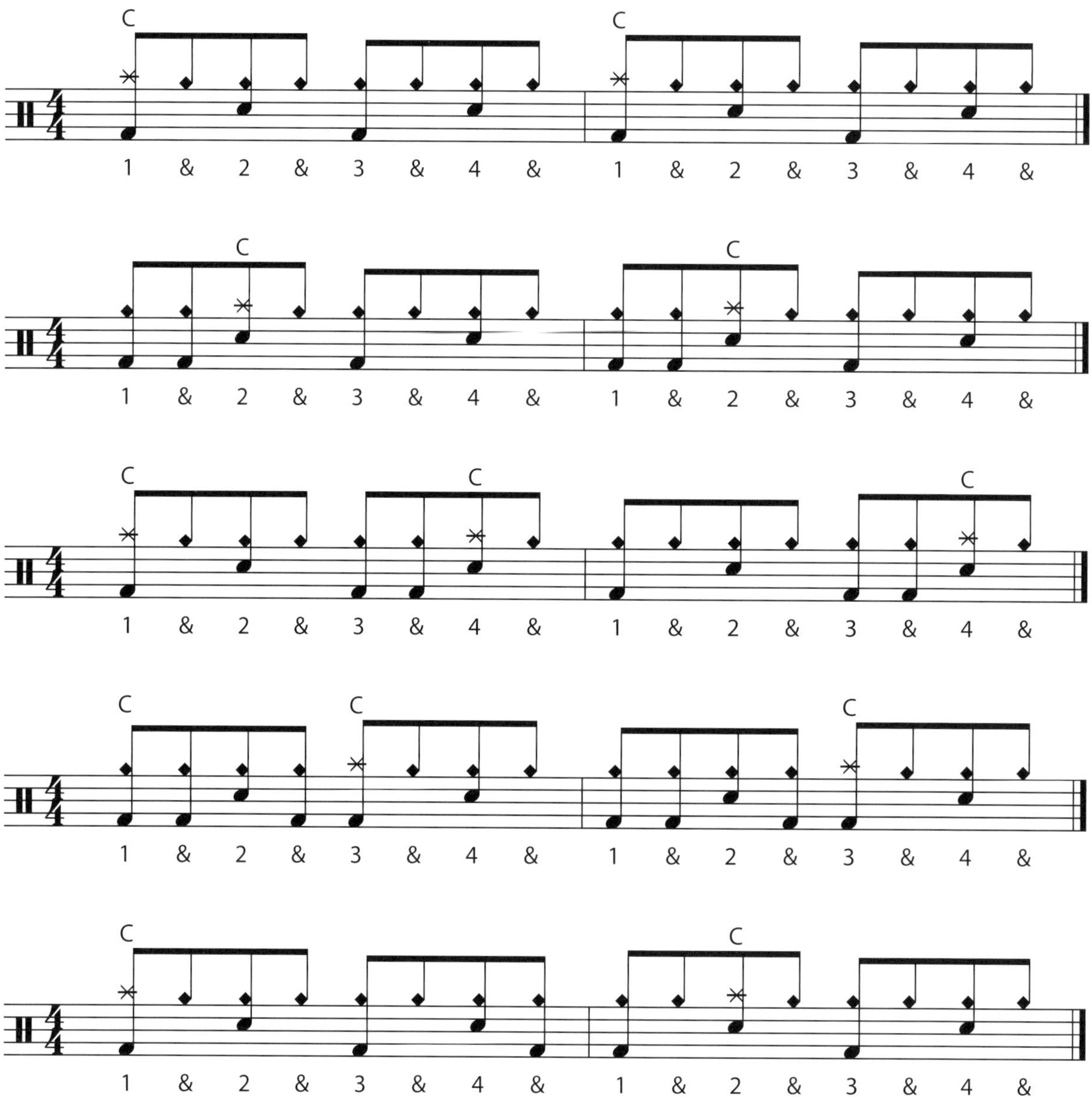

Wechsel zwischen Hi-Hat und Ride-Becken

Audio 047

Jetzt hast du die Aufgabe, die folgenden Achtel-Grooves auf der Hi-Hat und dem Ride-Becken zu spielen. Der Wechsel sollte auch hier sehr flüssig sein und man darf kein Ruckeln hören. Bitte auch mit Metronom üben!

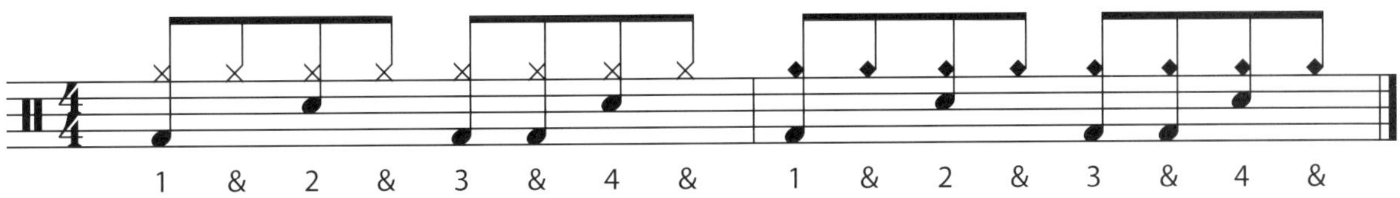

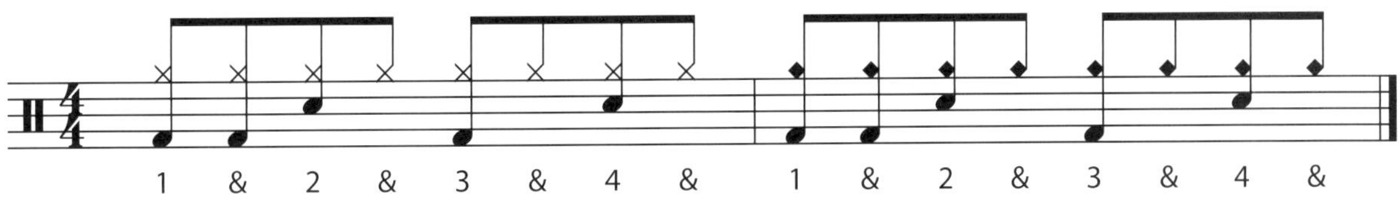

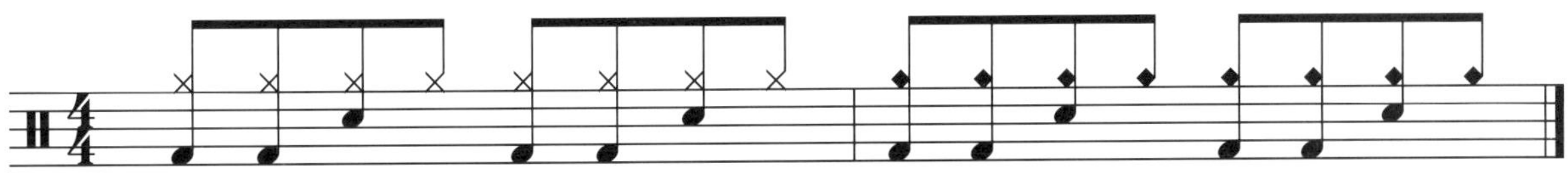

Werde kreativ ...

Fülle die folgenden Takte mit deinen Grooves auf der Hi-Hat oder dem Ride-Becken und Crash-Akzenten ...

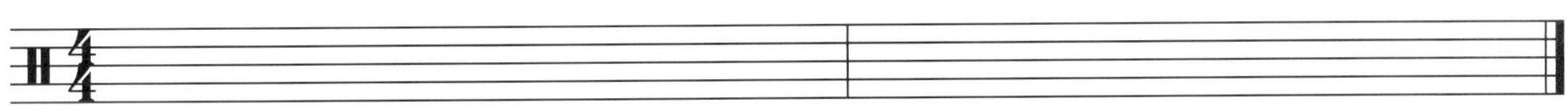

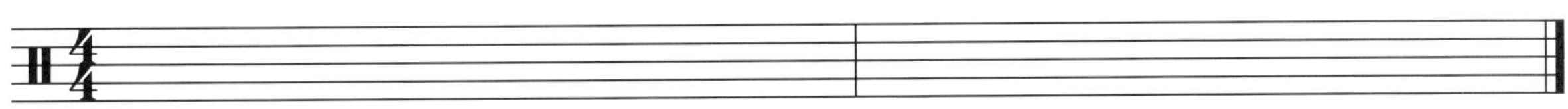

E-Drum-Workshop Nr. 8

Sequencer • Quantisierung

Die meisten Soundmodule haben einen integrierten Sequencer. Damit kann man Drum-Grooves aufnehmen und nachher wieder anhören. Zusätzlich kann man zu den internen Playalongs (Songs) spielen und somit das Drumming kontrollieren.

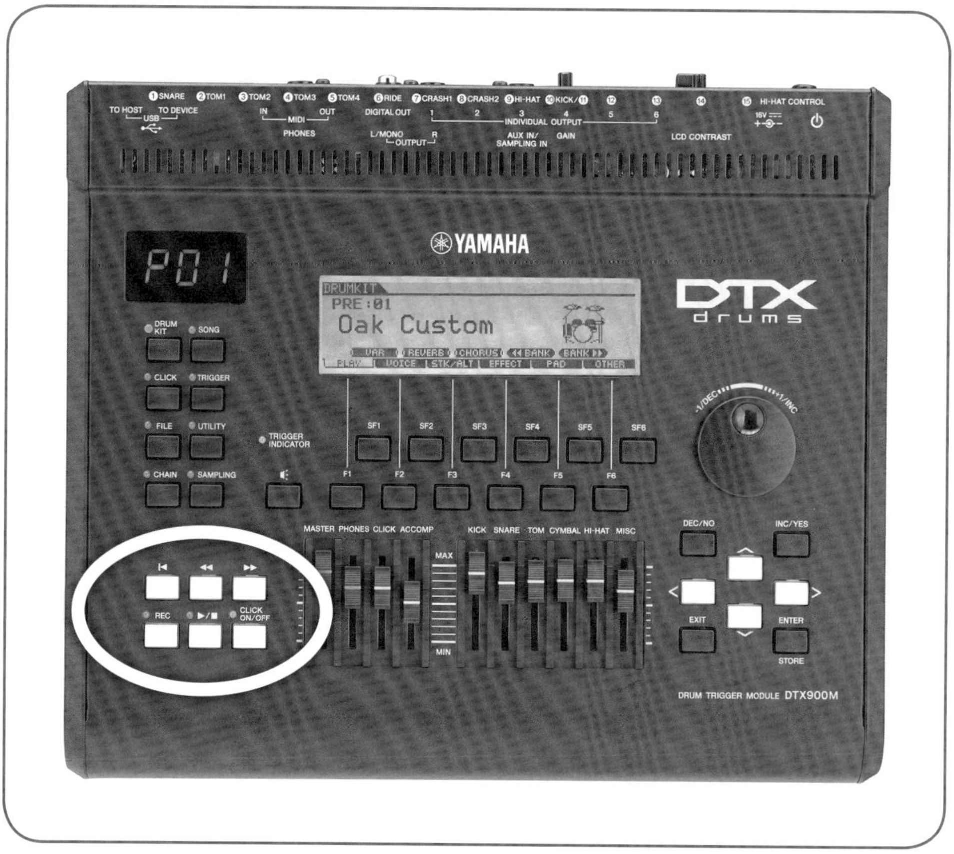

Was macht ein Sequencer?

Der Sequencer zeichnet MIDI-Daten auf und spielt sie wieder ab. Das bedeutet, jeder Schlag, den man auf dem E-Drum macht, wird genau erfasst. Die kompletten Soundeinstellungen, wie Lautstärke, Panorama, Tonhöhe, Decay und andere werden gespeichert und auch exakt wiedergegeben.

Wenn du also einen Sequencer in deinem E-Drum hast, solltest du ihn benutzen, denn das eigene Empfinden beim Spielen ist anders, als es meistens wirklich ist. Wenn du also dein Drumming aufnimmst (REC = Recording) und es dir wieder anhörst, wirst du schon direkt hören, ob du Fehler gemacht hast oder dein Timing gut ist. Viele Module haben zusätzlich ein gutes Metronom, das man gleichzeitig zur Aufnahme einschalten kann. Der Sequencer dient also als Trainingsüberwachung. So kannst du ständig hören, ob du Fortschritte machst.

Was ist Quantisierung?

Ein Sequencer hat auch viele Sonderfunktionen. Eine davon findet man in vielen Musikprogrammen, Apps oder anderen elektronischen Instrumenten. Wenn du mit deinem Sequencer einen Song aufnehmen möchtest, der ein absolut sauberes Timing haben soll, gibt es eine sehr gute Funktion, die Quantize-Funktion (Quantisierung). Diese Funktion orientiert sich am Metronom und korrigiert das Timing des Drummers sogar in Echtzeit. Bei Musikprogrammen kann man die Quantisierung auch noch nach dem Spielen durchführen, aber bei den meisten Modulen geht das nur in Echtzeit.

ohne Quantisierung

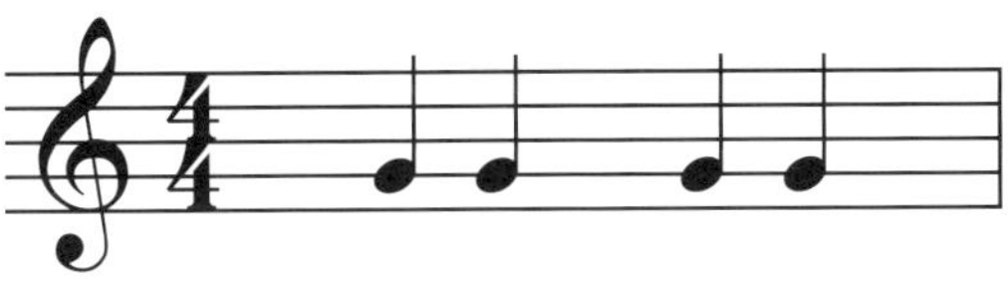

1 2 3 4

mit Quantisierung

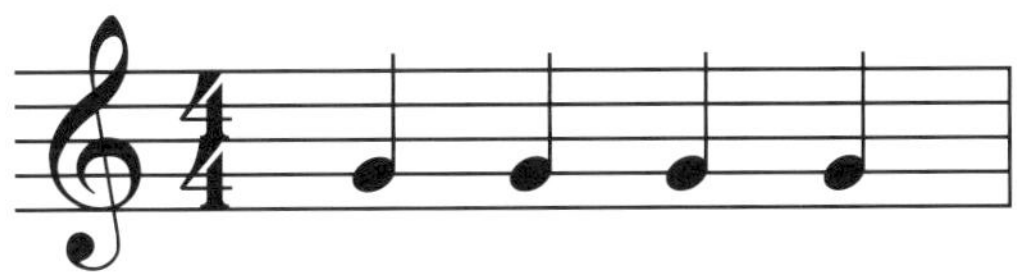

1 2 3 4

Bevor man die Aufnahme macht, legt man die Geschwindigkeit des Metronoms fest und dann stellt man den Notenwert für die Quantisierung ein. Wenn man zum Beispiel einen Achtel-Groove einspielt, wählt man die Achtelnote als Wert. Bei der Aufnahme werden nun alle Trommelschläge korrigiert, so dass sie genau auf die Achtelzählzeiten fallen.
Diese Funktion ist sehr nützlich, wenn man Drumtracks später für Musikproduktionen benutzen möchte und diese sehr ordentlich sein müssen.

USB-TO-HOST

Wenn dein Modul zusätzlich mit einem USB-TO-HOST ausgestattet ist, kannst du deine aufgezeichneten MIDI-Daten via USB-Kabel auch später in einen Computer übertragen und mit diesen MIDI-Tracks weiter in Musikprogrammen arbeiten.
Manche Module haben auch einen USB-Eingang und man kann seine Daten direkt auf einem Stick speichern und dann im Rechner weiterbearbeiten.

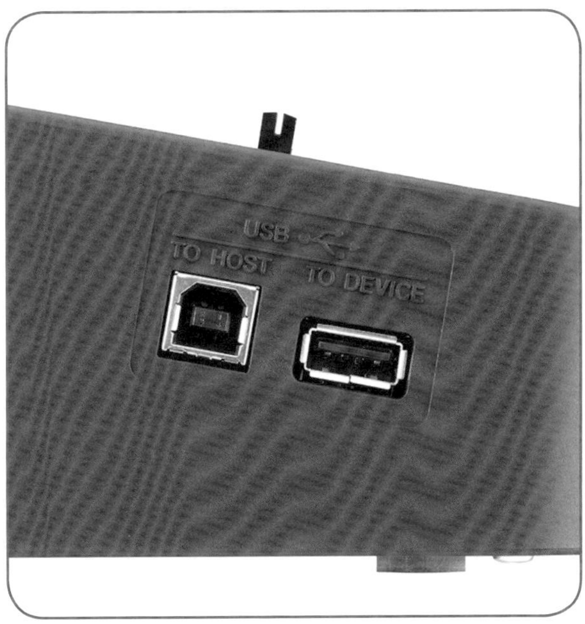

28. Achtel-Grooves mit Sechzehntel-Variationen

Audio 048

Bei den folgenden Grooves laufen die Achtelnoten auf der Hi-Hat durch, aber die Snare und Bassdrum variieren. Diese Grooves kannst du ein Drummerleben lang einsetzen. Aber bedenke immer, es muss musikalisch sinnvoll sein: Weniger ist häufig mehr!

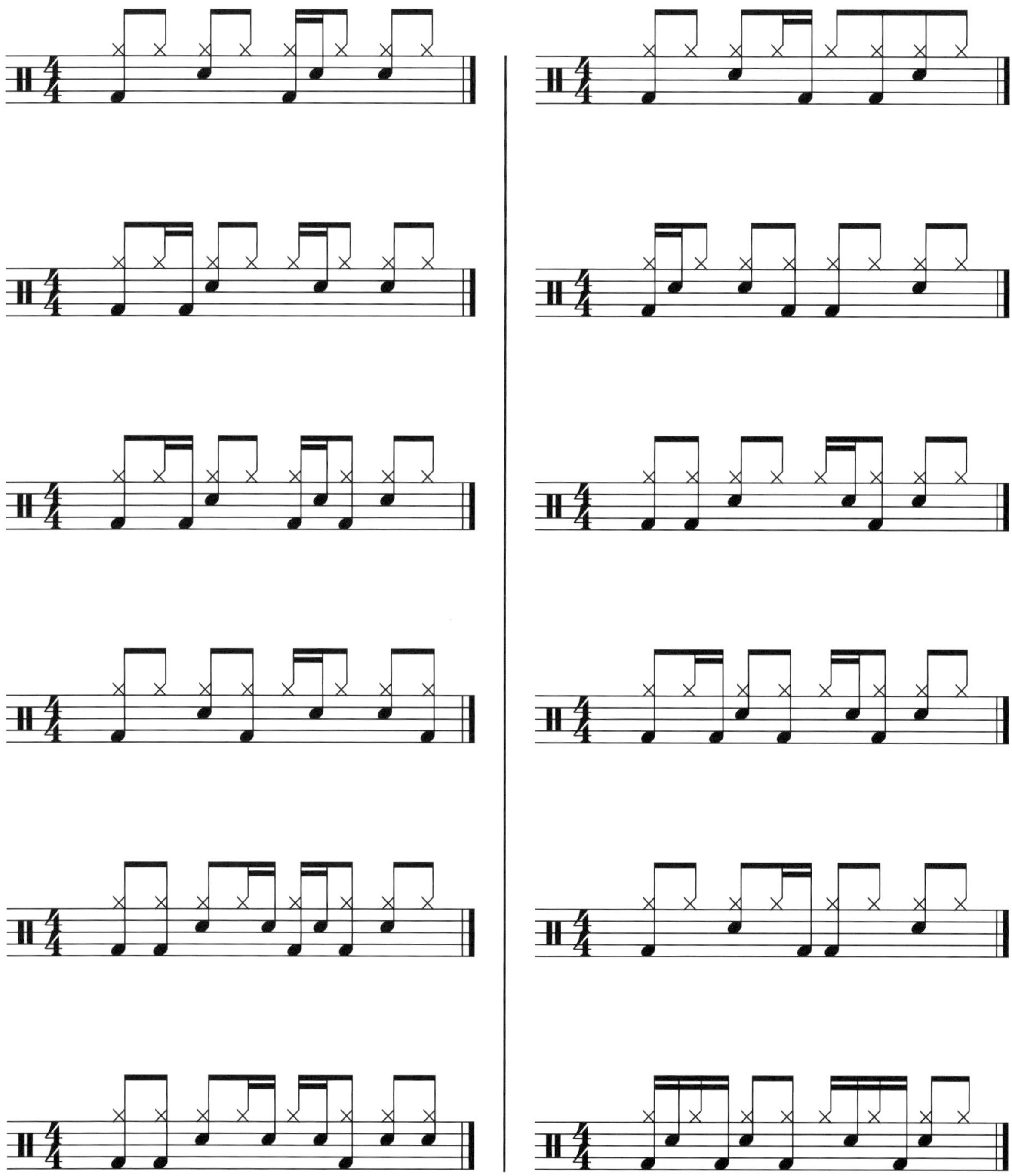

29. Sechzehntel-Grooves mit Variationen

In der linken Spalte werden die Sechzehntelnoten auf der Hi-Hat mit der rechten Hand gespielt, in der rechten Spalte mit beiden Händen. Die Snare und Bassdrum variieren.

Audio 049

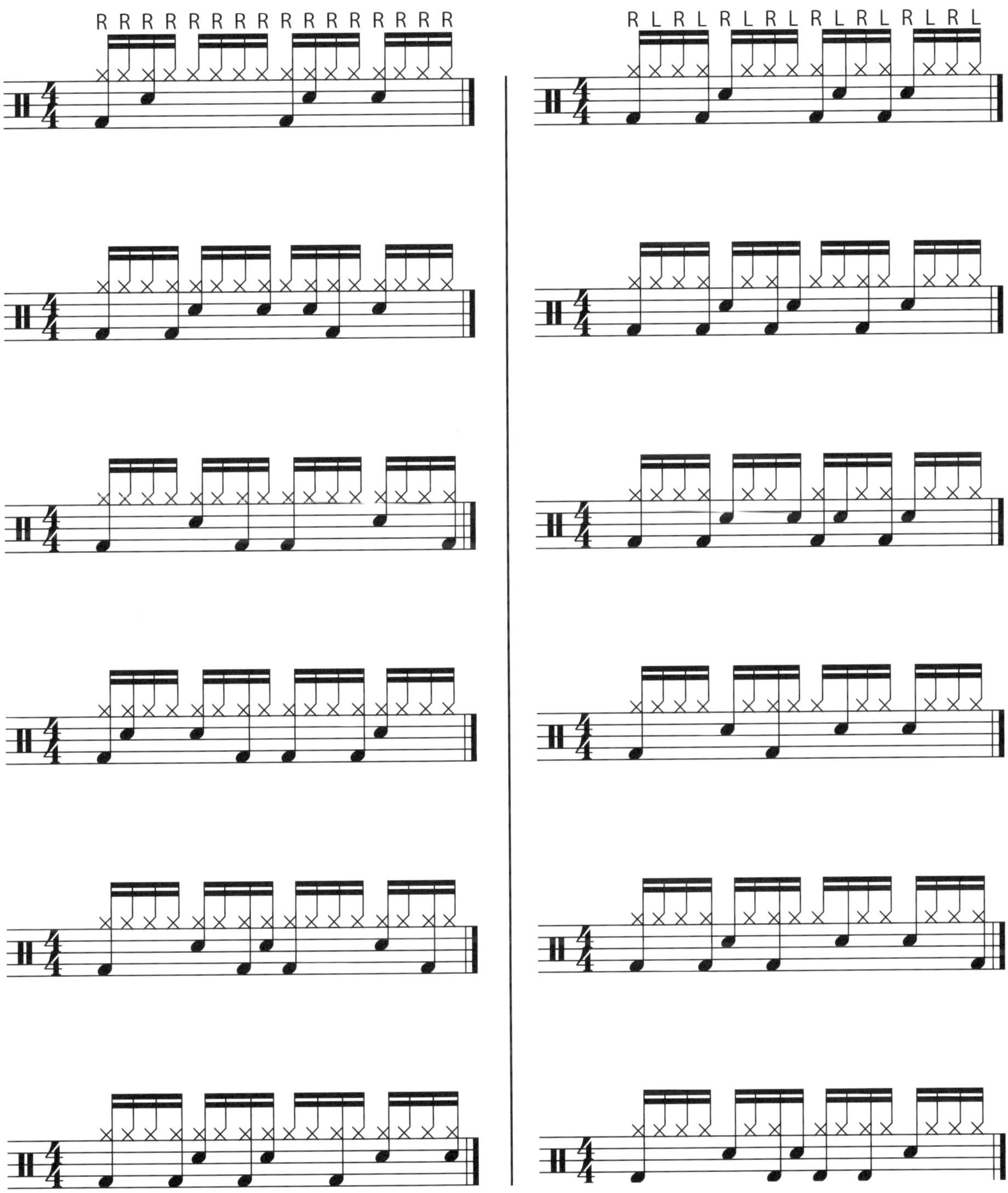

30. Sechzehntel-Fill-Ins mit Snare und Bassdrum

Audio 050

Diese Fill-Ins sind sehr gut für deine Koordination. Übe sie sehr langsam, die Geschwindigkeit kommt von alleine. Wenn du jetzt schon genug Kraft und Ausdauer hast, solltest du jede Übung drei Minuten durchgehend trommeln. Nimm eine Stoppuhr dazu und du wirst sehen, wie anstrengend das sein kann. Jeder Handsatz ist eine Übung!

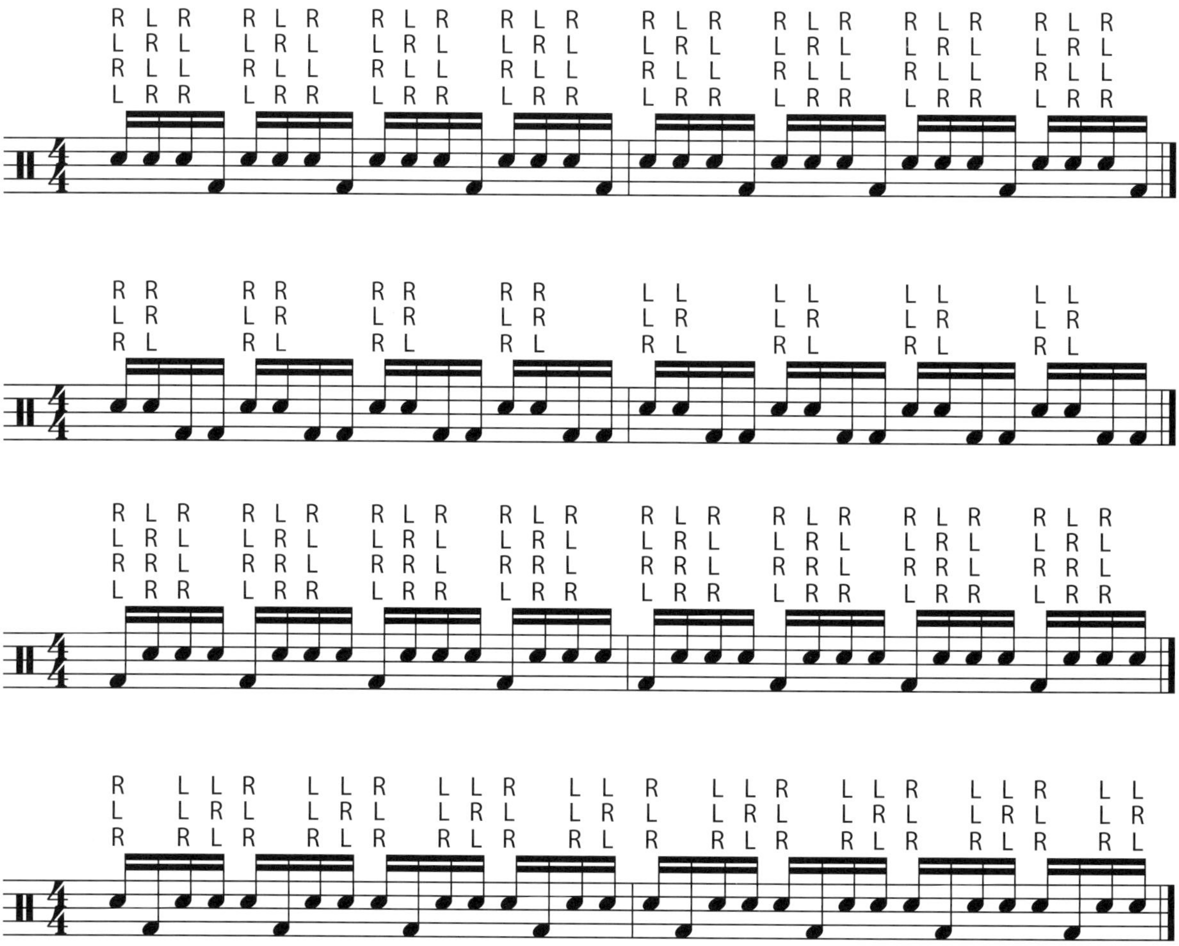

Achtel-Grooves · Sechzehntel-Fill-Ins

Audio 051

Die Fill-Ins, die du gerade gelernt hast, werden jetzt mit einem Achtel-Groove kombiniert. Wiederhole diese Übungen immer wieder. Der ständige Wechsel zwischen Groove und Fill-In ist wichtig.

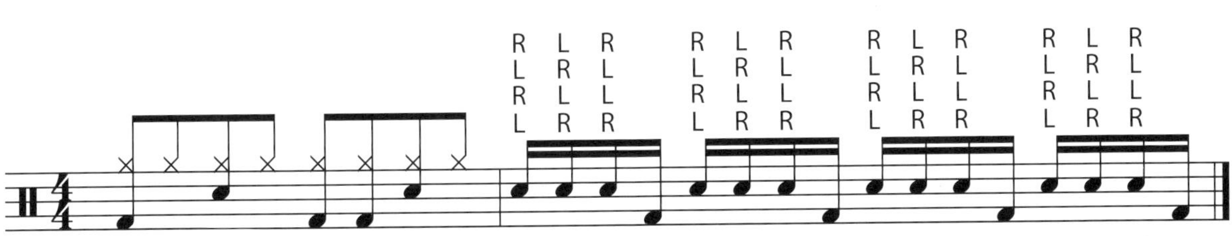

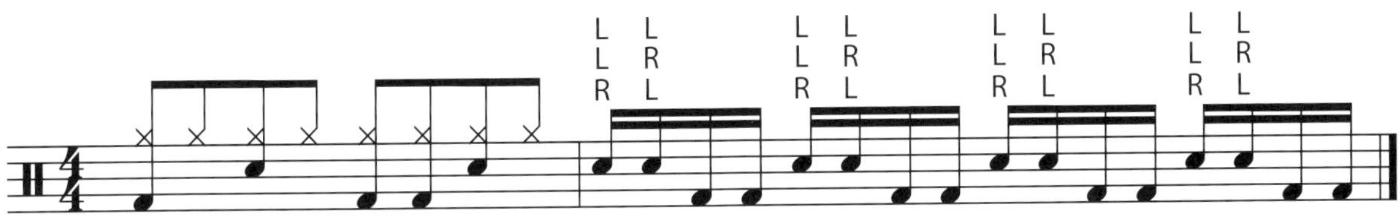

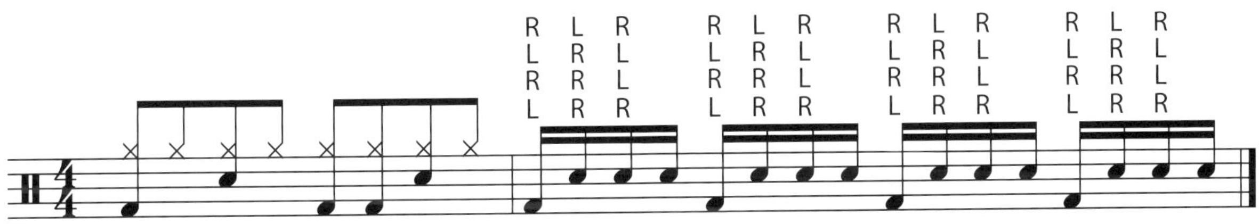

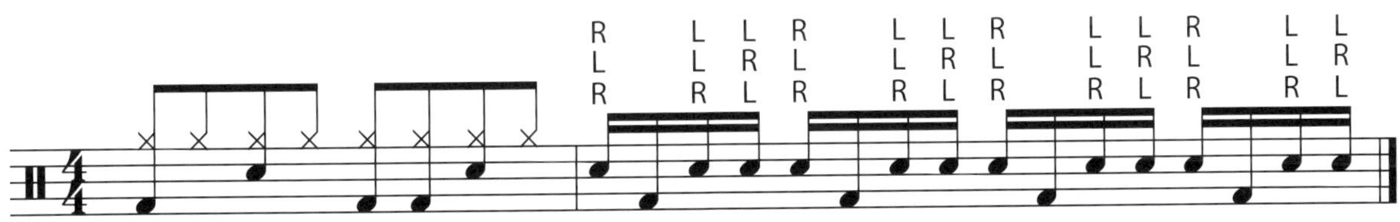

31. Sechzehntel-Fill-Ins mit Snare, Bassdrum und Toms

Audio 052

Jetzt werden die Fill-Ins auf alle Pads verteilt. Beachte wieder die verschiedenen Handsätze. Das sind auch tolle Aufwärmübungen!

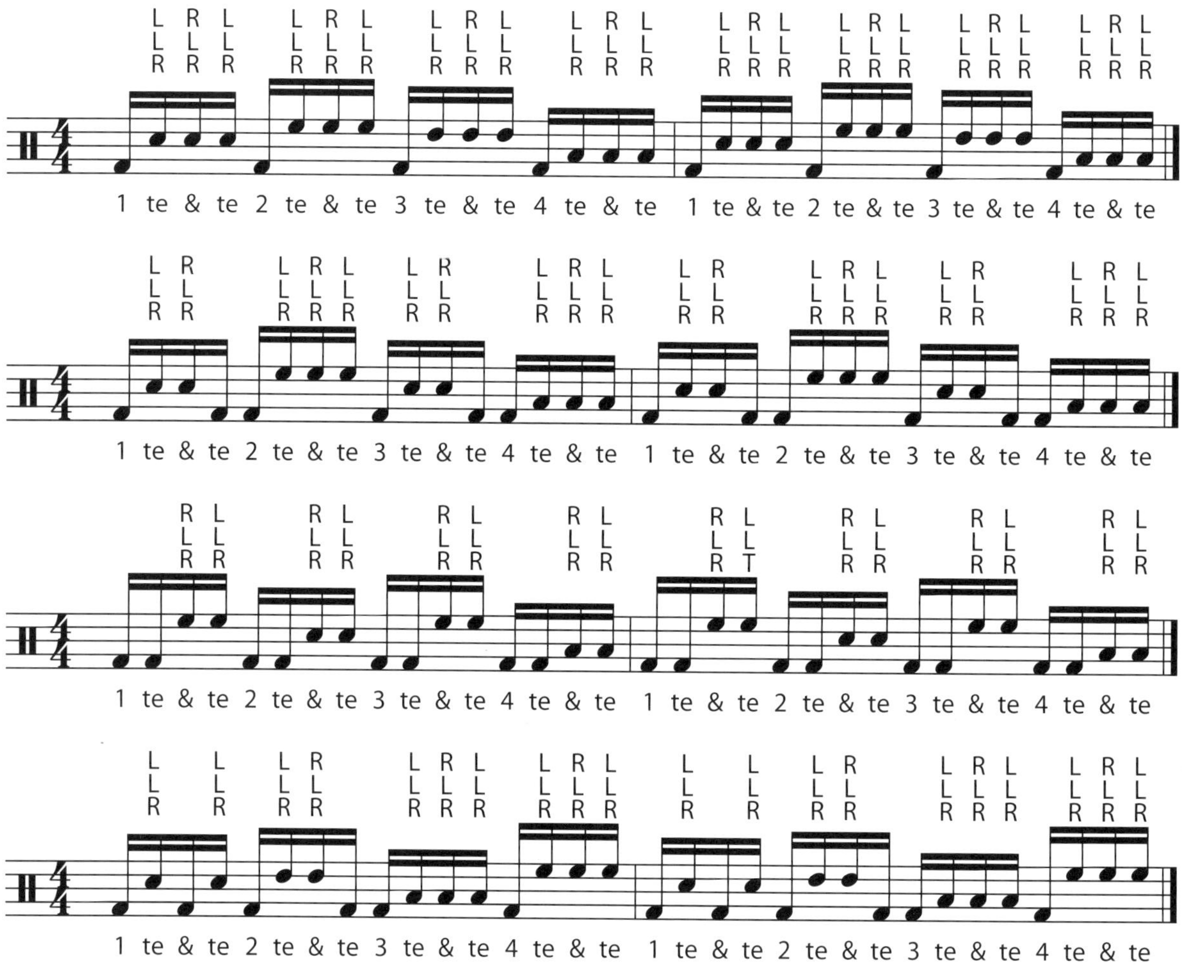

Achtel-Grooves kombiniert mit Sechzehntel-Fill-Ins

Audio 053

Die Fill-Ins, die du gerade gelernt hast, jetzt in einem Achtel-Groove.

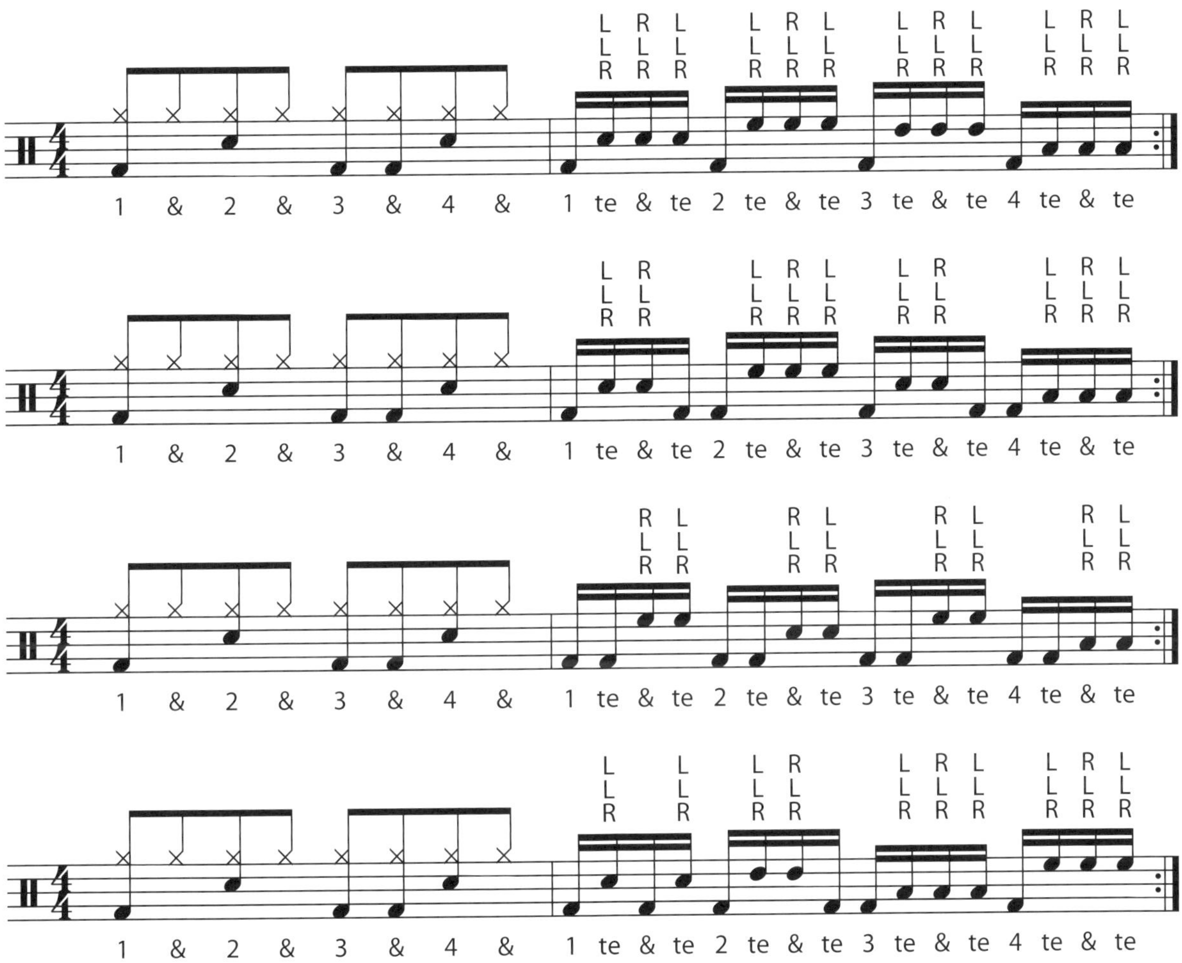

E-Drum-Workshop Nr. 9

DAW • Digitale Audio-Workstation

Früher war ein Tonstudio sehr teuer und mit viel Aufwand verbunden. Eine digitale Audio-Workstation (DAW) kann sich heutzutage fast jeder leisten. Man braucht nur einen Computer, ein Audiointerface und Musiksoftware. Das ist im Prinzip schon eine digitale Audio-Workstation. Mittlerweile wird auch oft mit einem Tablet oder Laptop gearbeitet.
Ich arbeite mit Cubase von Steinberg. Daher zeige ich in diesem Workshop die Arbeit mit dieser Software. Es gibt aber auch viele andere Programme auf dem Markt, die alle ähnlich arbeiten.

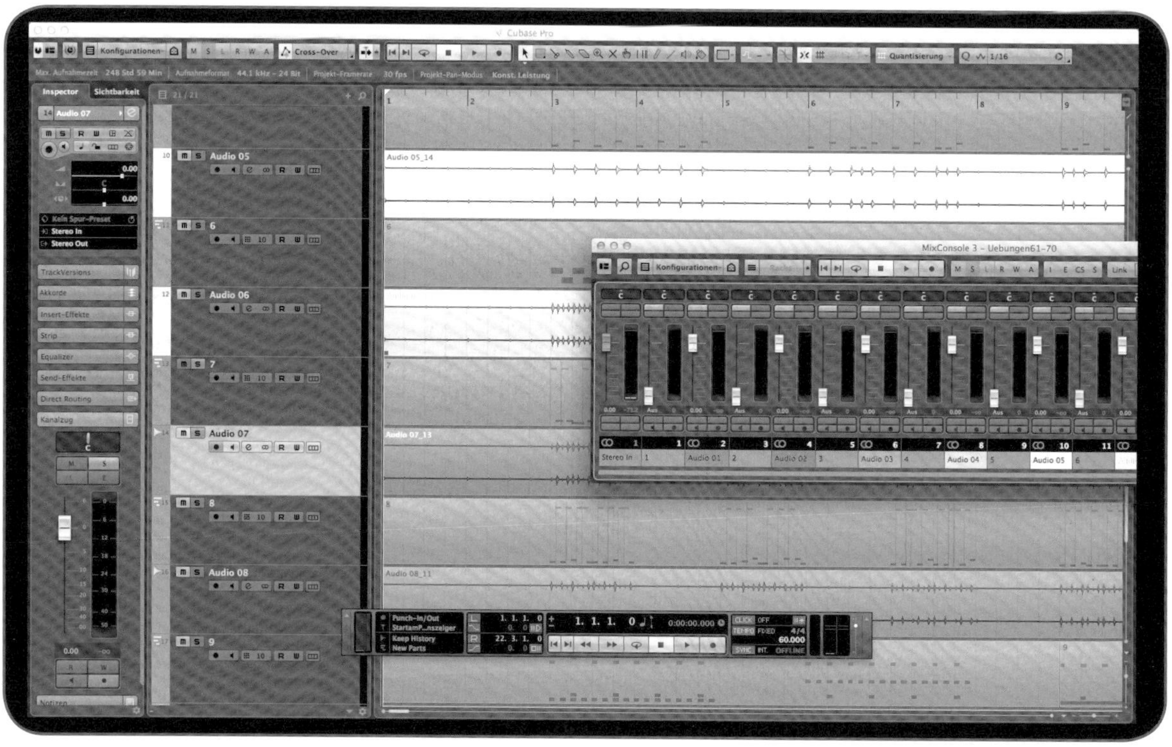

Der Computer

Hier ist Leistung gefragt, wenn man entspannt und ohne Abstürze arbeiten möchte. Also sollte der Rechner genug Arbeitsspeicher und einen schnellen Prozessor besitzen. Auch die Verwendung von SSD-Festplatten hat sich bewährt. Die Audiokarten und die Treiber, die man in den meisten Rechnern findet, reichen oft nicht für eine optimale Audioperformance. Daher sollte man mit einem guten Audio-Interface arbeiten.

Das Interface

Es gibt Audio-Interfaces in verschiedenen Größen. Der Unterschied liegt in der Ausstattung. Die kleinen Versionen haben meist nur einen Eingang für Mikrofon oder Audiogeräte. Wenn man mehrere Spuren gleichzeitig aufnehmen möchte, braucht man ein größeres Interface. Diese haben dann auch mehr Funktionen wie Phantomspeisung, bessere Mikrofonvorverstärker und vieles mehr. Die Audiotreiber sind auch sehr wichtig, da sie eine gute Zusammenarbeit zwischen Soft- und Hardware gewährleisten.

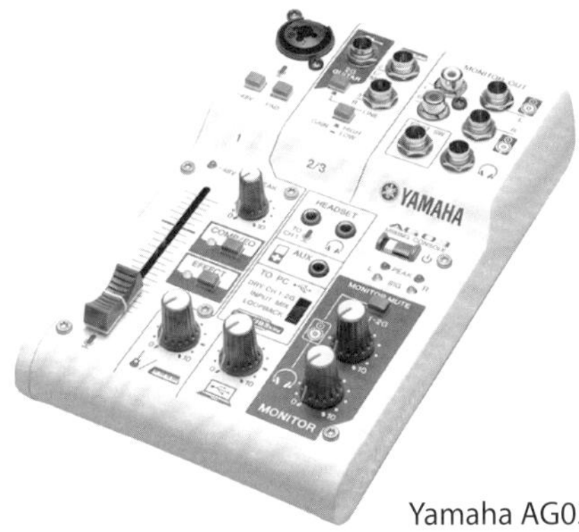

Yamaha AG03

Die Software

Bei einigen Modulen der Firma Yamaha ist eine kostenlose Version von Cubase AI im Lieferumfang enthalten. Diese Software unterscheidet sich von alten Versionen, die immer nur sehr begrenzte Funktionen hatten. Mit der AI-Version kann man schon eine ganze Band aufnehmen und eine stabile DAW erstellen. Fast alle E-Drum-Module auf dem Markt haben einen USB-MIDI-Anschluss. Mit einem ganz normalen USB-to-Host-Kabel kann man dann das Modul mit dem Rechner verbinden. Damit die Software das angeschlossene Gerät erkennt, braucht man einen Treiber. Neue Module schicken sogar direkt die Treiberdaten, das bedeutet, dass man keine zusätzlichen Treiber installieren muss. Bei älteren Modulen findet man die Treiber in der Regel auf den Internetseiten des Herstellers.

Die MIDI-Daten • MIDI-Map

Jedem Pad wird im Soundmodul eine MIDI-Noten-Nummer zugewiesen. Bei meinem Modul hat die Snare zum Beispiel die Note D1. Wenn du dir eine Keyboard-Tastatur anschaust, ist das die Taste D in der ersten Oktave. So entsteht eine sogenannte MIDI-Map. Das ist eine Zuordnung sämtlicher Pads oder Trigger. Leider ist diese Map bei allen Herstellern unterschiedlich. Wenn man mit einem Programm eine Drum-Spur aufnimmt, wird jeder Schlag registriert. Man schlägt auf die Snare und das Programm registriert die Note D1 mit der dazugehörigen Schlagstärke (Velocity). Wenn man die Spur wieder abspielt, schickt die DAW das MIDI-Signal wieder an das Modul zurück und der Sound wird genauso abgespielt, wie er ursprünglich gespielt wurde. Man kann sogar diese Daten noch bearbeiten (korrigieren, kopieren, die Sounds ändern etc.), bevor man sie wieder an das Soundmodul schickt.

VST-Plug-Ins

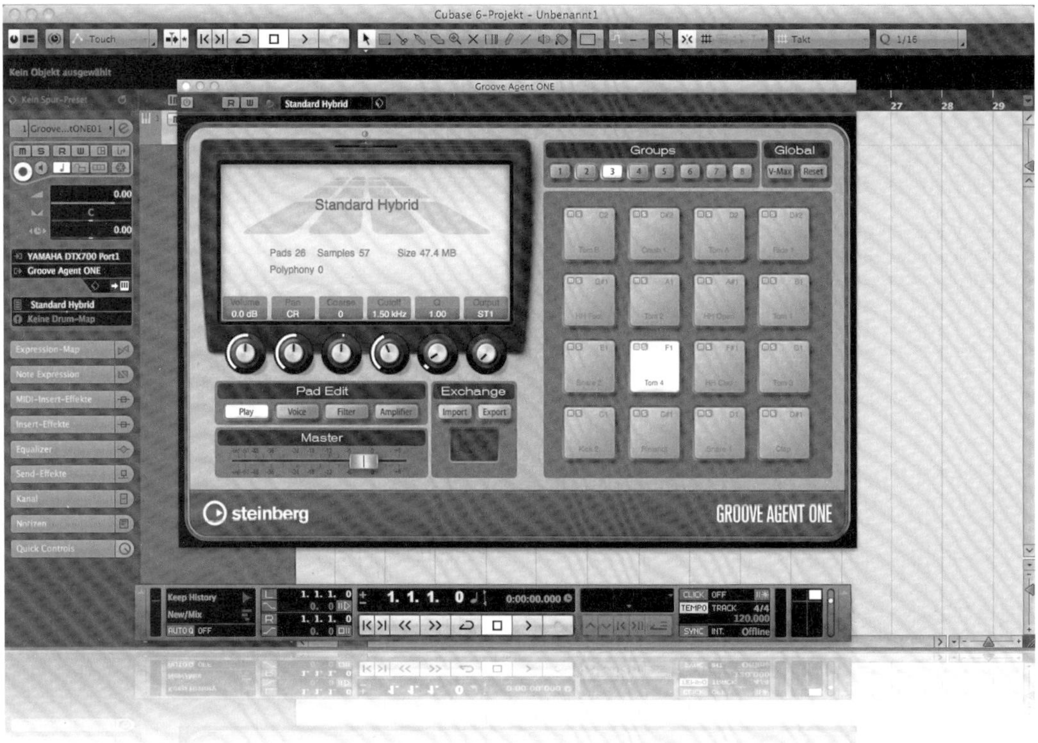

Plug-Ins sind Zusatzprogramme, die in eine DAW-Software integriert werden können. Das können Synthesizer- oder Gitarren-Plug-Ins oder, für uns Drummer sehr interessant, Drum-Plug-Ins sein. Diese kann ich direkt mit meinem E-Drum ansteuern und wieder ganz neue Sounds spielen. Wenn das E-Drum mit dem Rechner verbunden ist, werden die MIDI-Signale in den Rechner geschickt und damit dann die jeweiligen Sounds angetriggert.
Jetzt kommt wieder die MIDI-Map ins Spiel, denn das Plug-In kann nicht direkt wissen, welches E-Drum-Modul angeschlossen wurde. Moderne Plug-Ins haben fertige MIDI-Maps sämtlicher Hersteller, die man einfach auswählen kann. Wenn das erledigt ist und man zum Beispiel auf die Snare schlägt, erklingt im Plug-In auch die Snare.

Die Plug-In-Hersteller arbeiten häufig mit richtigen Drum-Samples, tollen Effekten und verschiedener Mikrofonisierung. Auch die Equalizer-Einstellungen kann man ändern und vieles mehr. Es gibt auch eine große Sound-Library oder die Funktion eigene Sounds zu integrieren. Vom Vintage-Drum-Kit bis zu modernen E-Drum-Sounds kann man jeden Sound bekommen. Das eröffnet mir als Trommler wieder ganz neue Möglichkeiten.

Sehr häufig werden Musikproduktionen mit diesen Plug-Ins gemacht, da sie mir als Musikproduzent ermöglichen, jederzeit alle Einstellungen zu verändern um die Produktion perfekt abzurunden.
Wenn du also einen Track einspielst und die Bassdrum oder Snare dir hinterher nicht mehr gefällt? Kein Problem: Ändere einfach den Sound!

Latenzzeit oder Verzögerungszeit

Wenn man bei einem E-Drum auf ein Pad schlägt, kommt der Sound direkt ohne Verzögerung aus dem Kopfhörer oder dem Monitorsystem. Ist das Soundmodul mit einem Computer verbunden, kann es Verzögerungen geben, diese werden Latenzen genannt.
Im Normalbetrieb (also beim Spiel auf dem E-Drum) spürt man diese nicht, erst in Verbindung mit anderen Geräten. Dann muss das Triggersignal zusätzlich durch diese laufen und das verzögert den Prozess.
Latenzzeit ist die Zeit, die zwischen dem Schlag auf ein Pad und dem Sound, der aus dem Kopfhörer oder den Boxen der Musiksoftware kommt, vergeht. Man spürt beim Trommeln eine Verzögerung.

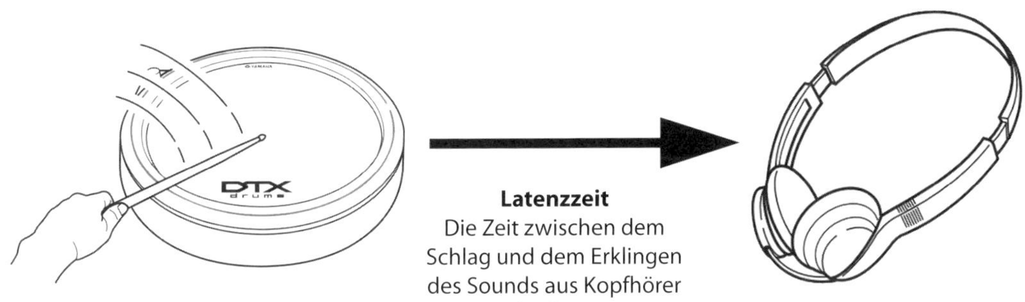

Latenzzeit
Die Zeit zwischen dem Schlag und dem Erklingen des Sounds aus Kopfhörer oder Boxen.

Wenn man ein Soundmodul mit einer DAW ohne Audio-Interface einsetzt, hat man eine Latenzzeit von ca. 8-12 Millisekunden mit den herkömmlichen Audiotreibern des Computers. Das ist schon spürbar beim Trommeln. Diese Zeit kann man mit einem Audio-Interface erheblich verkürzen. Dann benutzt man die Audio-Treiber des Interfaces, die direkt mit der Audio-Hardware kommunizieren und man kommt im günstigsten Fall auf ca. 2–4 Millisekunden. Damit kann man als Drummer gut leben und die Sounds eines Plug-Ins lassen sich so in Echtzeit spielen.

Das Ergebnis wird erheblich von der Samplerate beeinflusst, die man in der Musiksoftware ändern kann. Vorsicht! Die Samplerate kann man nicht beliebig ändern. Wenn der Rechner zu schwach ist, können Störungen auftreten. Da helfen Tipps vom Hersteller.

Nutze die Funktionen

Durch diese Möglichkeiten können wir als Drummer auch sehr kreativ sein. Du kannst tolle Drumtracks aufnehmen, dein Spiel verbessern, oder sogar mit Freunden komplette Songs aufnehmen. Lasse dich von der Elektronik und der Technik nicht abschrecken. Wenn du dich damit beschäftigst, kommst du sehr schnell in das Thema Recording.

32. Grooves mit geöffneter Hi-Hat

Oft wird der linke Fuß genutzt, um einen bestimmten Sound auf der Hi-Hat zu spielen. Sobald der Stock auf das Hi-Hat-Pad trifft, wird gleichzeitig der Fuß gehoben und direkt wieder abgesetzt. Dadurch wird die Hi-Hat kurz geöffnet. Dieses Zusammenspiel muss man sehr häufig üben, damit der Soundeffekt auch eintritt.

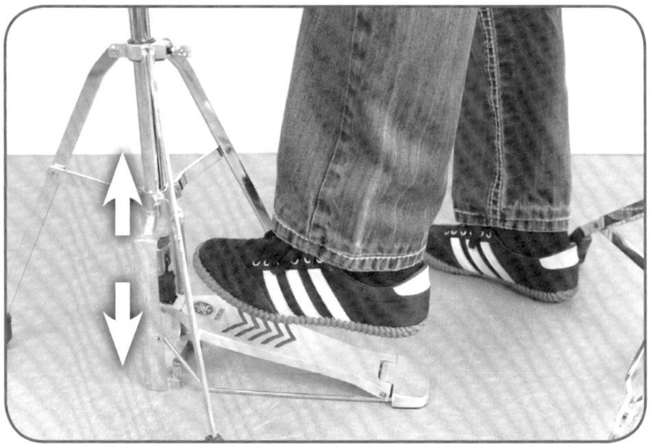

So sieht die geöffnete Hi-Hat als Note aus:

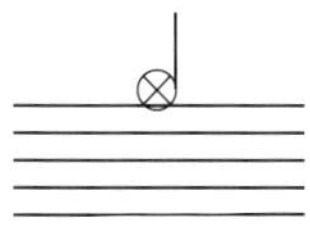

Die folgenden Übungen sollen dich langsam an einen Groove mit geöffneter Hi-Hat heranführen. Wir zählen Achtelnoten und am Ende eines Taktes erfolgt die Öffnung der Hi-Hat. Zunächst nur die Hi-Hat, danach der ganze Groove.

Audio 054

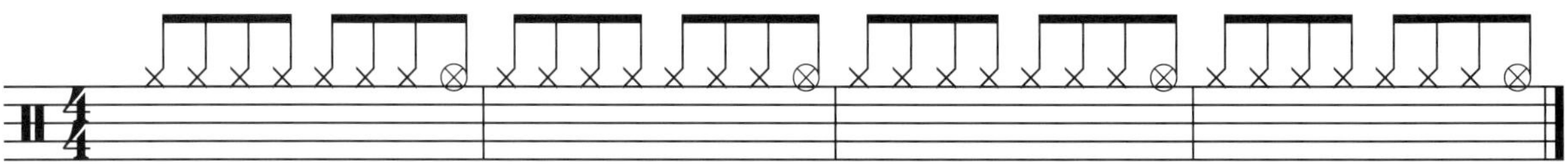

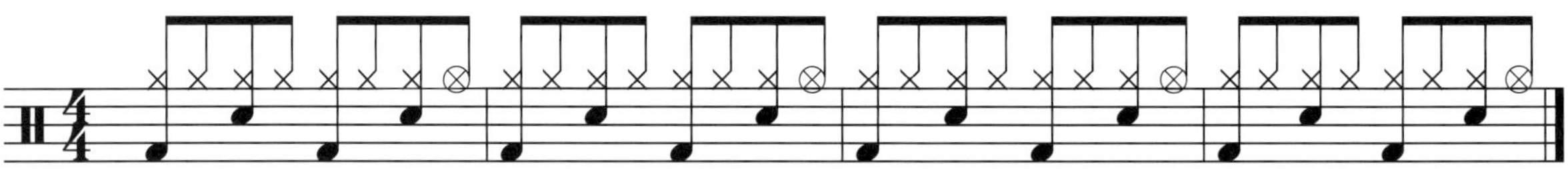

Groove-Variationen · geöffnete Hi-Hat

Audio 055

Wenn du das Öffnen der Hi-Hat beherrschst, probiere diese Übungen zum Öffnen der Hi-Hat an verschiedenen Stellen und mit dem Standard-Achtel-Groove.

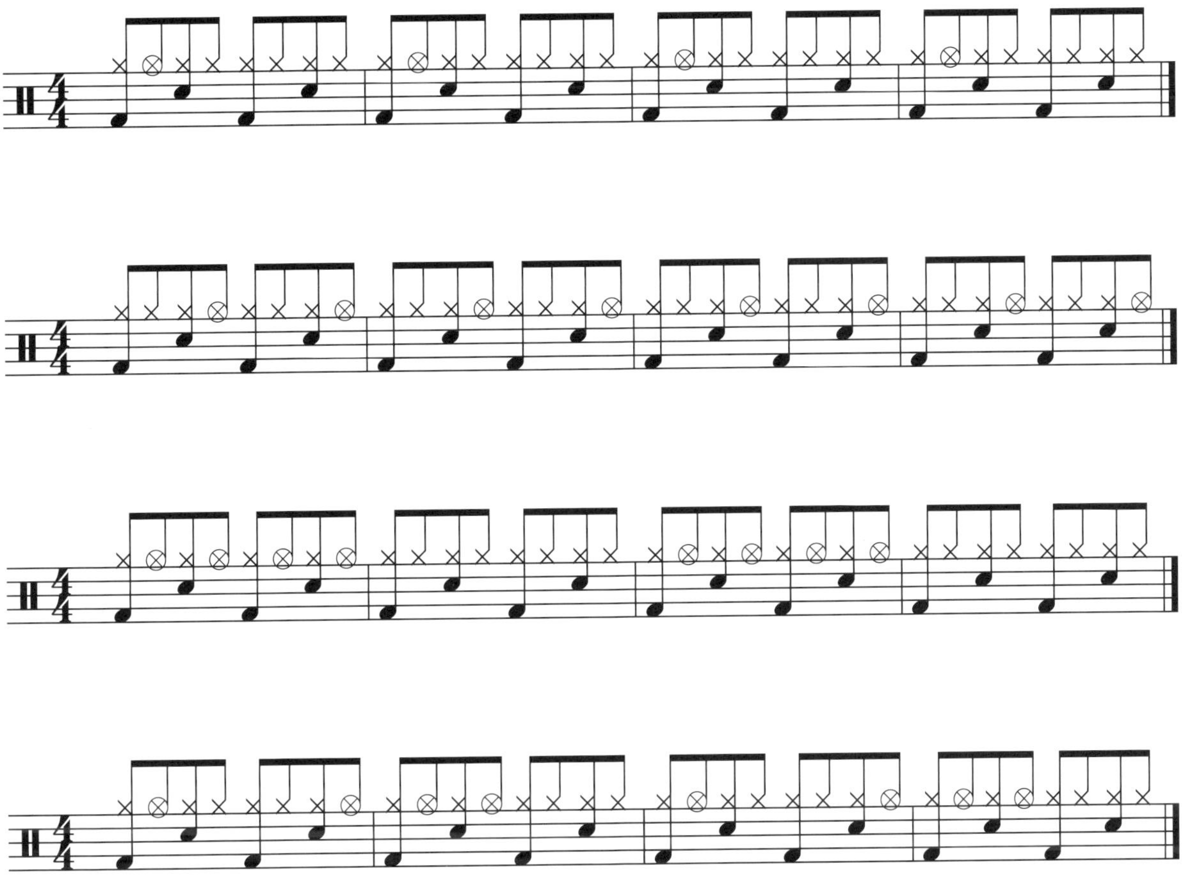

Werde kreativ ...

Fülle die folgenden Takte mit deinen Lieblings-Achtel-Grooves und mit offener Hi-Hat.

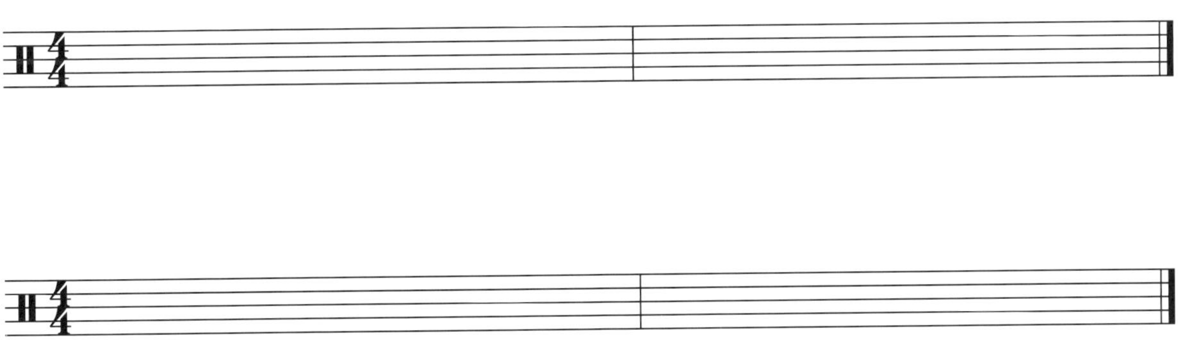

Achtel-Grooves · geöffnete Hi-Hat

Audio 056

Nun steigern wir die Schwierigkeit, denn du solltest bei jedem Groove und an jeder Stelle die Hi-Hat öffnen können.

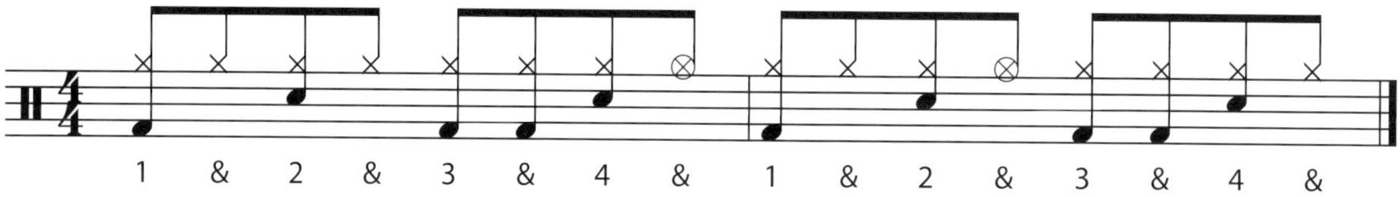

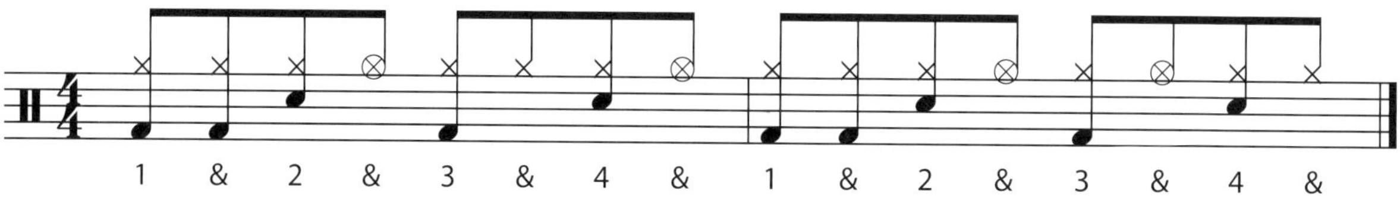

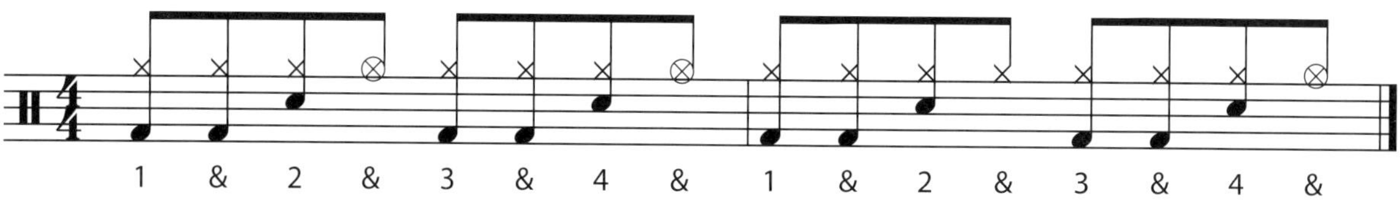

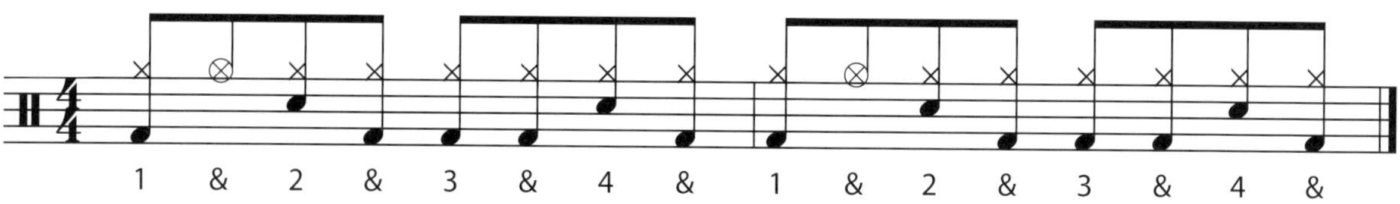

Tipp!

Übe nicht zu schnell.
Lieber langsam und sauber spielen ...

Sechzehntel-Grooves · geöffnete Hi-Hat

Audio 057

Bei diesen Übungen wird die Hi-Hat mit der rechten Hand gespielt. Sechzehntelnoten sind mit geöffneter Hi-Hat schwerer zu spielen. Die folgenden Grooves hast du schon mal geübt. Jetzt aber zusammen mit der neuen Technik. Bitte erst jeden Groove einzeln üben.

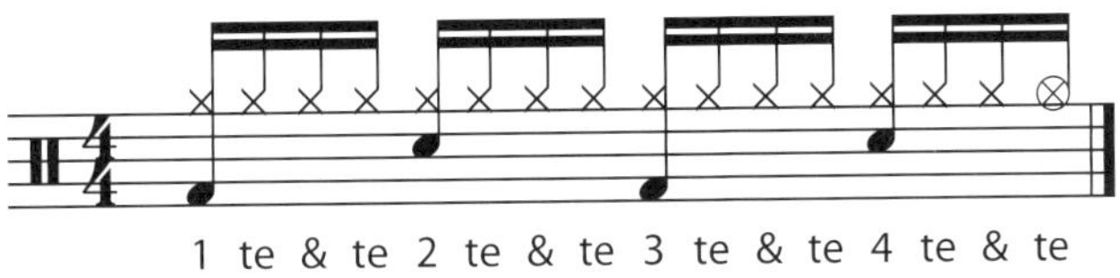

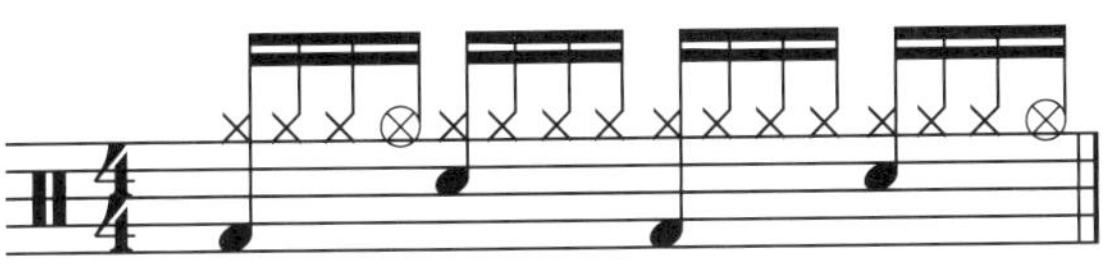

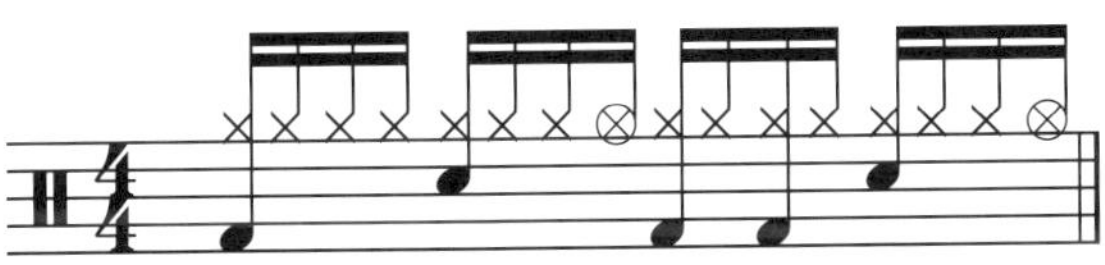

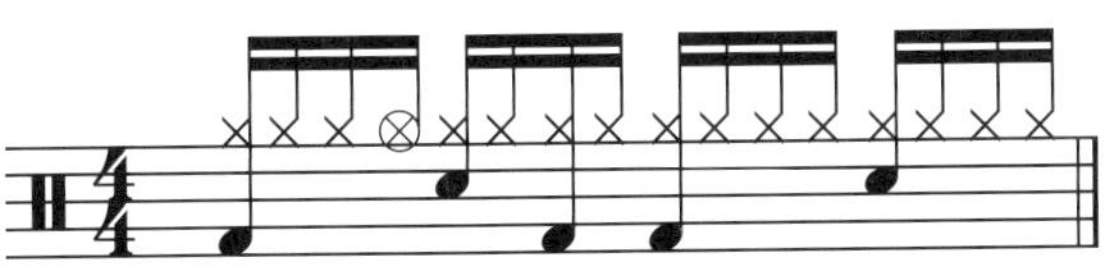

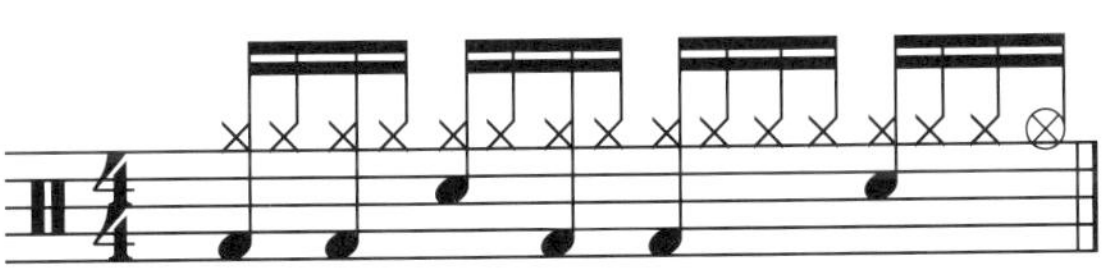

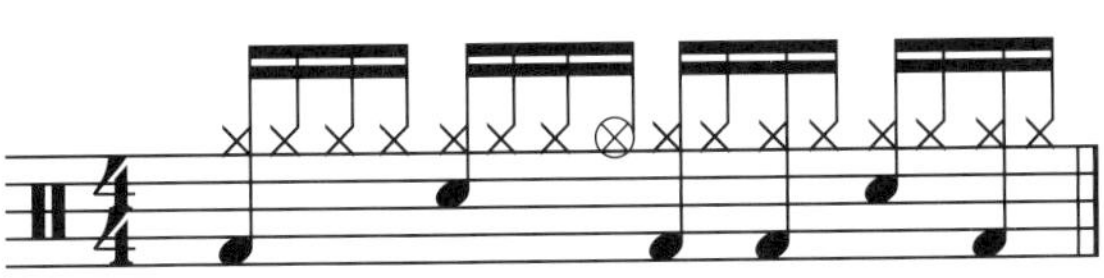

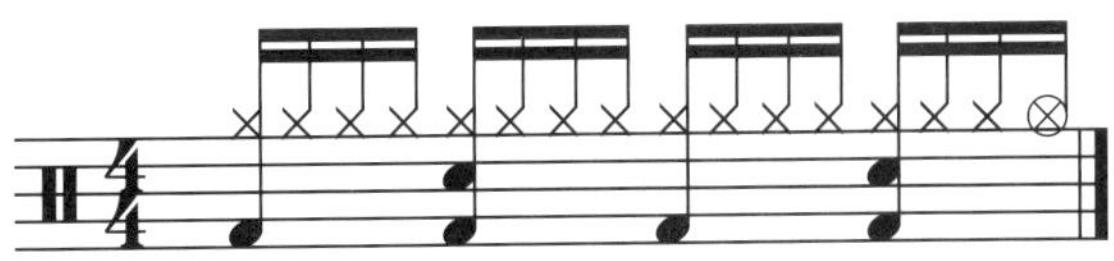

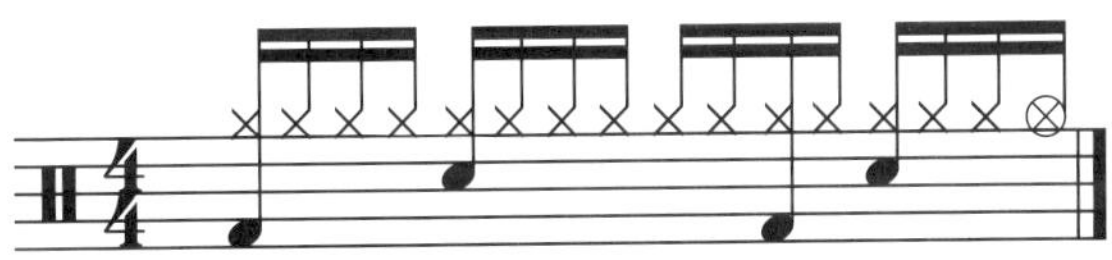

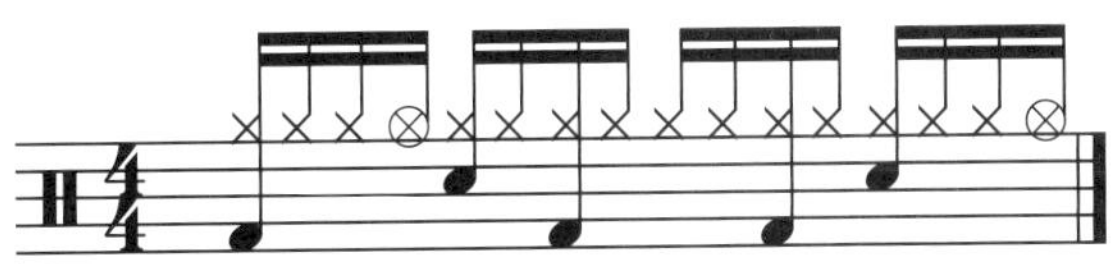

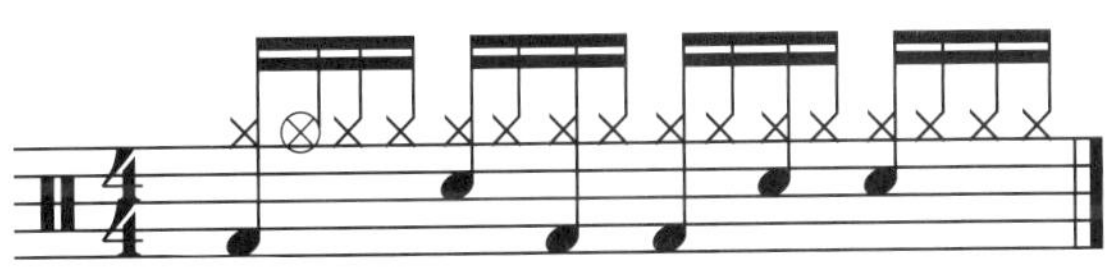

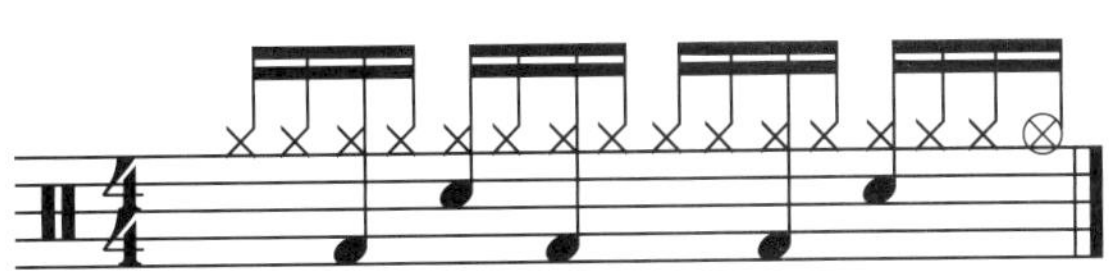

33. Die getretene Hi-Hat im Achtel-Groove

Nach den letzten Hi-Hat-Übungen folgt nun die getretene Hi-Hat. Wenn du die Hi-Hat öffnest und wieder schließt, macht die Hi-Hat einen Sound, den der Drummer zusätzlich einsetzen kann. Dabei wird die Hi-Hat mit dem Fuß kurz vorher geöffnet und schließt genau auf der gewollten Zählzeit. Zuerst üben wir nur zusammen mit dem Ride-Becken, danach kommen Bassdrum und Snare dazu.

Audio 058

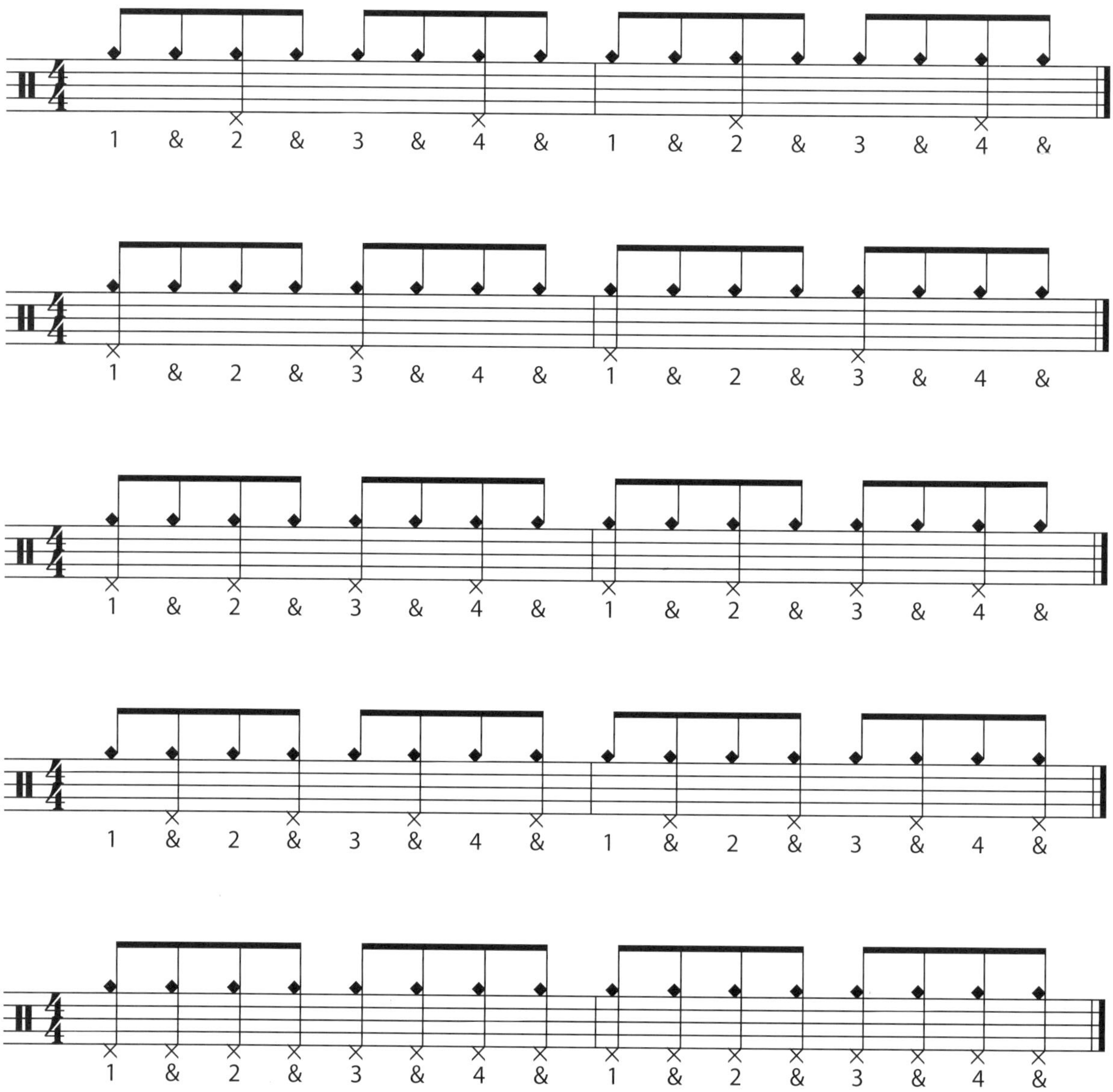

Audio 059

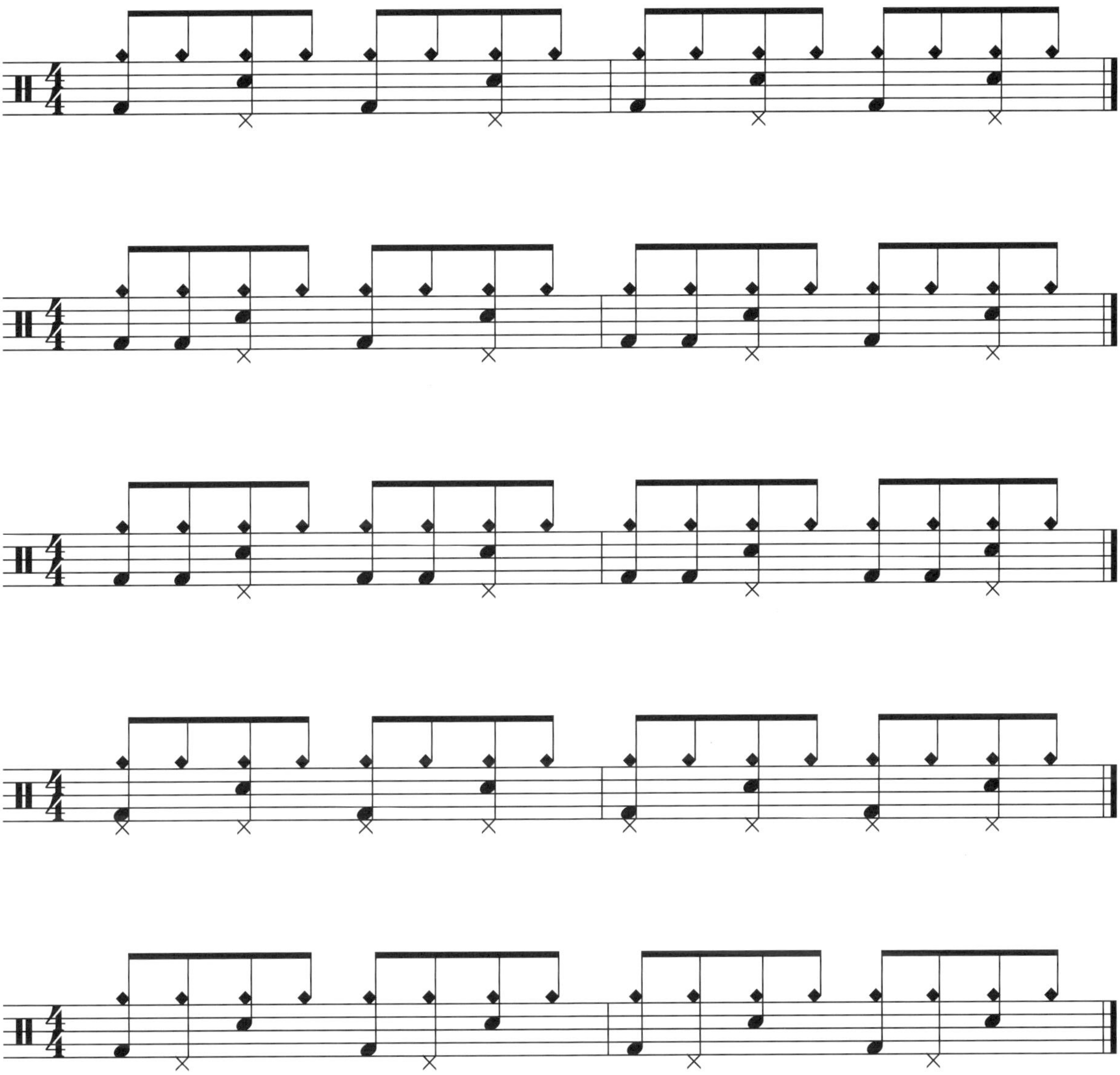

Tipp!

Denk an deine Snare-Übungen auf Seite 39 und 73.
Auch das Dehnen nicht vergessen!

34. Die getretene Hi-Hat im Sechzehntel-Groove

Audio 060

Jetzt wird es schon schwieriger. Die Hi-Hat muss präzise und schnell geöffnet und geschlossen werden. Die rechte Hand spielt Sechzehntelnoten auf dem Ride-Becken. Das hatten wir auch noch nicht: zwei Übungen in einer. Übe langsam und genau!
Zuerst üben wir wieder nur zusammen mit dem Ride-Becken, danach kommen Bassdrum und Snare dazu.

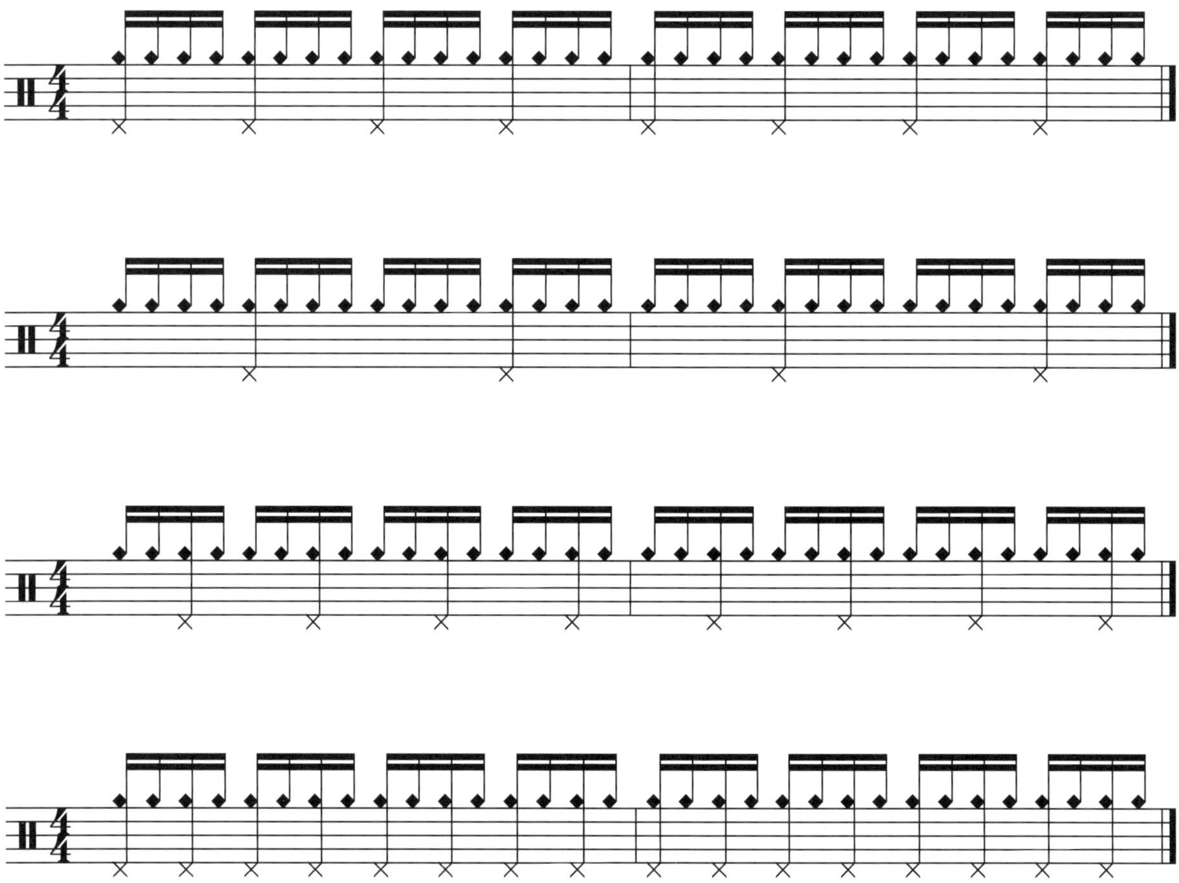

Tipp!

Bitte auch mal aufstehen und den linken Fuß entspannen.

Audio 061

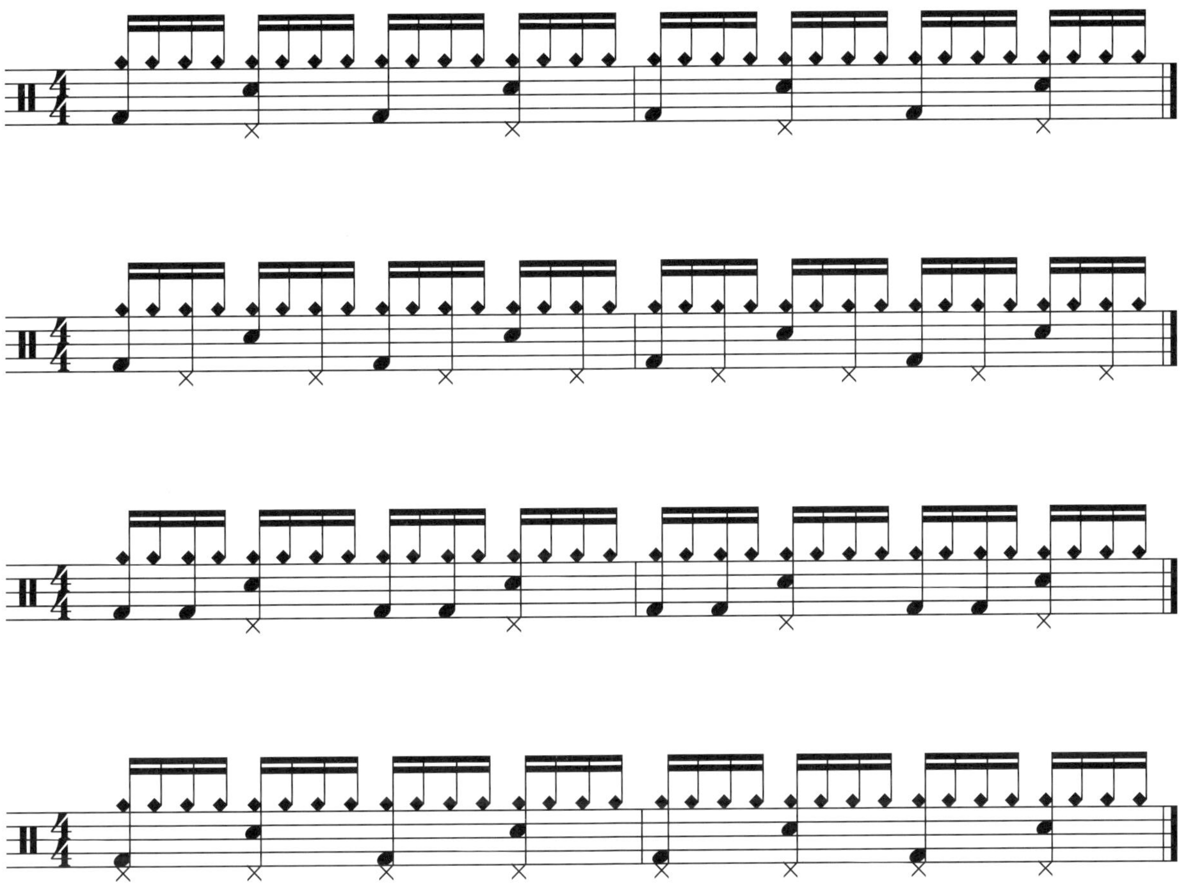

Werde kreativ ...

Fülle die folgenden Takte mit deinen Lieblings-Grooves und getretener Hi-Hat, egal ob Achtel- oder Sechzehntelnoten.

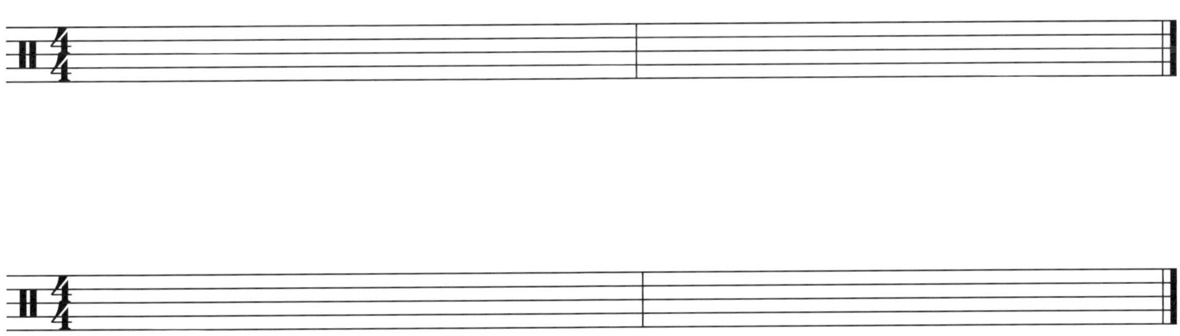

E-Drum-Workshop Nr. 10

Drum-Apps

Es gibt wirklich ganz tolle und hilfreiche Apps auf dem Markt, von denen viele sehr günstig oder sogar kostenlos sind.

Diese Apps können dein zusätzlicher Lehrer sein und dir nützliche Tipps oder Videos zeigen. Aber man kann auch sein Modul mit einem Handy oder Tablet verbinden und Apps in Echtzeit zusammen mit seinem E-Drum einsetzen.

Da ich mit den Modulen der Firma Yamaha arbeite, kann ich dir hier ein paar Tipps zu kostenlosen Apps geben. Das sind aber nur Informationen, es gibt eine Menge mehr Apps, die man direkt antriggern kann, zu denen kommen wir gleich noch.

Beispiel Training- und Editing-Apps

Wenn man diese Apps über ein Kabel mit dem iPad oder iPhone verbindet, kann man direkt zu den Songs üben und die App zeigt an, was man am Drumming verbessern sollte. Oder man kann das Modul programmieren (editieren).

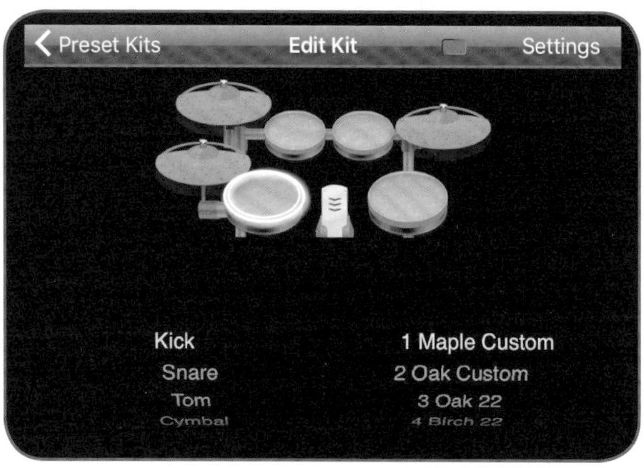

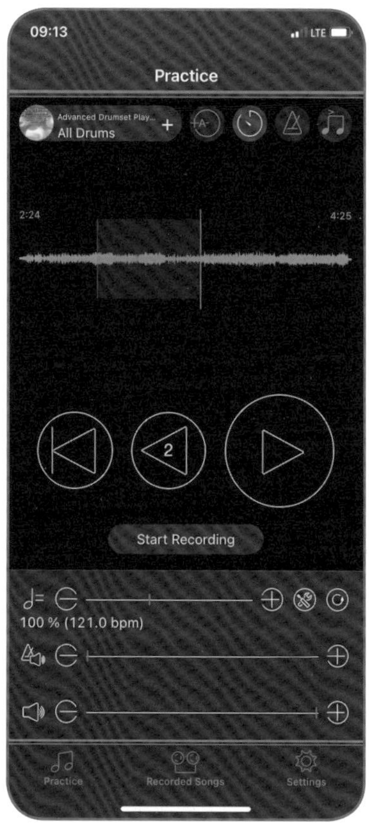

Finger-Drumming-Apps

Finger-Drumming wird auch immer beliebter. Du hast mit deinem Handy immer ein Drumset dabei und kannst Grooves überall üben.

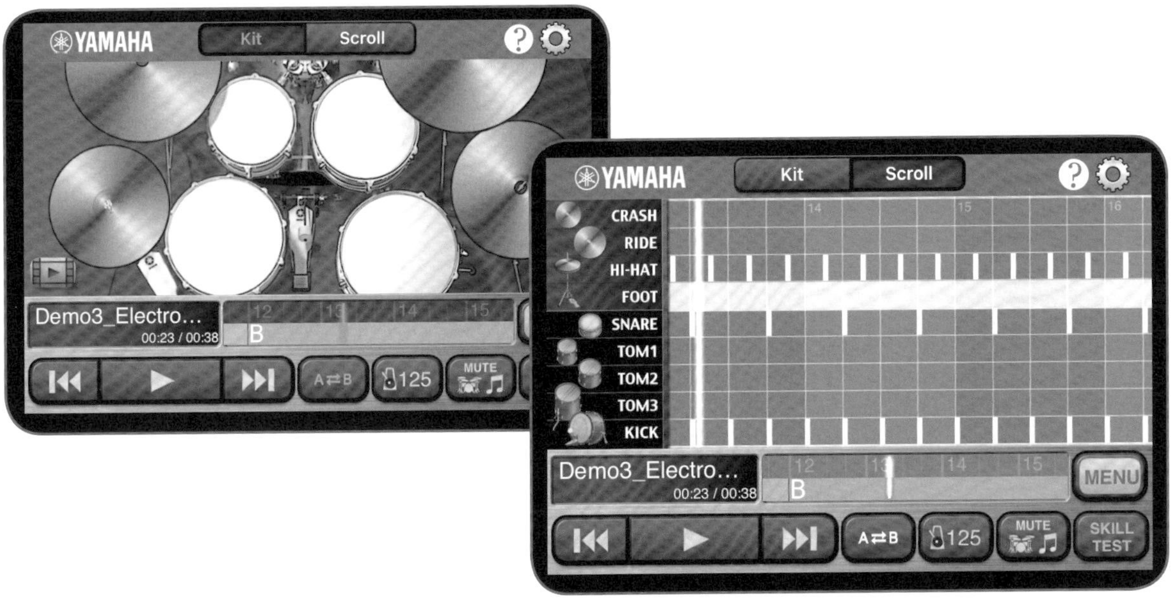

DAW und Software-Apps

Das Thema DAW wurde bereits im letzten Workshop gehandelt. Eine Reihe neuer DAWs gibt es auch schon als App. Auch Cubase gibt es als App. Die heißt „Cubasis" und funktioniert einwandfrei. Auch hier kann man das Modul mit dem iPad oder iPhone verbinden und die Drum-Tracks aufnehmen. Zur Verbindung braucht man ein Camera-Connection-Kit von Apple oder ein spezielles Kabel von Yamaha. Das bezieht sich natürlich wieder auf die Yamaha-Module. Auch „Garage Band" ist sehr cool. Darüberhinaus gibt es viele Sequencer- und Percussion-Apps. Viel Spaß beim Erkunden der App-Welt.

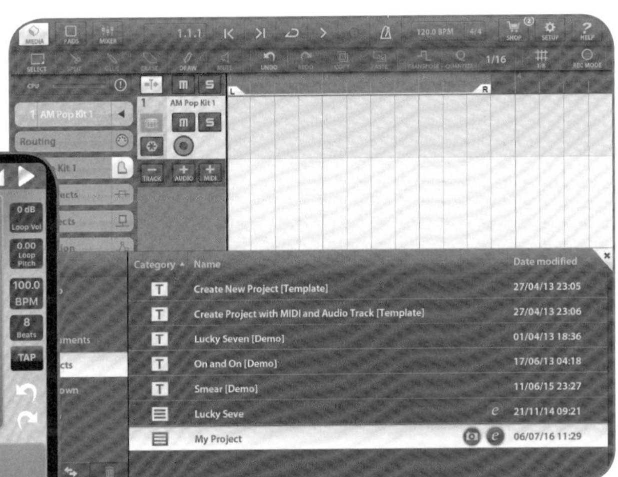

Cubasis

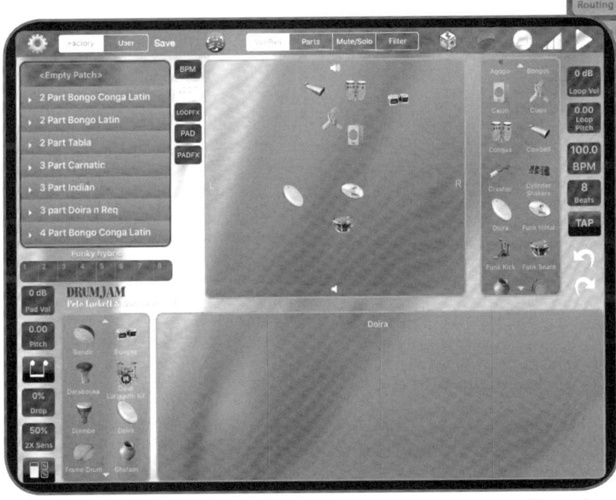

Drumjam

35. Kombinationen · Achtelbeats und Snare-Fill-Ins

Audio 062

Oft wird in einem Song der Groove mit einem Fill-In kombiniert, hier zunächst auf der Snare.

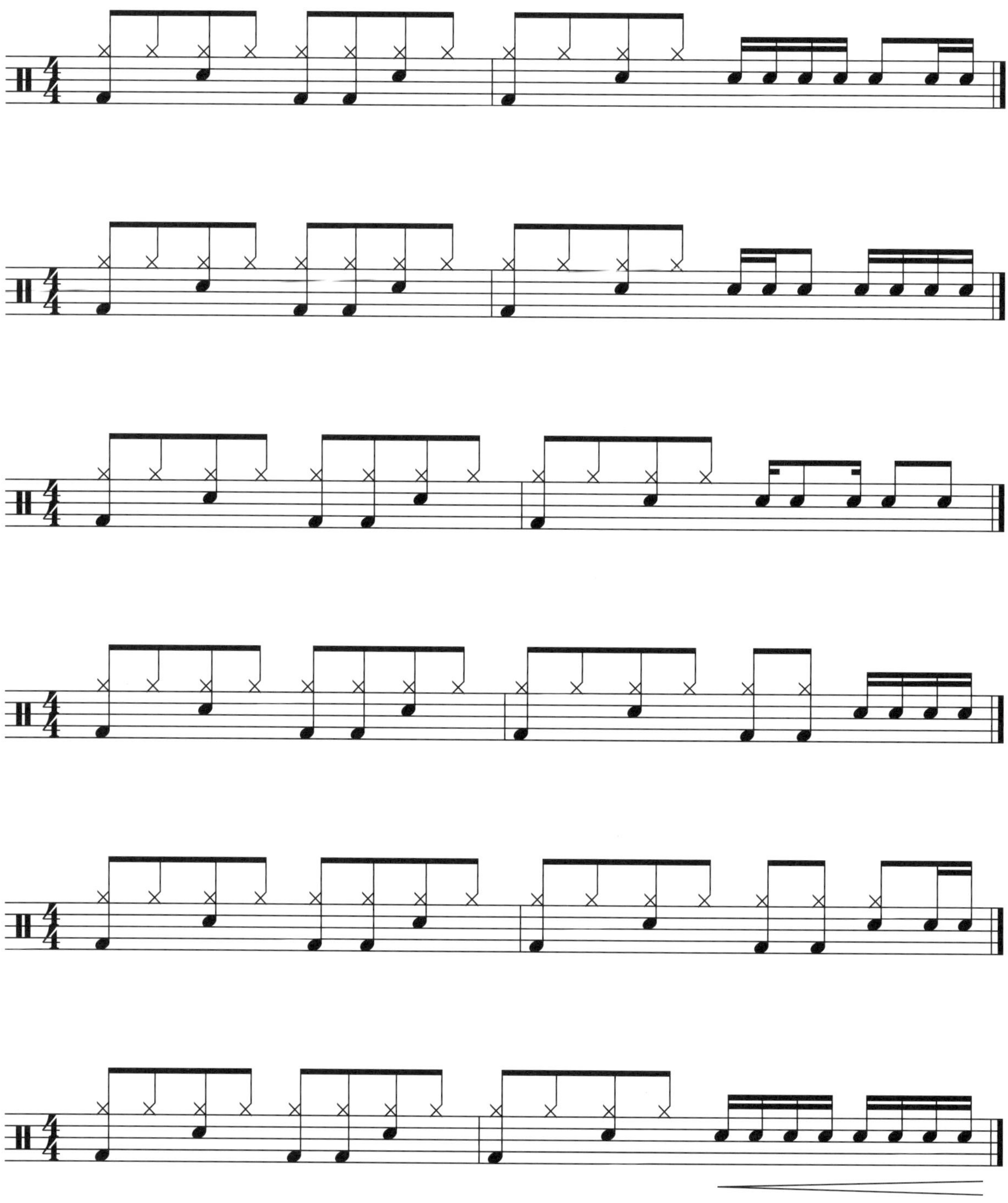

36. Kombination · Achtel-Beats, Snare- und Tom-Fill-Ins

Audio 063

Auch hier werden Grooves mit einem Fill-In auf Snare, Bassdrum und Toms kombiniert.

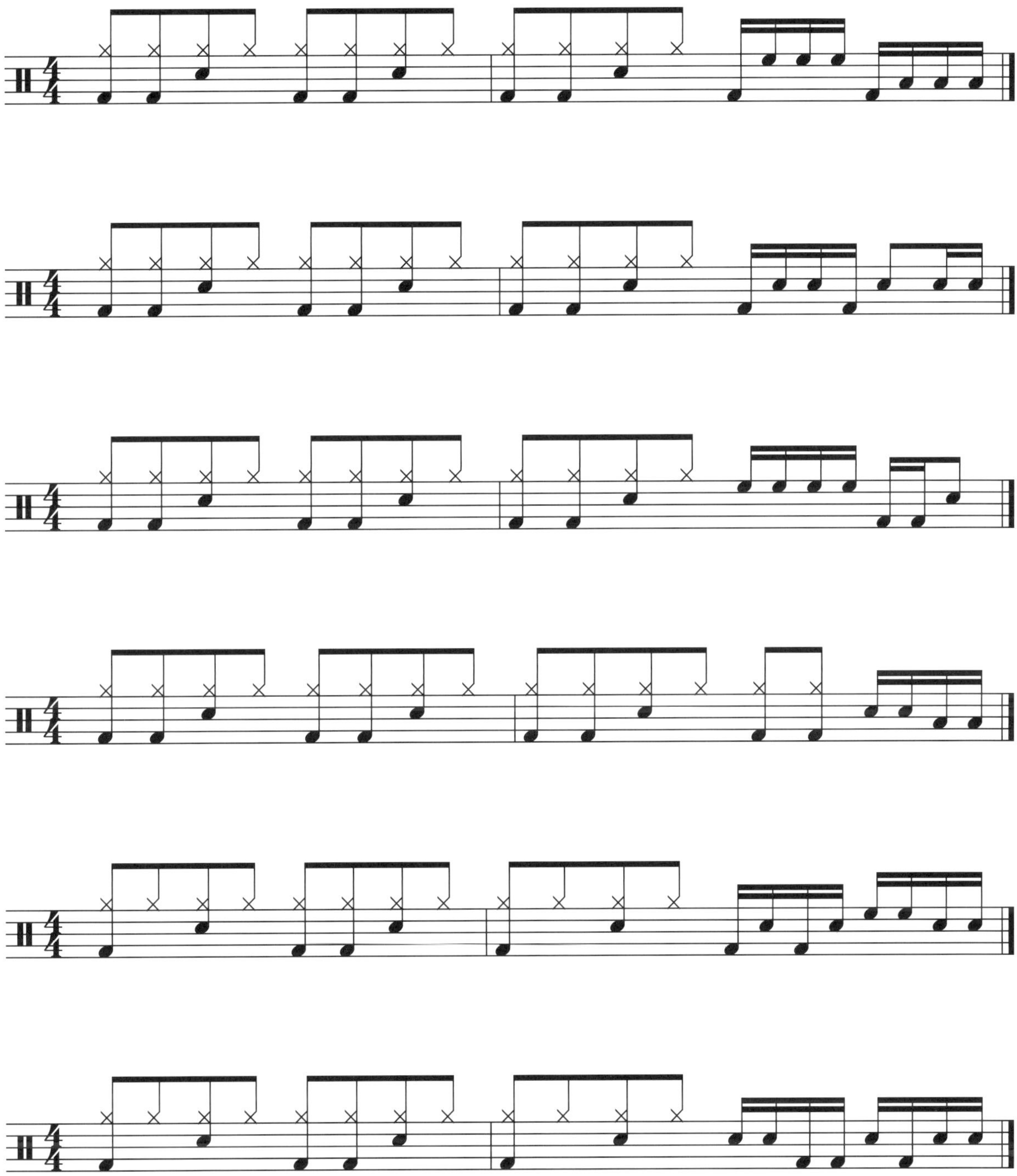

37. Die halboffene Hi-Hat

Audio 064

Dieser Sound passt ideal zu einem guten alten Rock-Groove. Eine saubere halboffene Hi-Hat zu spielen ist gar nicht so einfach. Das wirst du schnell merken. Du musst den linken Fuß exakt an der gleichen Stelle halten, um während des Grooves immer den gleichen Sound zu erzielen. Zunächst solltest du ausprobieren, bei welcher Fußstellung der Sound besonders gut ist. Nicht jedes Soundmodul hat sehr viele Stufen zwischen geschlossen und offen.

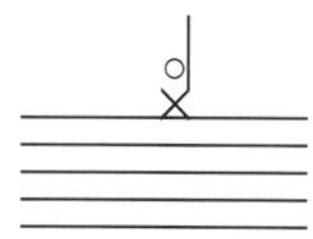

Ein kleiner Kreis über der Hi-Hat Note zeigt die halboffene Hi-Hat an.

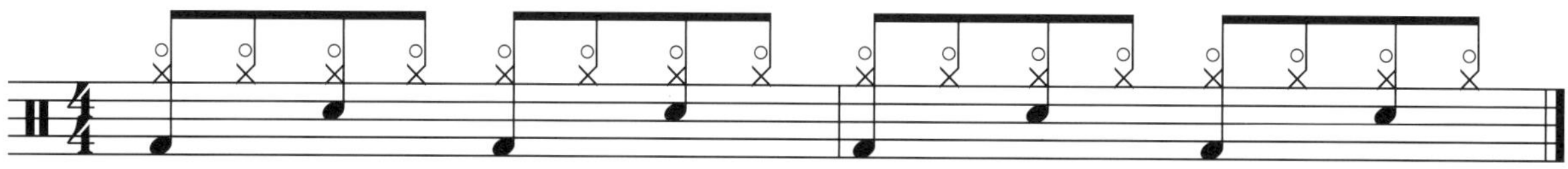

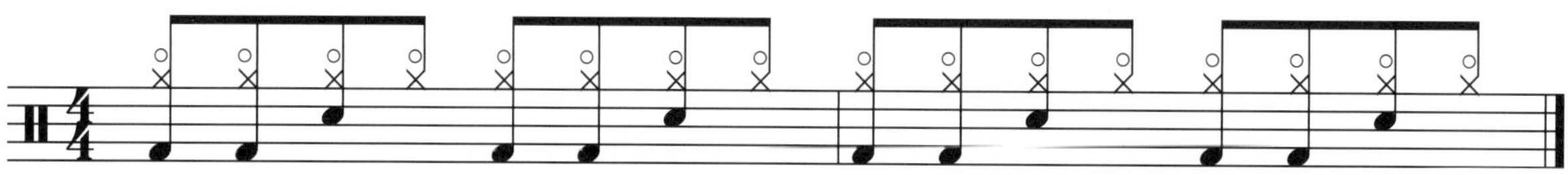

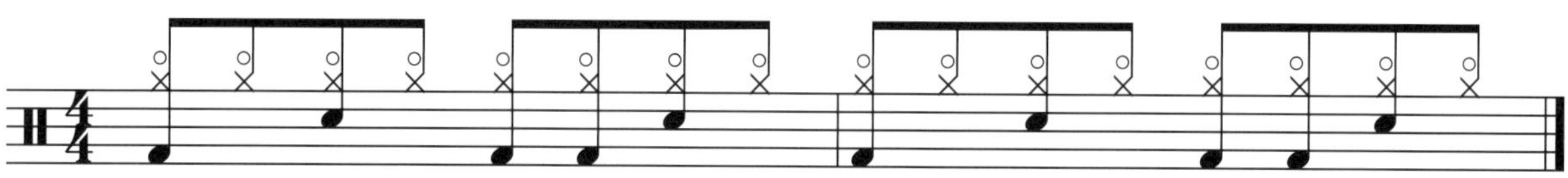

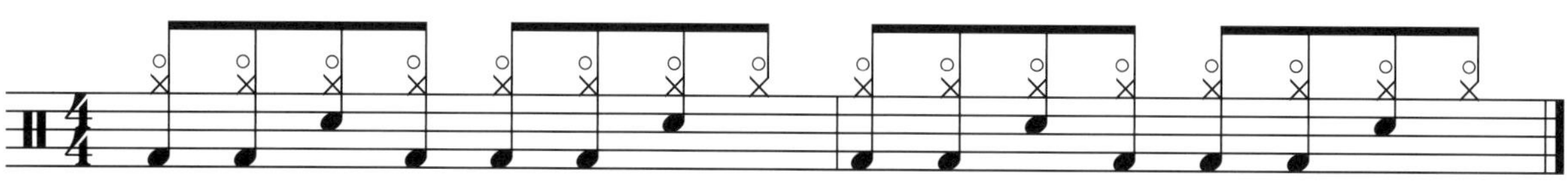

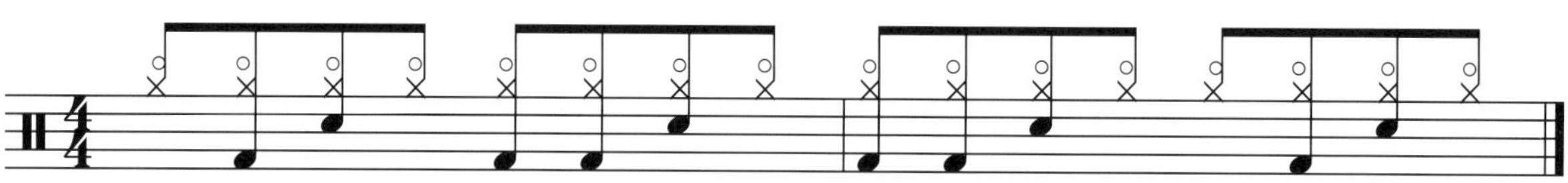

38. Die offene Hi-Hat

Audio 065

Die offene Hi-Hat ist auch bei harten Grooves beliebt. Übe die folgenden Viertel-Grooves mit komplett geöffneter Hi-Hat. Das muss richtig rocken und grooven, daher sollten diese Grooves mit einem gewissen Maß an Dynamik gespielt werden. Streicheln der Pads ist nicht erlaubt!

So sieht die geöffnete Hi-Hat als Note aus: 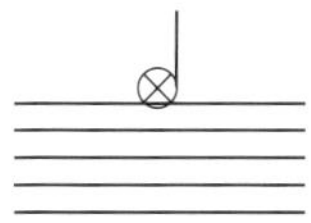

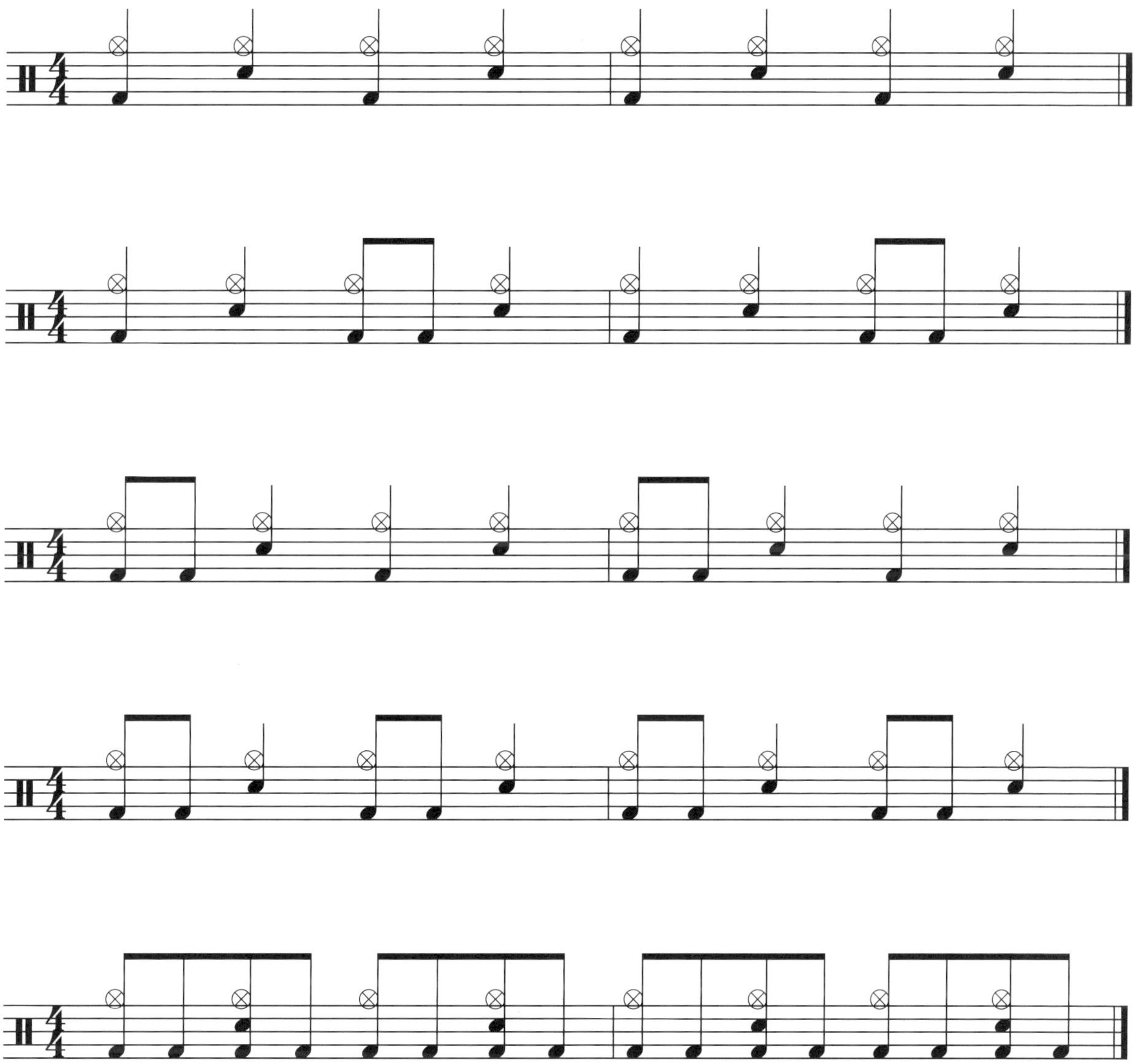

39. Sechzehntel-Fill-Ins · Snare und Bassdrum

Audio 066

Unabhängigkeit wird hier wieder ganz groß geschrieben. Diese Übungen kannst du auch zusammen mit einem Groove spielen. Spiele einen Takt einen Groove und danach den Fill-In. Übe diese Fill-Ins auch einhändig (nur mit links oder rechts).

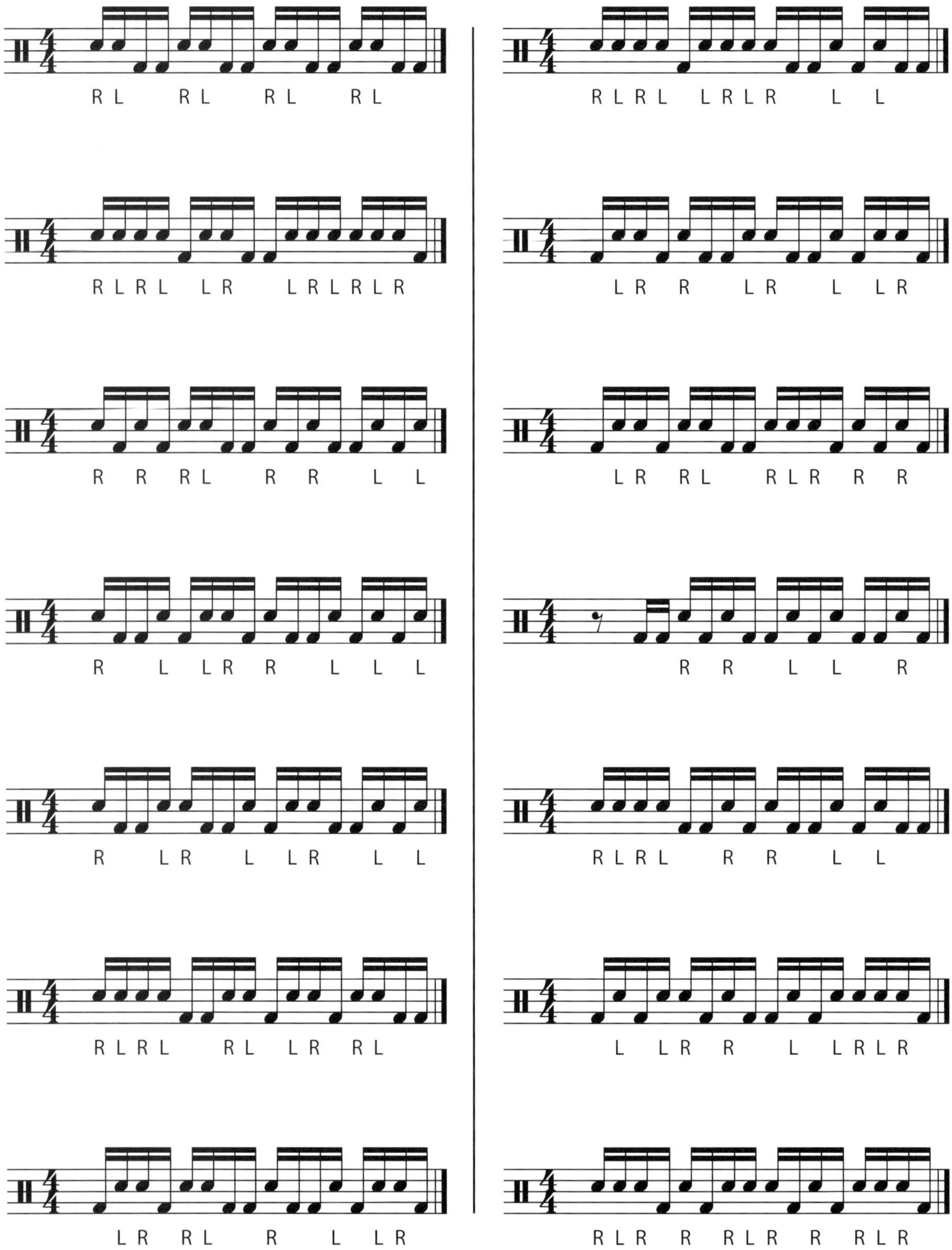

40. Sechzehntel-Groove · Hi-Hat, Snare und Bassdrum

Audio 067

Diese Grooves sind sehr hilfreich, um später mal abwechslungsreiche Einwürfe zu spielen.

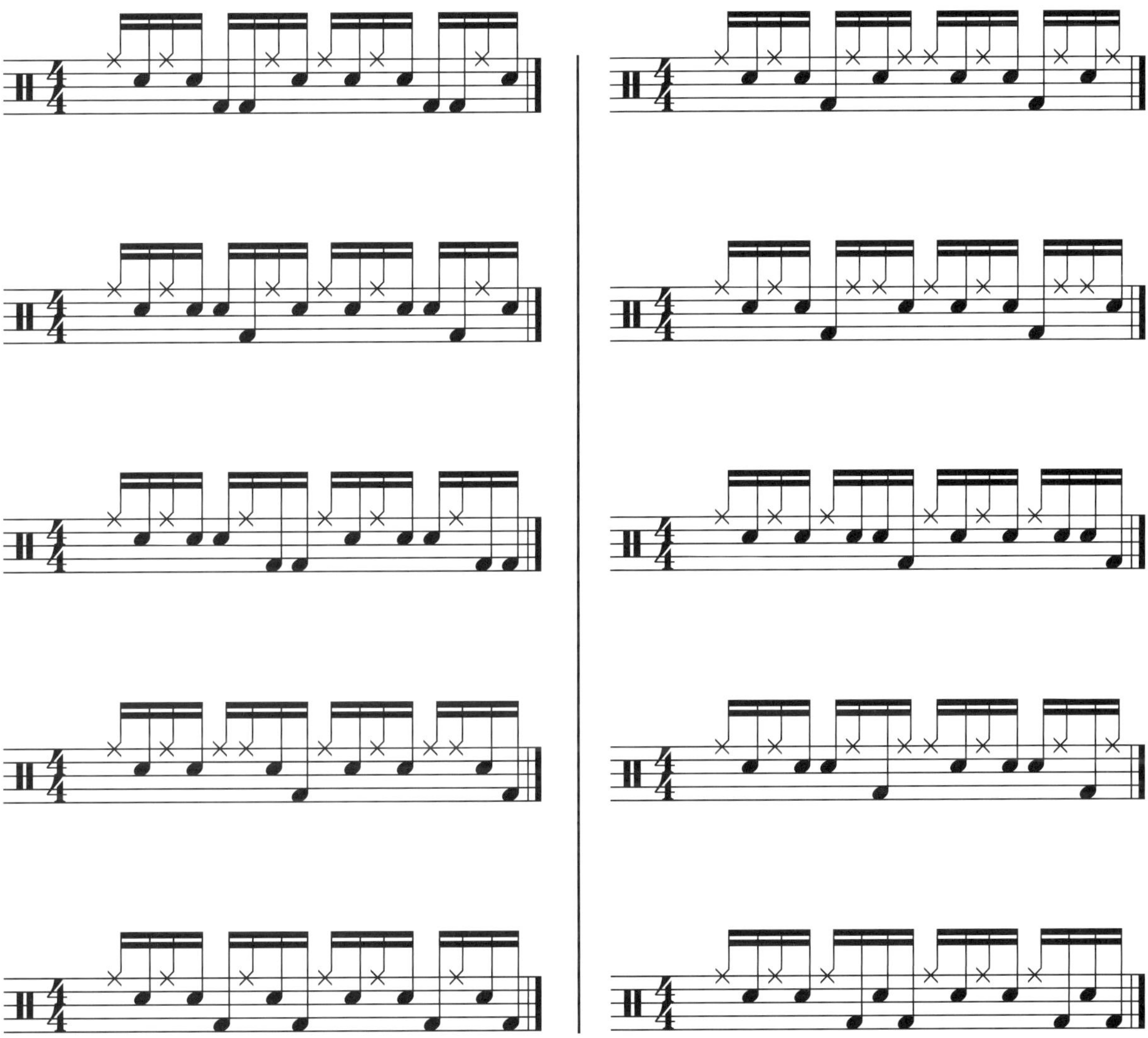

Werde kreativ ...

Fülle die folgenden Takte mit deinen Lieblingskombinationen.

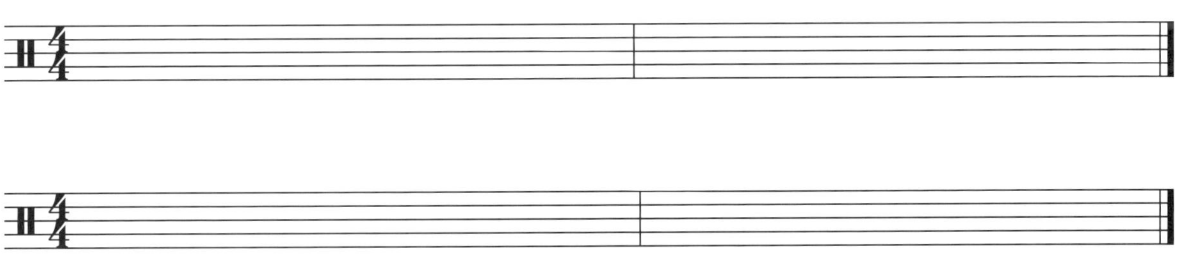

Kombinationsübungen von Sechzehntel-Grooves mit Hi-Hat, Snare und Bassdrum

Audio 068

Man kann gar nicht genug von solchen Übungen bekommen. Auch wenn du mal an einen Punkt kommst, wo nichts mehr so richtig klappt: Einfach am Ball bleiben.

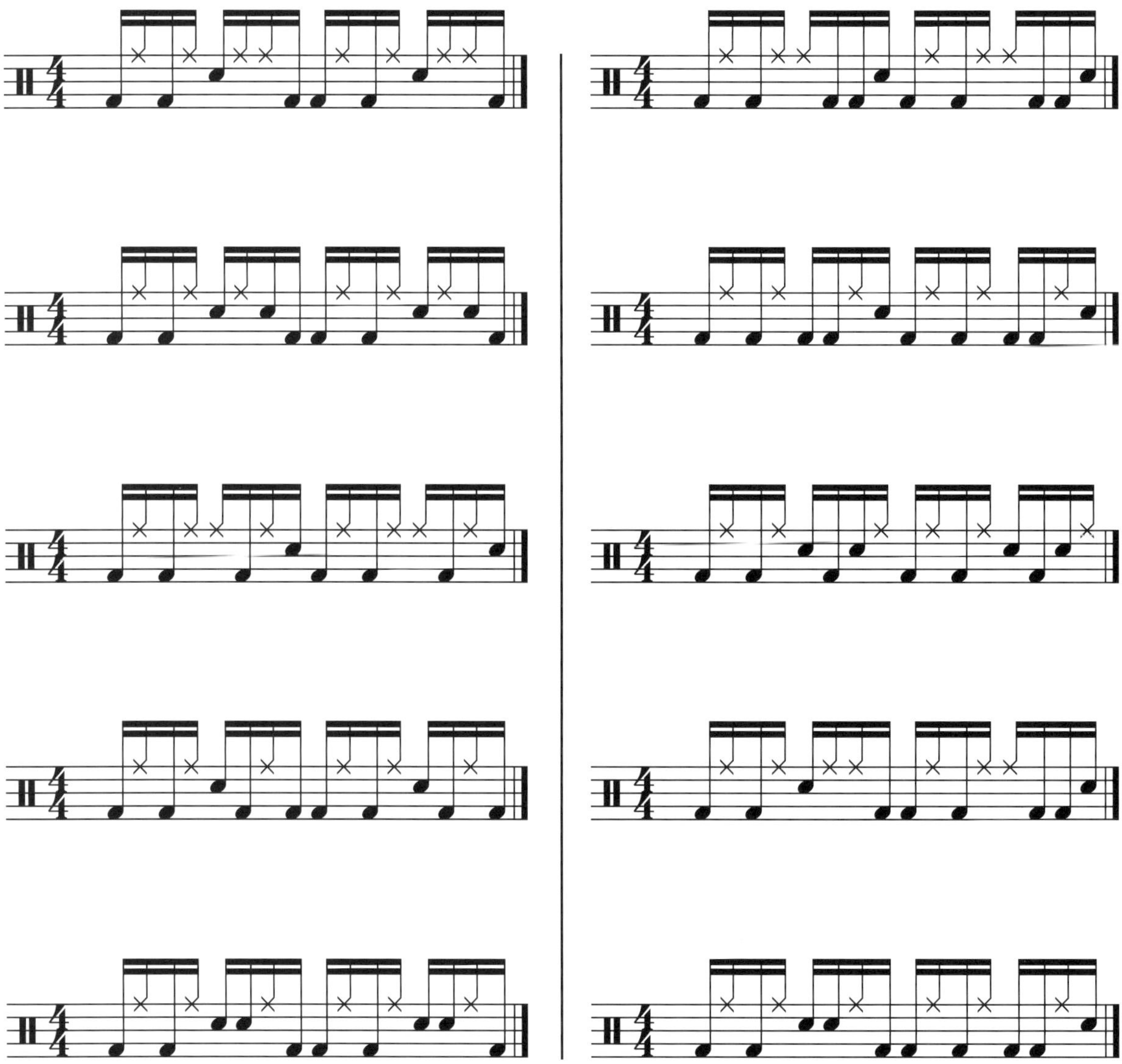

41. Dein erstes eigenes Drum-Solo

Jetzt bist du gefragt. Du hast jetzt viele Noten, Pausen, Grooves, Fill-Ins und Kombinationen gelernt. Fülle die Takte mit deinen Ideen und werde mal richtig kreativ. (Bleistift ist cool!) Auch Akzente, Crescendo und Decrecendo sollten nicht fehlen. Das Solo sollte von deinem Lehrer kontrolliert werden.

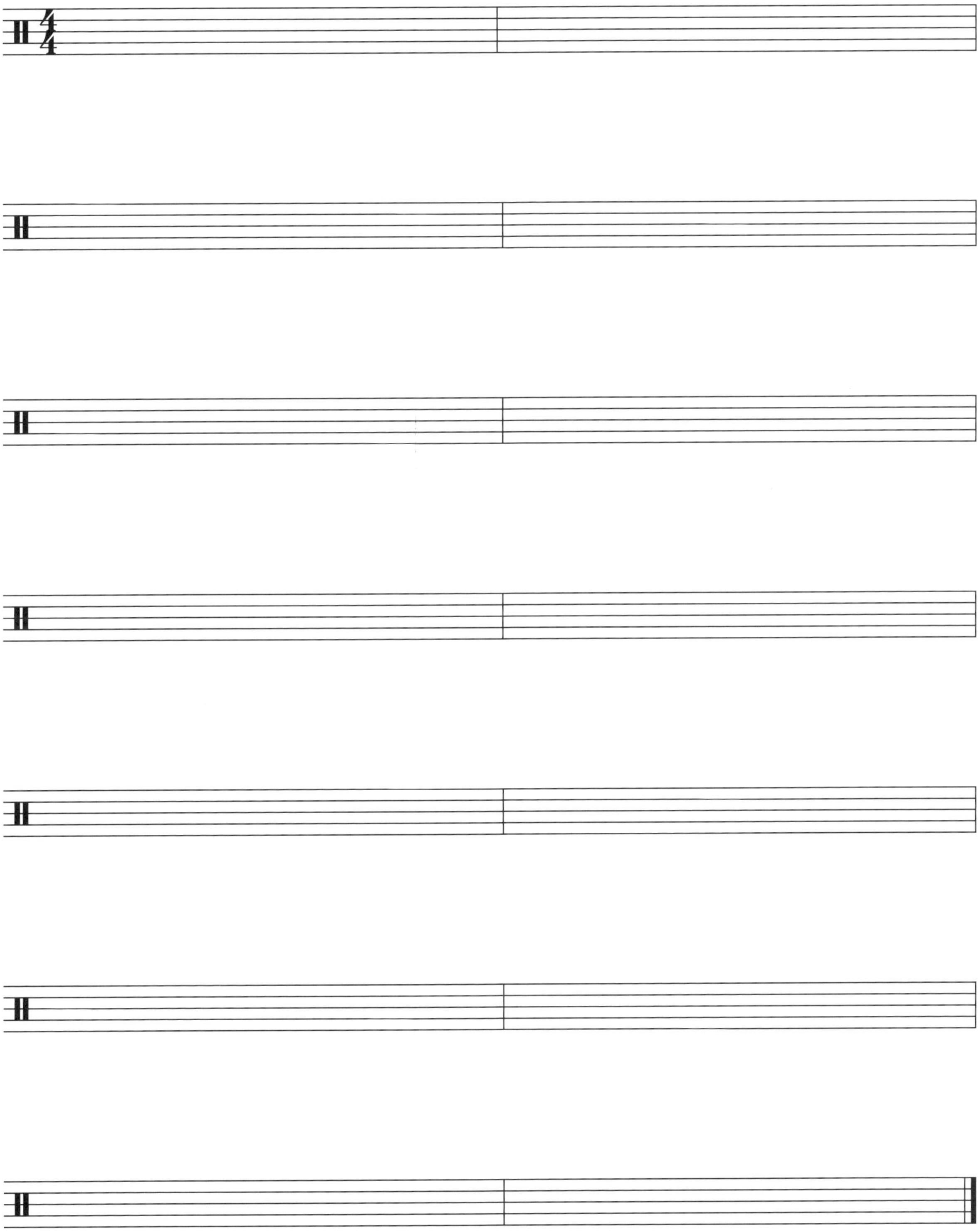

E-Drum-Workshop Nr. 11

AUX IN (Eingang)

Viele Geräte in unserem Alltag haben einen AUX IN. Das kann ein Stereo-Eingang für einen kleinen oder großen Klinkenstecker sein. In den E-Drum-Modulen befindet sich meistens eine kleine Buchse für einen 3,5-mm-Klinkenstecker.

Dieser Eingang ist für uns Drummer sehr nützlich, denn du kannst an diesen Eingang dein Smartphone, CD-Player oder ein anderes Gerät anschließen und dann zu deiner Lieblingsmusik üben, denn das Signal von diesem Eingang ist auch über deinen Kopfhörer oder über den Masterausgang zu hören. Auch wenn auf deiner Musik Drums zu hören sind, ist es sehr gut sie zum Üben zu benutzen, denn das macht Spaß und die Songs sind zum größten Teil auch mit Metronom aufgenommen und das festigt dein Timing.

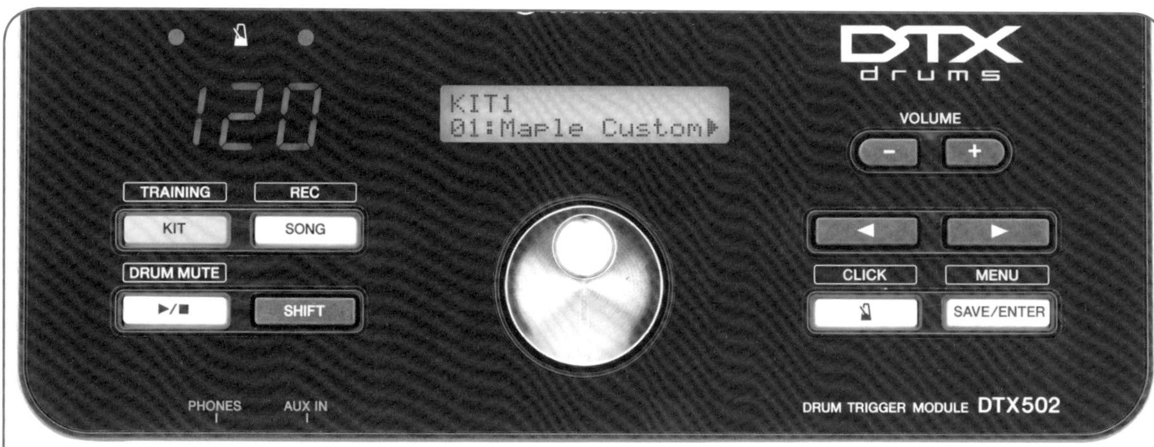

AUX IN (Stereoeingang)

Monitormix

Wenn eine Band einen Monitormix über ein Mischpult macht, kann man das Monitorsignal abgreifen und in den AUX IN schicken. So kann man auch über den Kopfhörereingang die komplette Band hören.

Mit Freunden Musik machen

Wenn du zusammen mit einem Freund spielen möchtest, zum Beispiel einem Keyboarder, kannst du auch hier ganz einfach das Keyboard an den AUX IN anschließen. Dann braucht man nur einen Kopfhörerverteiler oder eine aktive Monitoranlage und man kann ohne Mischpult zusammen üben.

42. Stärke deine Füße

Audio 069

Die Übungen auf dieser Seite sollen dir Power für die Füße bringen. Fang langsam an zu üben, steigere das Tempo, wenn der Groove gut sitzt. Halte jede Übung im gleichbleibenden Tempo (Metronom) bitte mindestens drei Minuten durch. Danach immer mal den Fuß ausschütteln und eine kurze Pause machen. Wenn der Fuß schmerzt, bitte auch eine Pause machen!

Achtel-Groove

rechter Fuß Bassdrum · rechte Hand Ride-Becken · linke Hand Snare

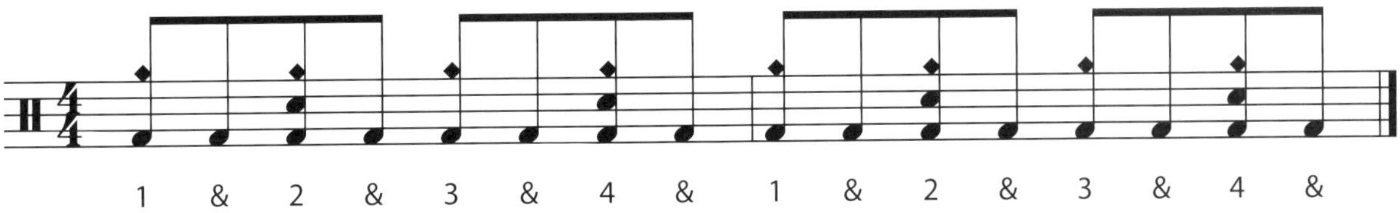

linker Fuß Hi-Hat · rechte Hand Ride-Becken · linke Hand Snare

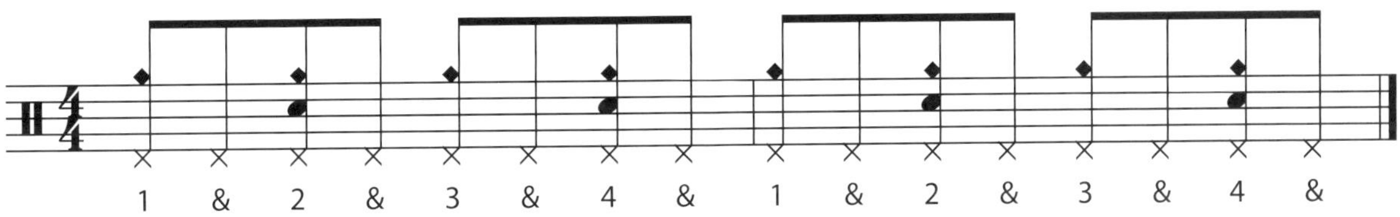

Sechzehntel-Groove

rechter Fuß Bassdrum · rechte Hand Ride-Becken · linke Hand Snare

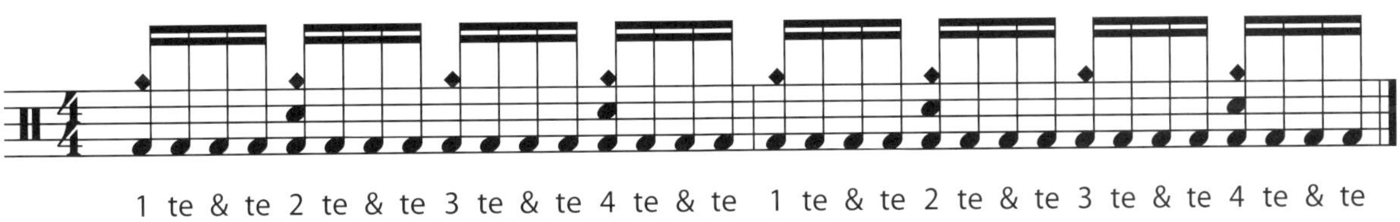

linker Fuß Hi-Hat · rechte Hand Ride-Becken · linke Hand Snare

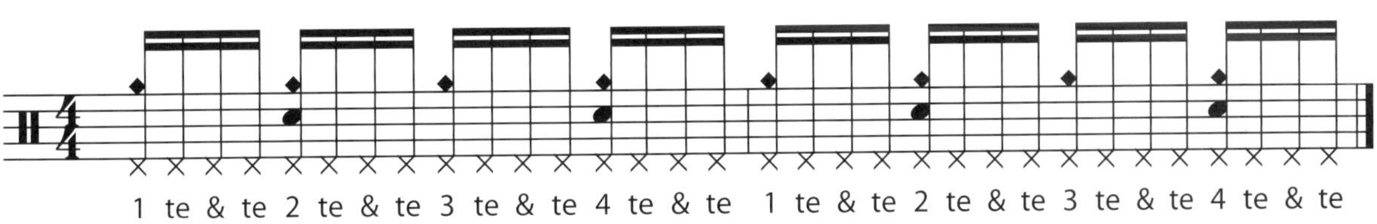

43. Snare-Übungen im Sechzehntel-Groove

Die Snare-Übungen übst du hoffentlich jeden Tag. Jetzt zeige ich dir, wie du diese Übungen auch im Groove umsetzen kannst.

Als Beispiel nehme ich folgende Übung: **RLRRLRLLRLRRLRLL**

Diesen Handsatz spielst du mit der rechten Hand auf der Hi-Hat und mit der linken auf der Snare, wobei die Snare auf zwei und vier einen Akzent spielt.

Audio 070

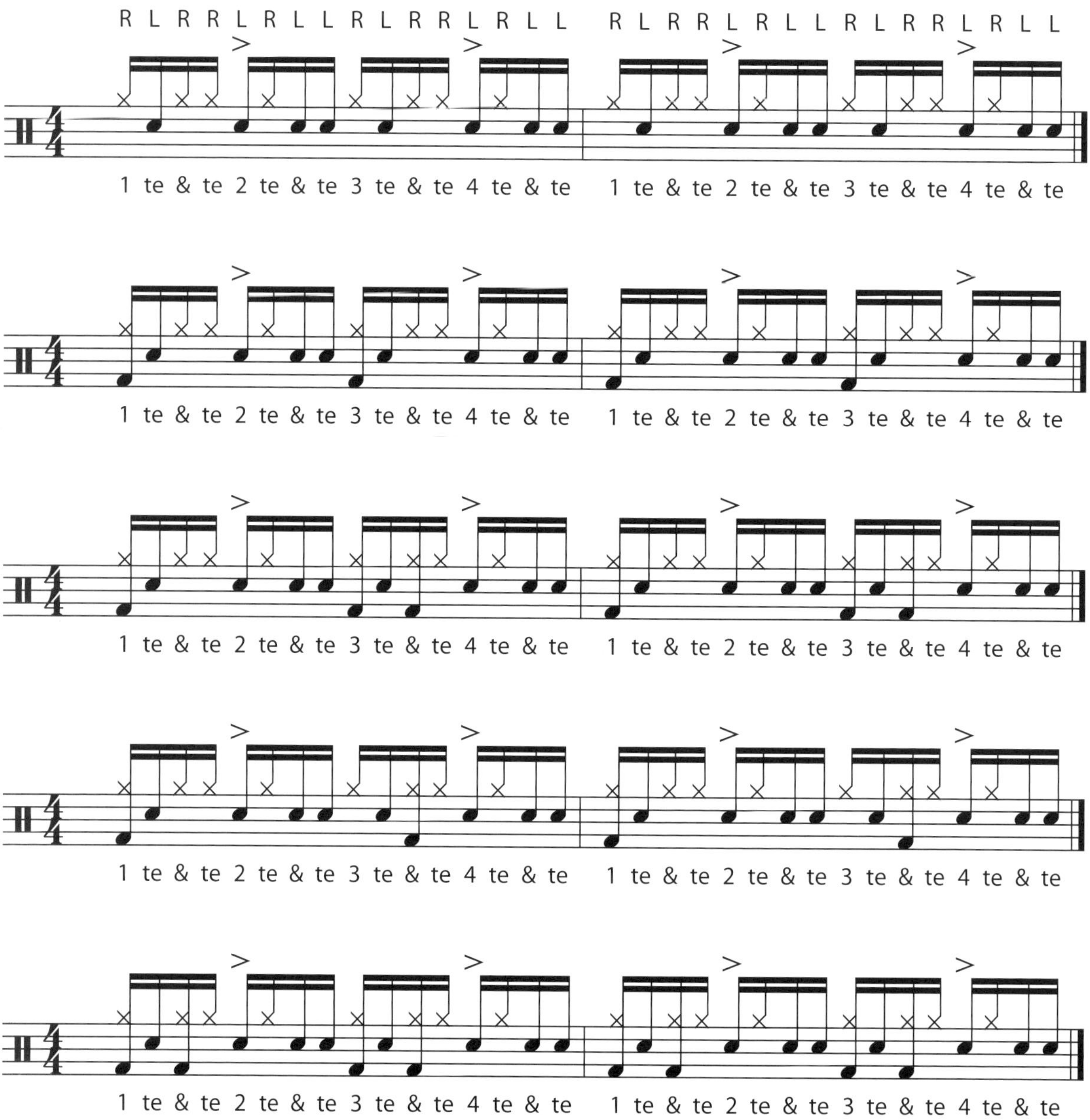

Snare-Übungen im Sechzehntel-Groove

Audio 071

Hier eine weitere Übung im Einsatz mit einem Groove:

RLLR RLLR RLLRRLLR

Diesen Handsatz spielst du mit der rechten Hand auf der Hi-Hat. Bei „zwei" und „vier" spielt die rechte Hand die Snare. Die linke Hand spielt leisere Noten auf der Snare. Damit spielst du praktisch schon sogenannte Ghost Notes, das sind leise zusätzliche Töne auf der Snare.

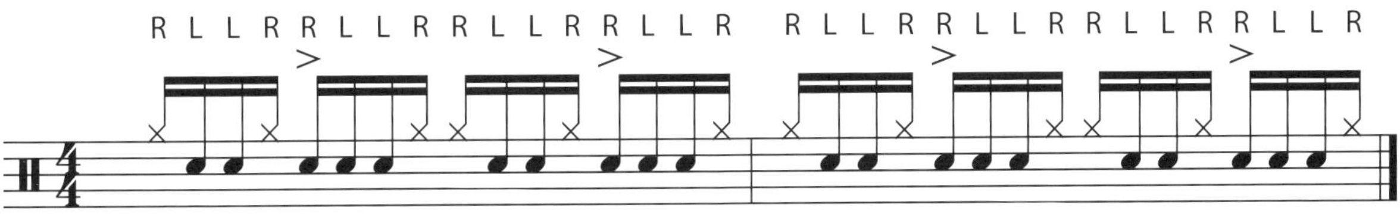

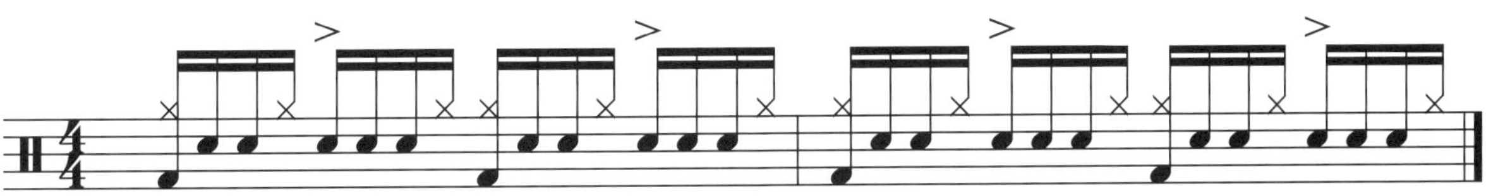

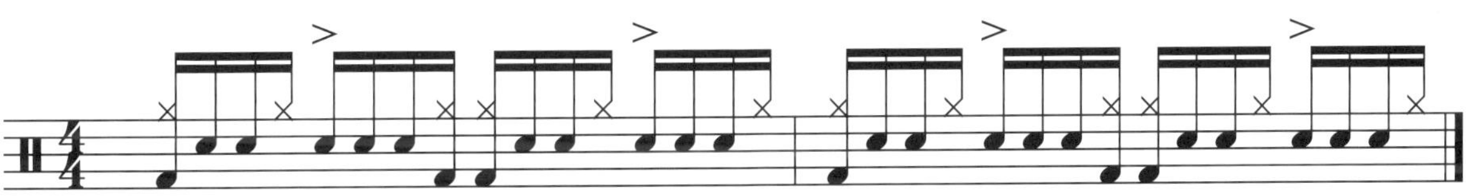

Tipp!

Vergiss deine Dehn- und Lockerungsübungen nicht!

Audio 072

44. Ghost Notes im Sechzehntel-Groove

In dieser Lektion lernst du tolle Grooves mit Ghost Notes kennen.
Ghost Notes sind leise gespielte Töne (hier auf der Snare), die den Groove unterstützen.
Die Notierung ist wie bei der Snare, aber die Note wird etwas kleiner dargestellt.
Diese Grooves solltest du sehr sorgfältig und mit viel Gefühl für Musik spielen.

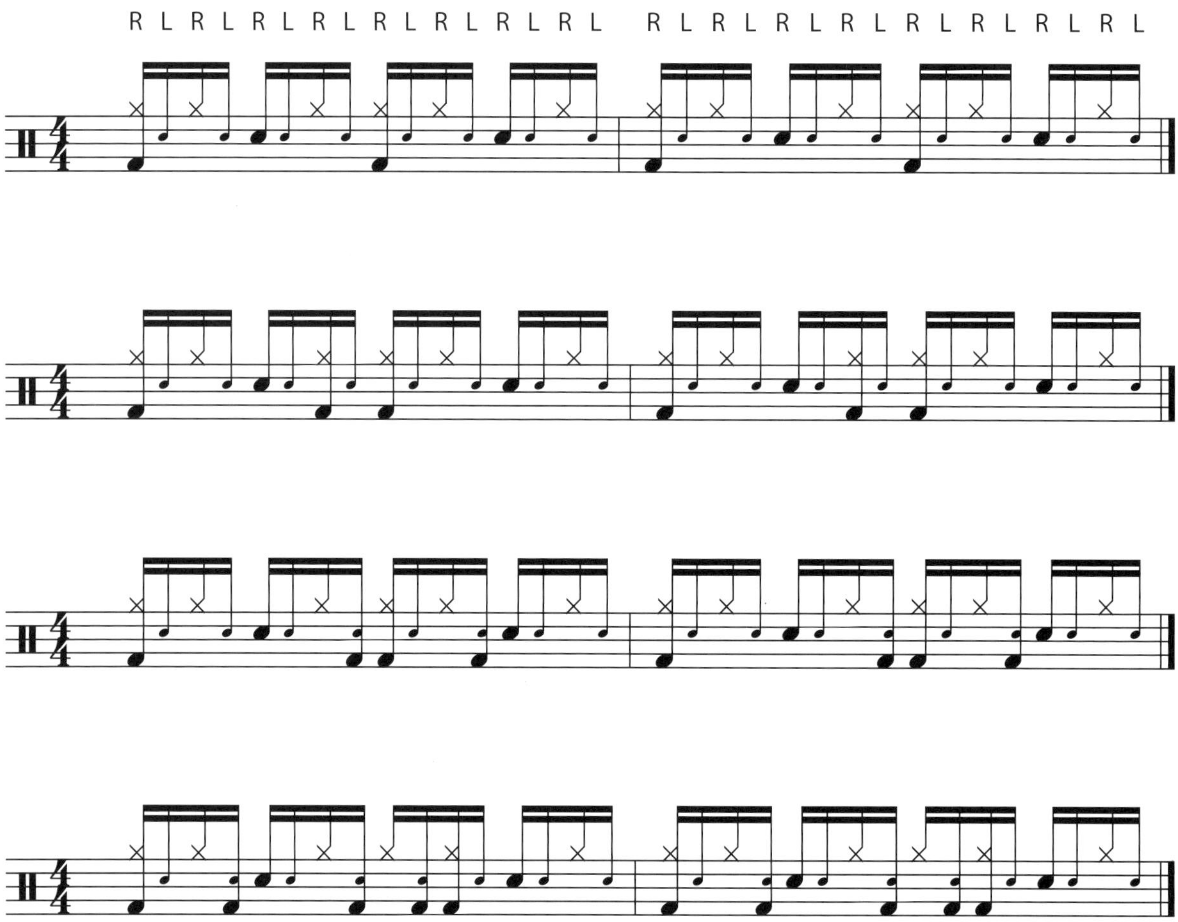

Werde kreativ ...

Deine Aufgabe ist, die folgenden Takte mit den erlernten Ghost-Note-Grooves zu füllen und Fill-Ins hinzuzufügen. Der Wechsel zwischen einem Groove und Fill-In ist wichtig. Du hast jede Menge Fill-Ins gelernt. Du kannst zwischen verschiedenen Notenwerten und Pausen wählen und die Fills auch auf unterschiedliche Trommeln verteilen.

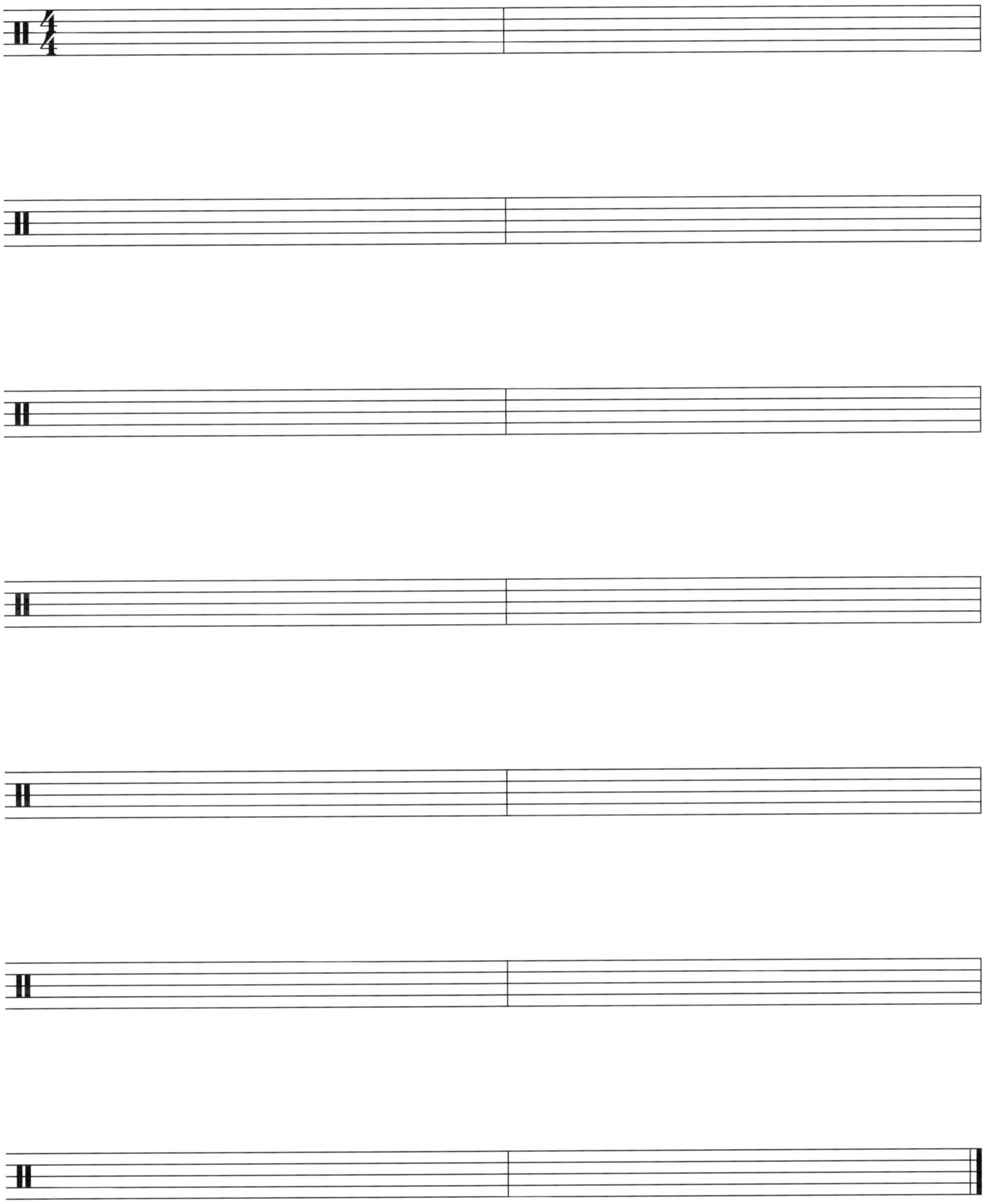

45. Improvisation

Improvisation bedeutet nichts anderes, als spontan kreativ zu sein. Wenn du deine Übungen immer sorgfältig und oft durchgespielt hast, werden sie dir immer wieder einfallen und du kannst direkt darauf zugreifen und tolle Grooves und Fill-Ins in dein Drumming einbauen.

In deiner Karriere als Drummer solltest du mit vielen unterschiedlichen Musikern zusammenspielen. Auch verschiedene Musikrichtungen sollten dich begleiten, denn das macht nachher dein abwechslungsreiches Drumming aus. Wenn man sich spontan mit Musikern trifft und eine Jam Session macht, ist es wichtig, dass man nicht nur Noten vom Blatt abspielen kann.

Eventuell ist Blues gefragt, oder spontan ein cooler Funk Groove. Hier sollte man keine Angst haben, einfach mit einzusteigen und das Erlernte einzubauen.

Wie erlernt man Improvisation?

Natürlich sollte man oft zu verschiedenen Songs spielen. Das kann deine Lieblingsband sein, sollte aber auch mal etwas ganz anderes sein. Viele Drummer bevorzugen am Anfang Rock. Aber in den meisten Fällen ändert sich das mit den Jahren. Das Interesse wird auch für andere Richtungen, wie Jazz, Blues oder auch Latin geweckt. Die meisten Musikrichtungen sind miteinander kombinierbar.

Die Übung ...

Spiele einfach zwei Takte eines Grooves. Danach füllst du zwei Takte mit deinen eigenen Ideen, egal, ob Fill-Ins auf den Toms, der Snare oder verschiedene Kombinationen. Das machst du immer im Wechsel:

2 Takte Groove – 2 Takte Fill-In – 2 Takte Groove – 2 Takte Fill-In usw.

Tipp!

Spiele zusammen mit deinem Metronom. So bekommst du ein gutes Gefühl für die Zeit, die dir für deine Ideen bleibt.

Improvisiere und notiere es danach

Jetzt ist alles gefragt, was du zuvor gelernt hast. Spiele einen Takt Groove und improvisiere danach. Spiele im zweiten Takt einfach, was dir gerade einfällt. Danach solltest du versuchen, es zu notieren. Eine gute Übung, denn manchmal hat man beim Üben gute Einfälle, die man dann notieren kann und nicht mehr vergisst.

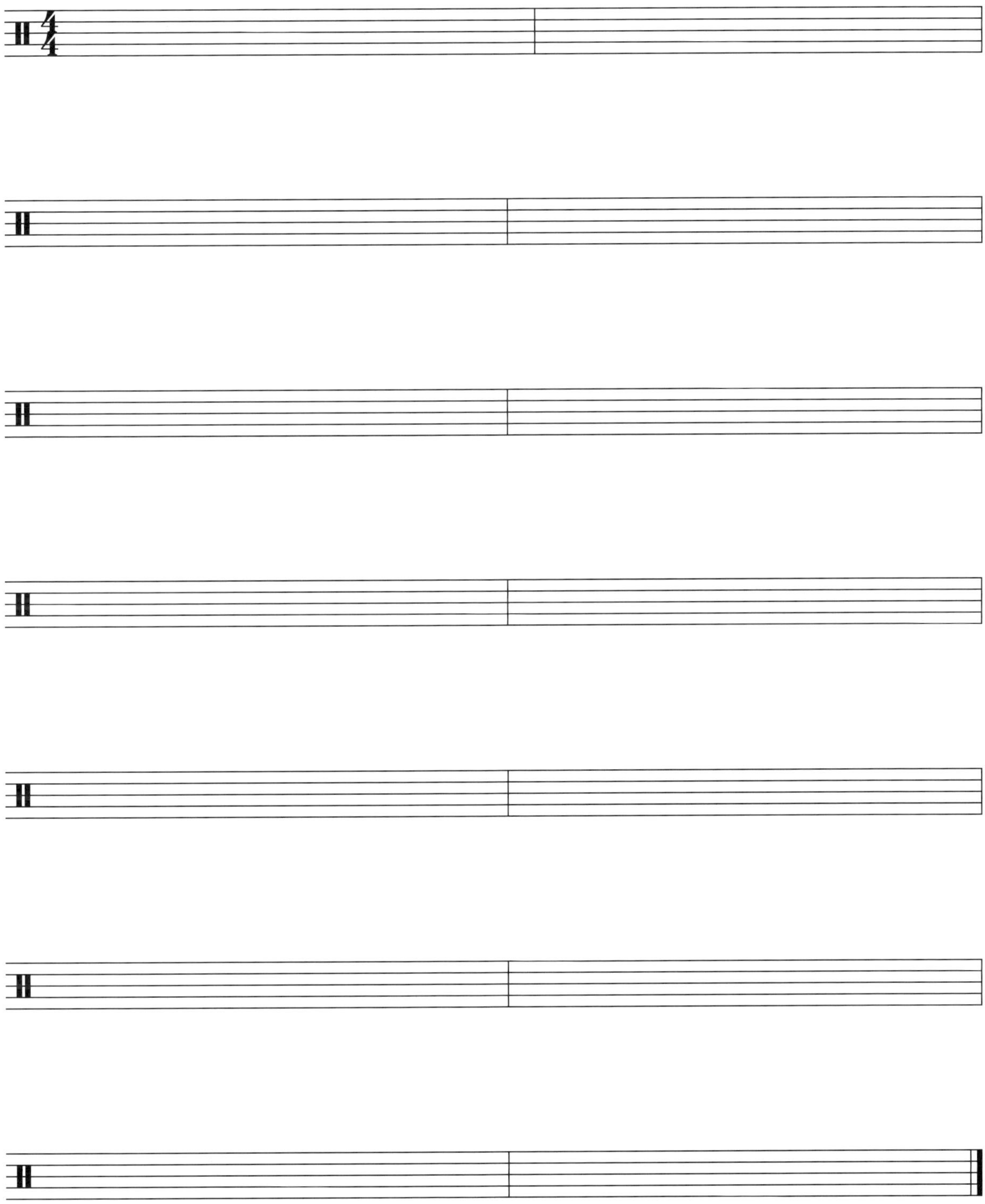

46. Half-Time-Shuffle-Groove

Audio 073

Den normalen Shuffle hast du bereits kennengelernt. Jetzt lernst du den Half-Time-Shuffle kennen. Er wird sehr gerne in der Rock- und Pop-Musik eingesetzt und man findet ihn in so manchem Hit wieder. Diese Spielweise musst du sehr sorgfältig üben, um ein gutes Feeling zu bekommen.

Übung 1 · rechte Hand spielt die Achteltriolen-Hi-Hat mit Pausen

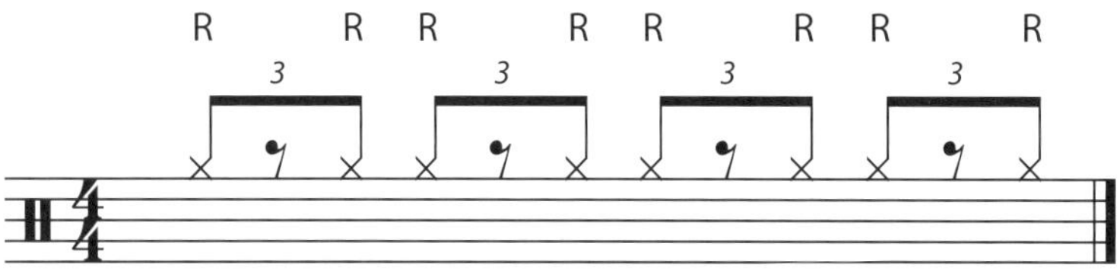

1 & te 2 & te 3 & te 4 & te

Übung 2 · linke Hand auf „drei“

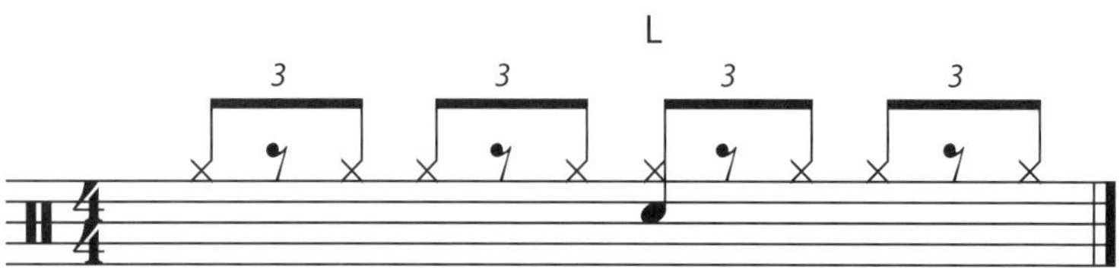

1 & te 2 & te 3 & te 4 & te

Übung 3 · Bassdrum - auf „eins“

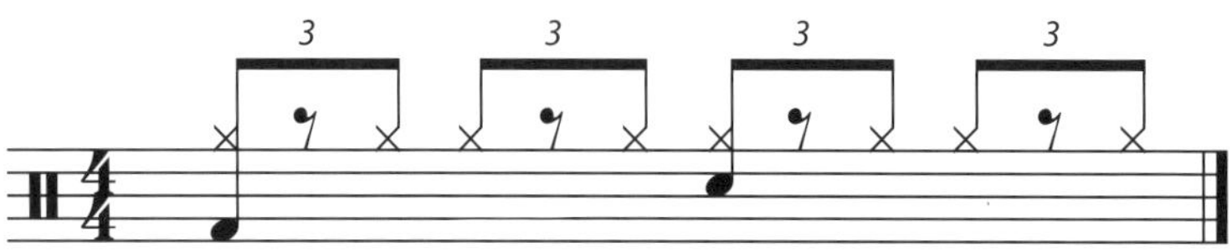

1 & te 2 & te 3 & te 4 & te

1	&	te	2	&	te	3	&	te	4	&	te
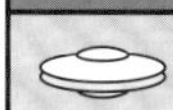		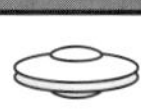	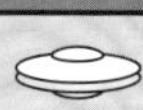		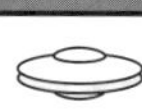	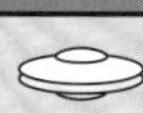		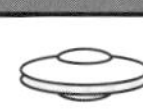	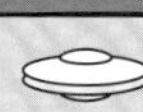		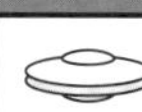
						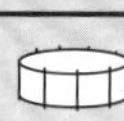					
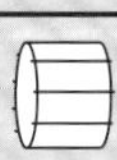											

Variationen · Bassdrum, Half-Time-Shuffle

Audio 074

Hier spielst du verschiedene Bassdrum-Noten im Half-Time-Shuffle.

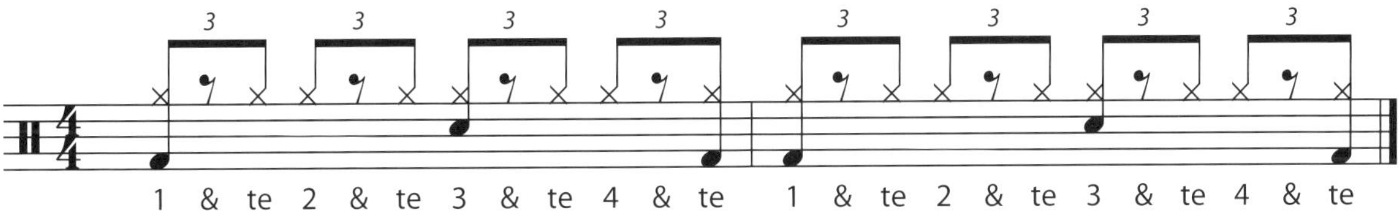

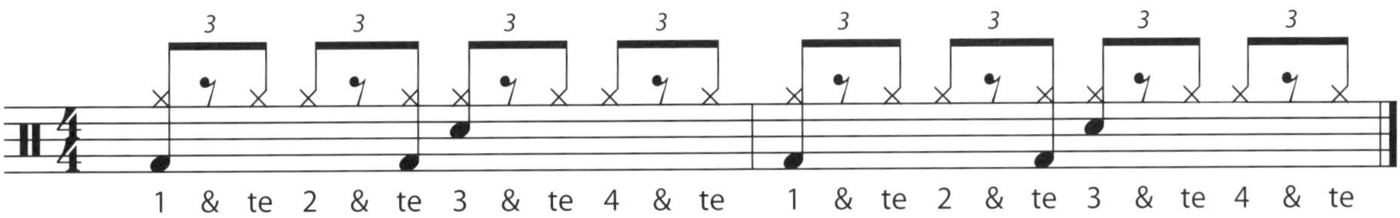

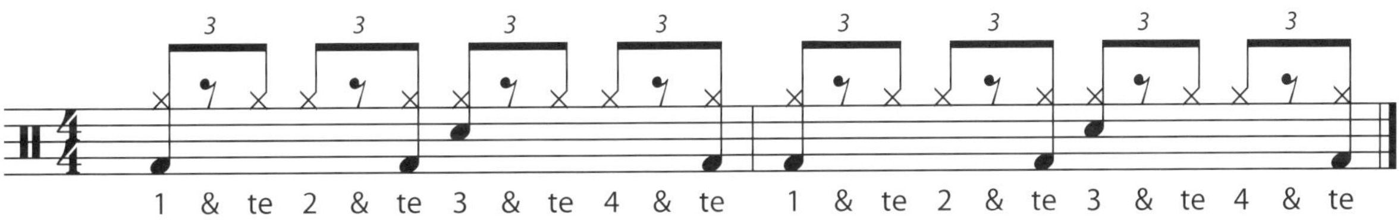

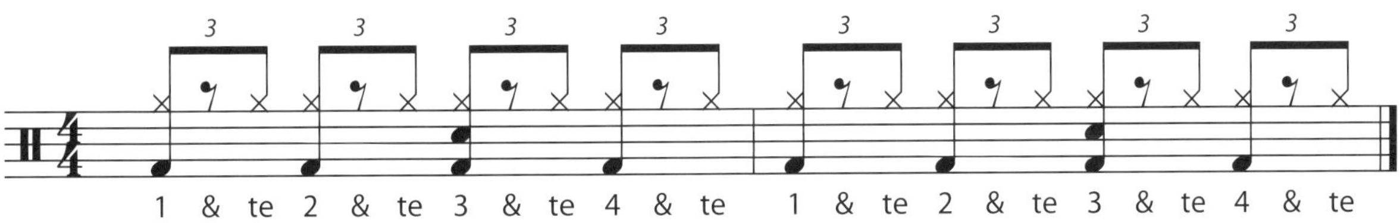

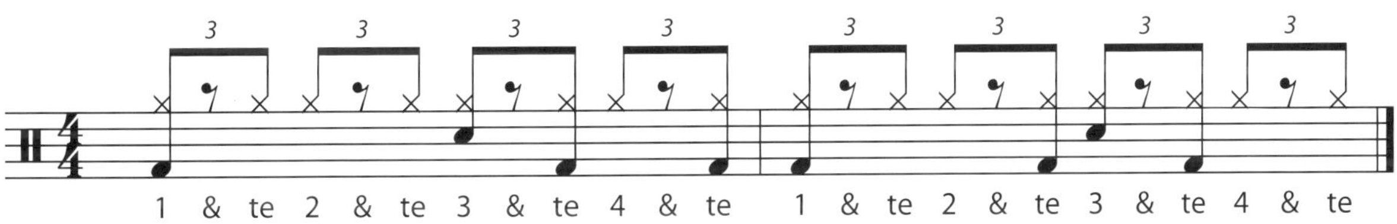

Variationen · Snare, Half-Time-Shuffle

Audio 075

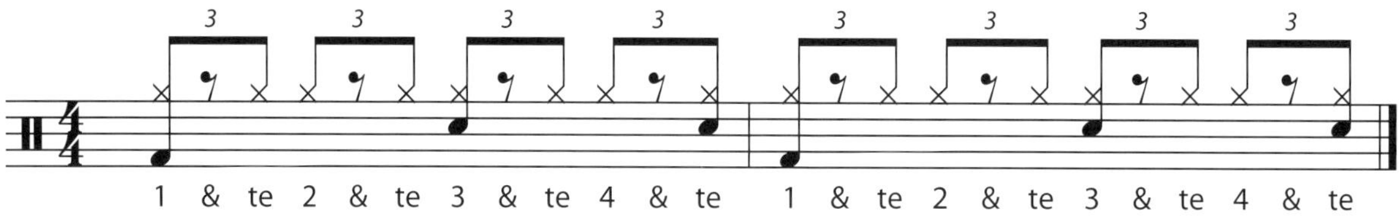

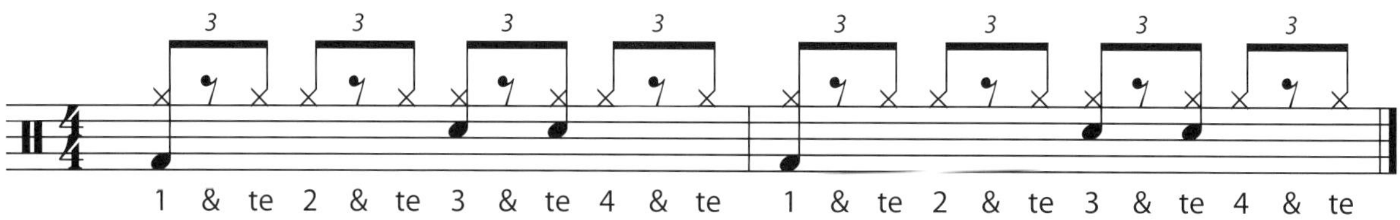

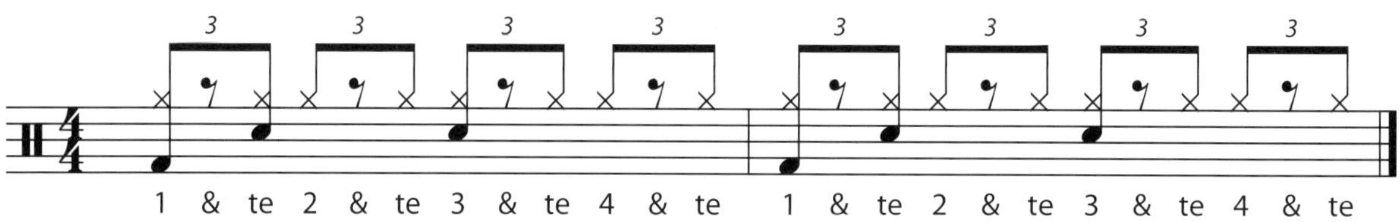

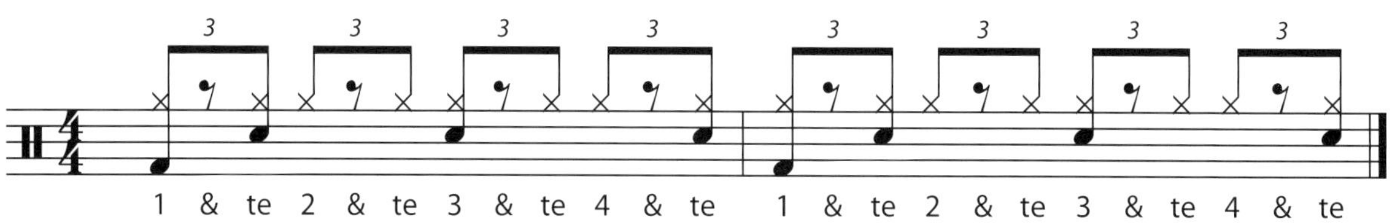

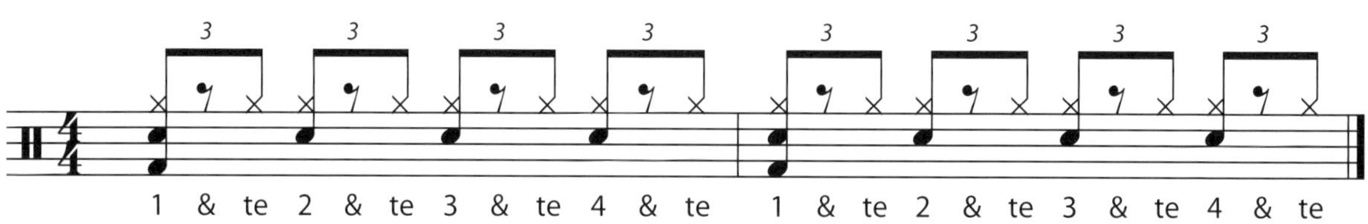

Variationen · Snare und Bassdrum, Half-Time-Shuffle

Audio 076

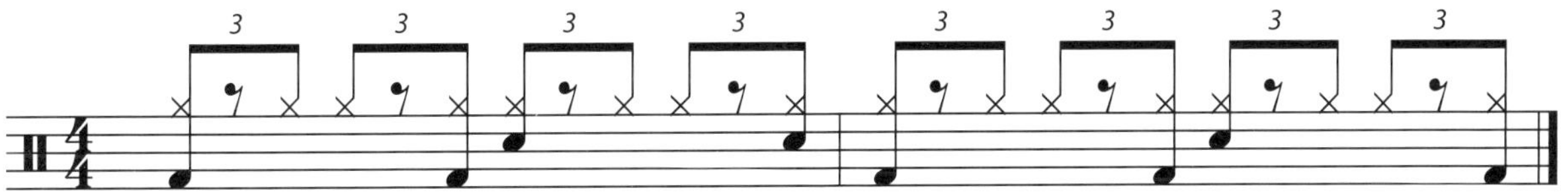

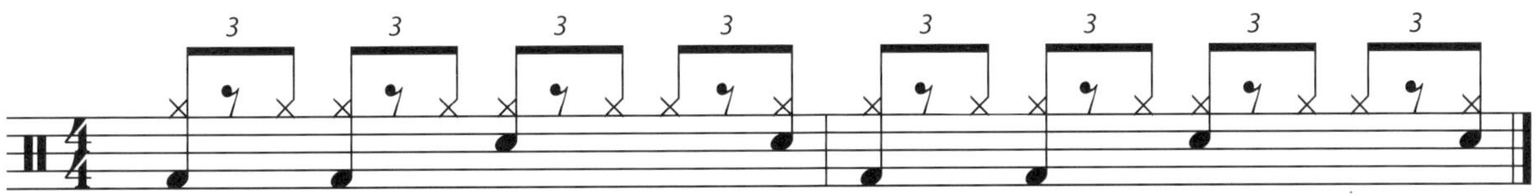

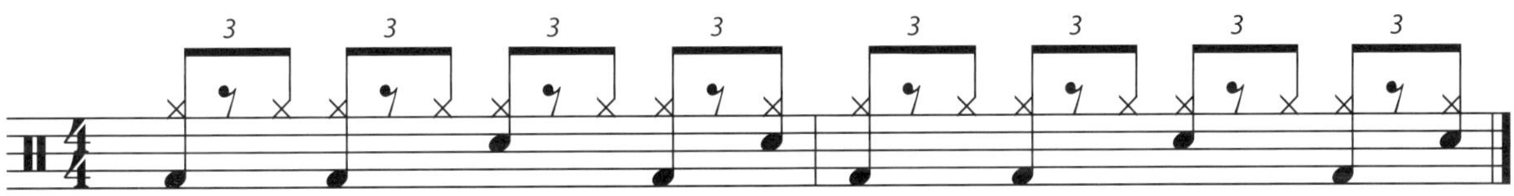

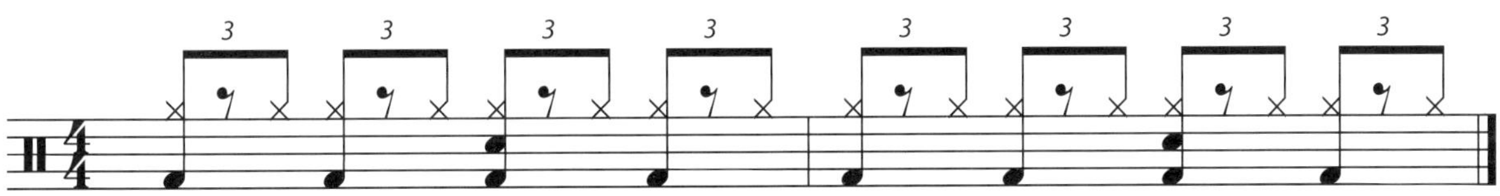

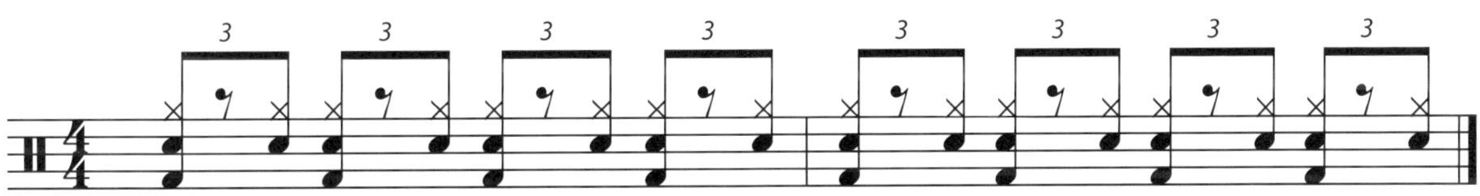

47. Ghost Notes • Half-Time-Shuffle

Audio 077

Der legendäre Shuffle. Jeder Drummer wollte damals diese Grooves spielen und auch heute möchten junge Drummer sie beherrschen. Wenn du diese Ghost Notes übst, wird es sicher am Anfang sehr technisch klingen. Die Kunst ist, diesen Groove zu verinnerlichen und ein tolles Spielgefühl in den Groove zu legen. Langsam gespielt klingt der Shuffle oft etwas ruckig, mit etwas Übung wird das später immer besser ...

Übung 1 • rechte Hand spielt die Hi-Hat, linke die Ghost Notes

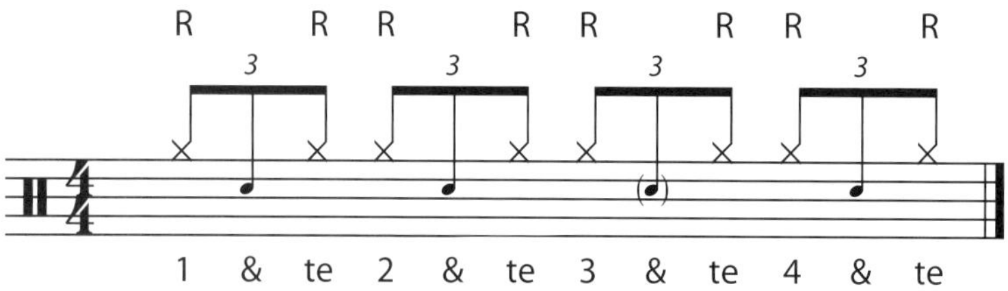

Übung 2 • Betonung Snare, linke Hand auf „drei"

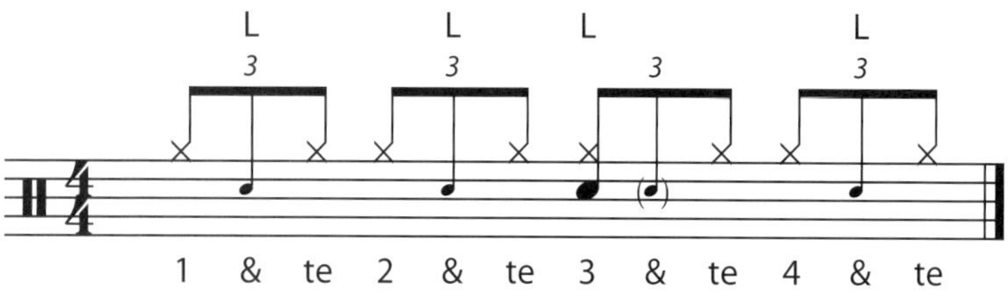

Übung 3 • Bassdrum auf „eins"

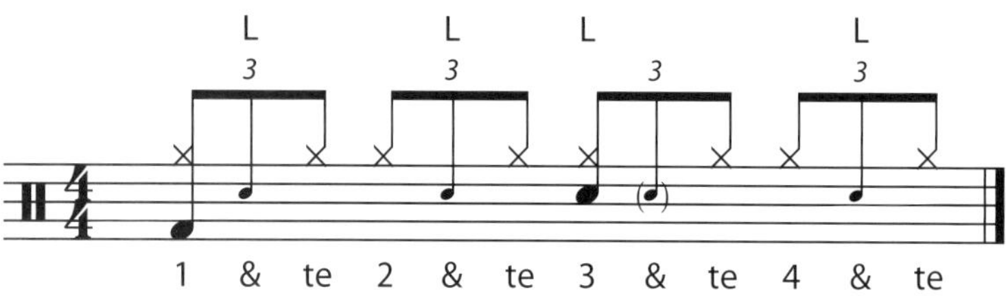

Beachte: Die Ghost Note auf der 3& wird meistens nicht gespielt.

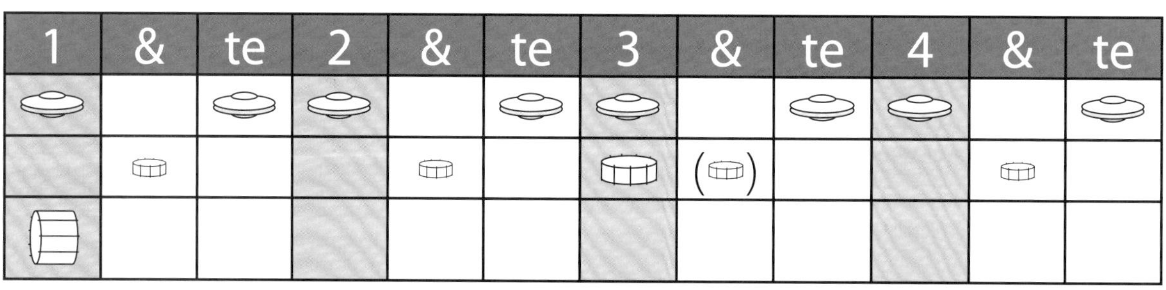

Bassdrum-Variationen · Half-Time-Shuffle und Ghost Notes

Audio 078

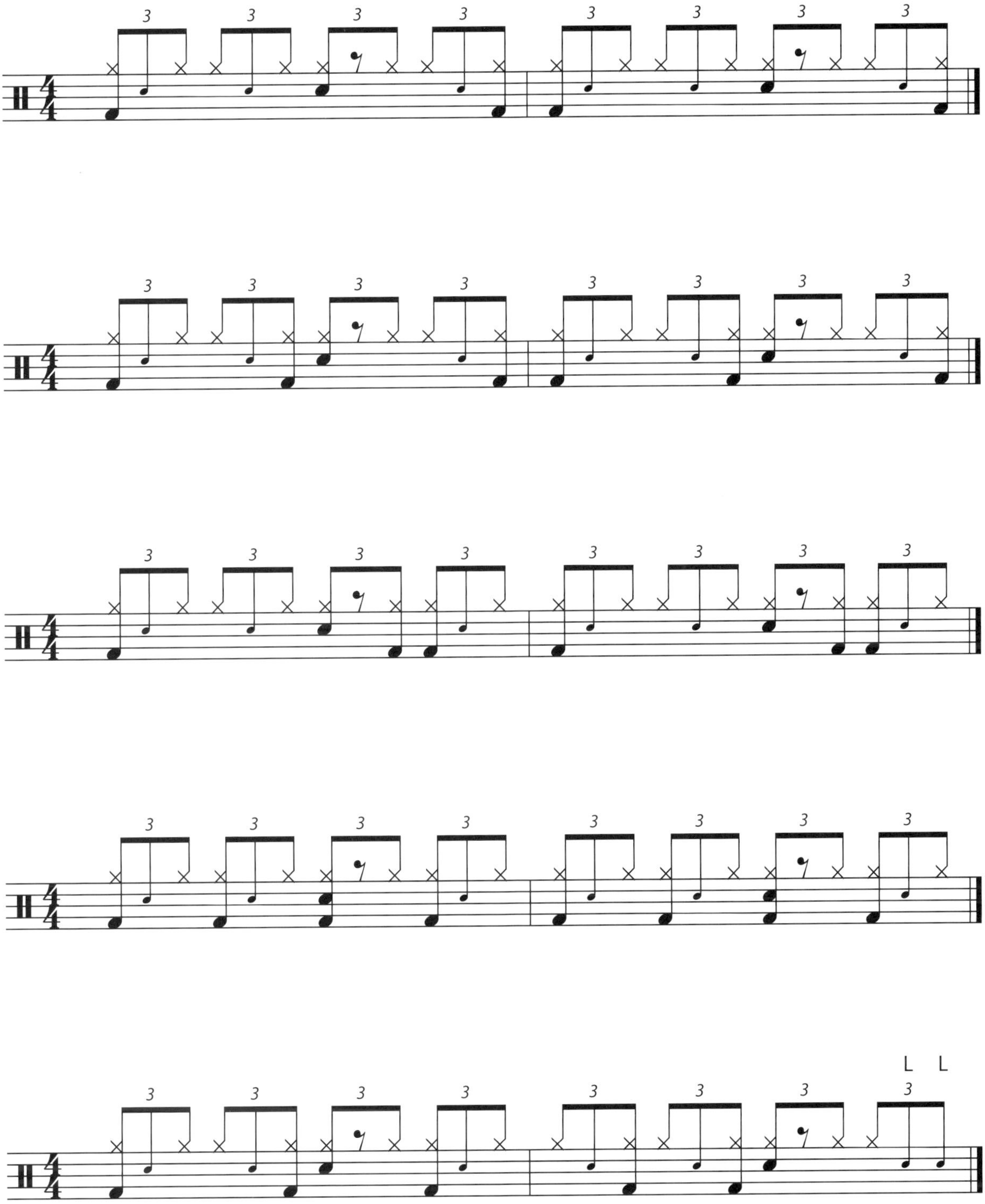

E-Drum-Workshop Nr. 12

Effekte • Equalizer (EQ)

In den vorherigen Workshops hast du schon einiges über verschiedene Soundeinstellungen erfahren. Tuning, Decay, Muffling und andere sind tolle Funktionen. Ein gutes Soundmodul kann aber noch viel mehr. Man kann seine Effekte noch verändern und mit dem integrierten EQ seinen Sound an die Umstände anpassen. Ein gutes Rock-Kit hat meistens mehr Effekt als zum Beispiel ein Jazz-Kit. Aber die Effekte geben dir auch die Möglichkeit, den Sound bei verschiedenen Auftritten anzupassen. Falls du einen Auftritt in einer Halle hast, brauchst du weniger Effekt als zum Beispiel in einem kleinen Club. Die natürlichen Hallanteile sind in jeder Location anders.

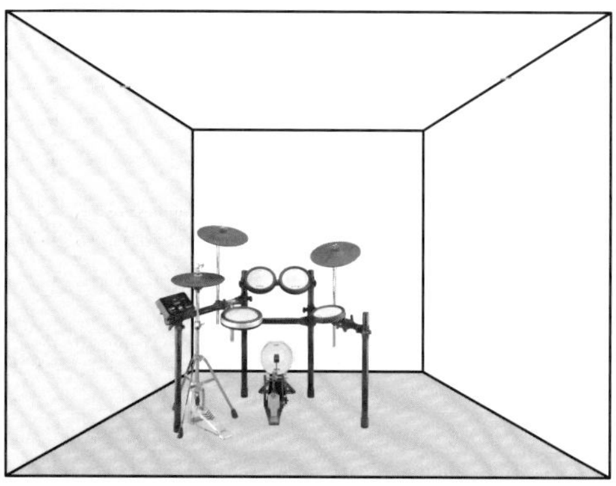

Kleiner Raum, das Drum-Kit kann mehr Effekte vertragen.

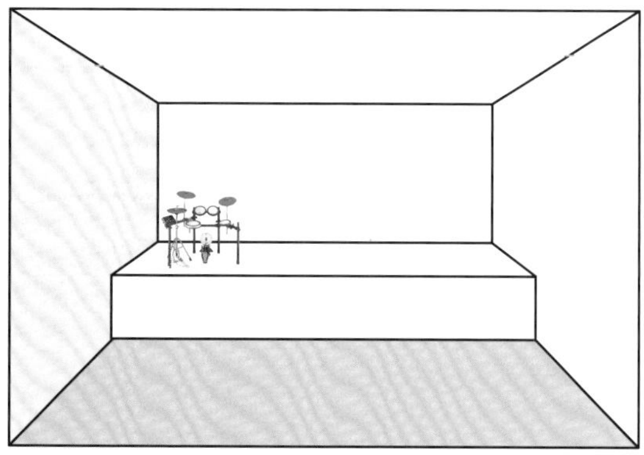

Großer Raum oder Halle, das Drum-Kit kommt wahrscheinlich ohne Effekte aus.

Effektprozessor

Die Effekte werden im Modul vom integrierten Effektprozessor erzeugt. Je nach Größe des Soundmoduls stehen dir mehr oder weniger Effekte zur Verfügung. Es gibt aber auch Module, bei denen man die Effekte nicht verändern kann.

Chorus

Chorus-Effekte ändern die Räumlichkeit der Sounds, auf die sie angewendet werden. Man findet diese Effekte in sehr vielen Geräten und auch in einer DAW, die wir schon kennengelernt haben, gibt es Chorus-Effekte.

Reverb / Hall

Die Reverb-Effekte (Hall) verleihen den Sounds einen warmen Charakter, indem sie die komplexen Reflektionen einer realen Umgebung wie z. B. eines Konzertsaals oder eines kleinen Musikclubs simulieren. Hall ist der am häufigsten verwendete Effekt.

Variation

Hier gibt es viele unterschiedliche Effekte, wie Flanger oder Distortion (Verzerrer), wie man es bei Gitarreneffekten findet, aber auch Delays, Tremolos, Wahs und noch viele andere. Wenn man diese auf einen Drumsound legt, ergeben sich wieder ganz andere Sounds.

Effekt Signalfluss

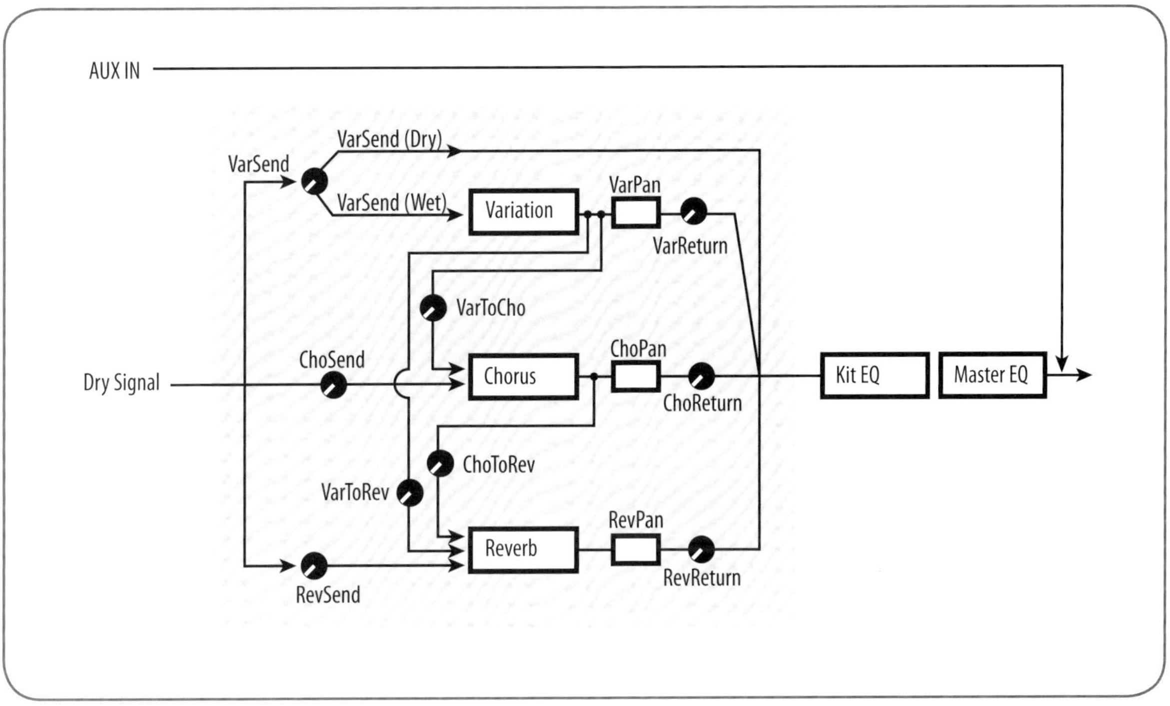

Diese Zeichnung zeigt als Beispiel den Signalfluss eines Yamaha DTX700 Moduls. Man sieht, dass das Drum-Signal (Dry Signal) durch den Effektprozessor geht, dann durch den Kit-EQ (Equalizer) und zum Schluss durch den Master-EQ.

Der EQ (Equalizer)

Wenn man nur mit seinem E-Drum zuhause übt, ist der EQ vielleicht nicht ganz so wichtig. Interessant wird der Equalizer, wenn man mit seinem Drum-Kit auch auf verschiedenen Bühnen spielt. Jeder Raum hat akustische Besonderheiten. Manchmal braucht man weniger Bass im Drumsound oder die Höhen sollen etwas mehr durchkommen. Dabei hilft dir ein guter EQ. Die meisten E-Drum-Soundmodule verfügen über einen Dreiband-EQ. Hier kann man die Höhen, Mitten und Bässe getrennt einstellen. In vielen Geräten ist der EQ als Master-EQ angelegt, das heißt, es gibt für das gesamte Gerät nur einen EQ. Bei professionelleren Modulen gibt es auch noch weitere EQs, z. B. für einzelne Drum-Kits oder sogar Triggerzonen eines Pads.

48. Ride-Becken • Kuppel und Bogen

Jetzt erweitern wir dein Spiel auf dem Ride-Becken (Pad). Die folgende Übung kannst du nur umsetzen, wenn dein Modul ein Mehrzonen-Pad für das Ride-Becken besitzt. Das müssen keine drei Zonen sein, aber zwei, Kuppel und Bogen, sollte es haben. Diese Übung soll dir den Wechsel zwischen Kuppel und Bogen nahebringen. Das ist ein ganz toller Effekt im Groove. Zunächst üben wir den Achtel-Groove. Die Achtel auf dem Ride wechseln zwischen Kuppel und Bogen.

1 = Kuppel (englisch „cup")
2 = Bogen (englisch „bow")

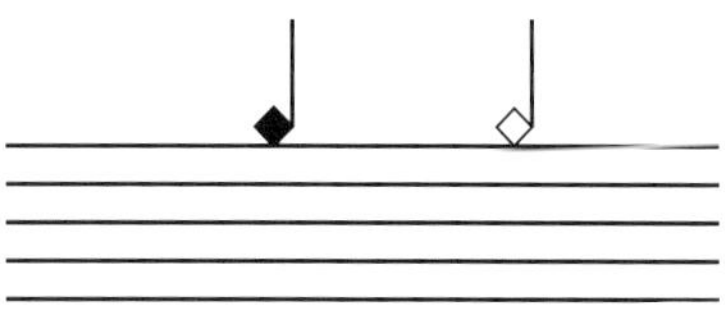

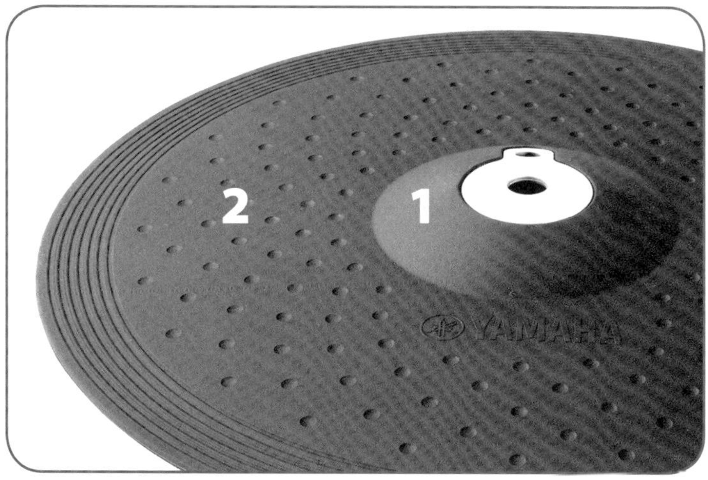

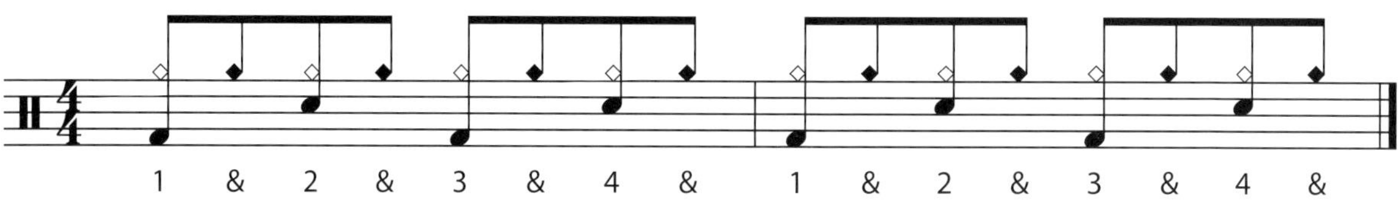

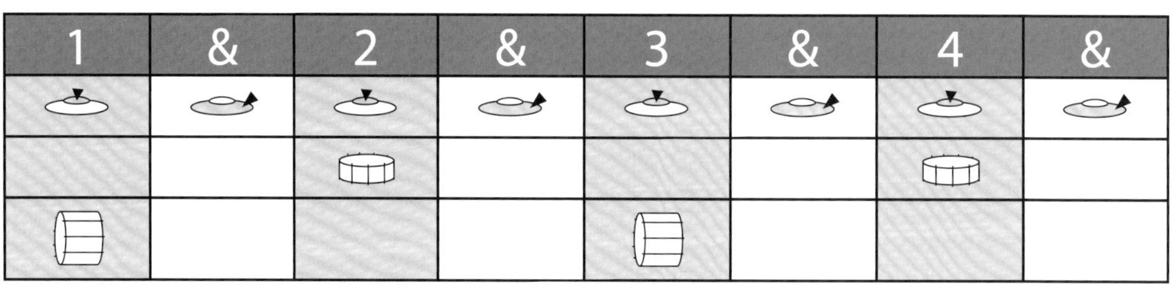

Hinweis: Dieses Schema muss für die Übung zweimal gespielt werden.

Variationen · Achtel-Grooves, Kuppel und Bogen

Diese Achtel-Grooves hast du alle schon einmal gespielt.
Allerdings wechselst du jetzt zwischen Kuppel und Bogen des Ride-Beckens.

Audio 079

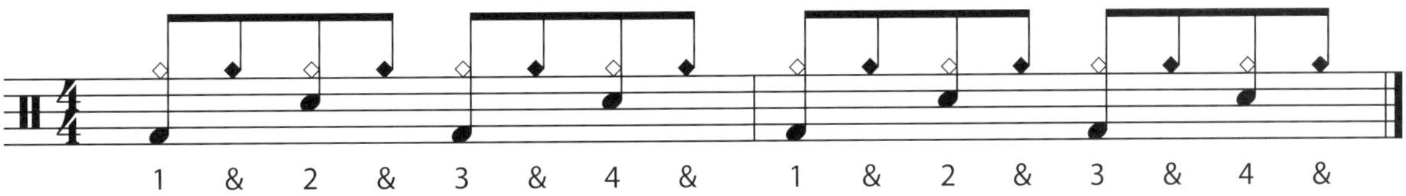

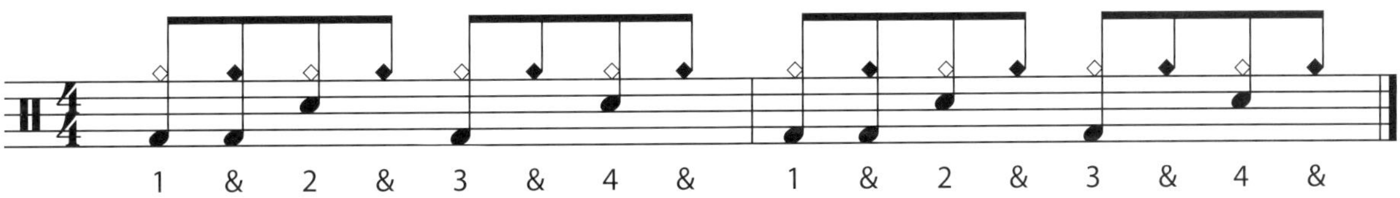

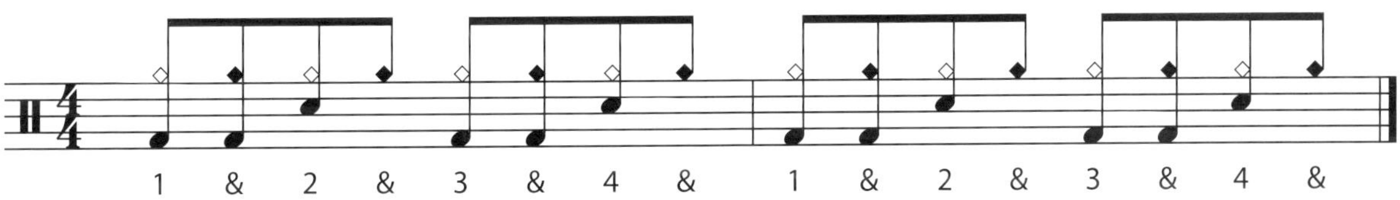

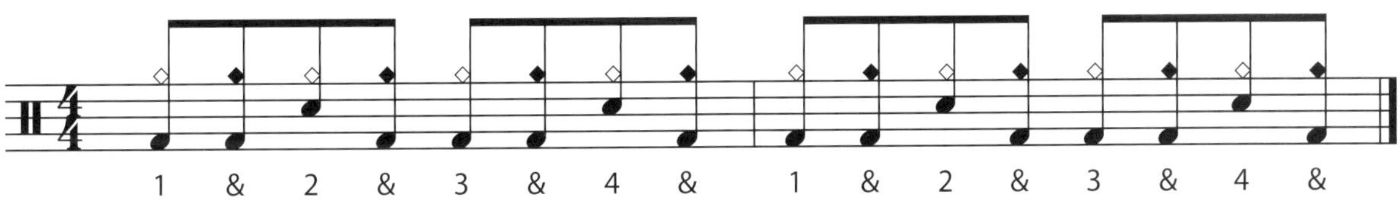

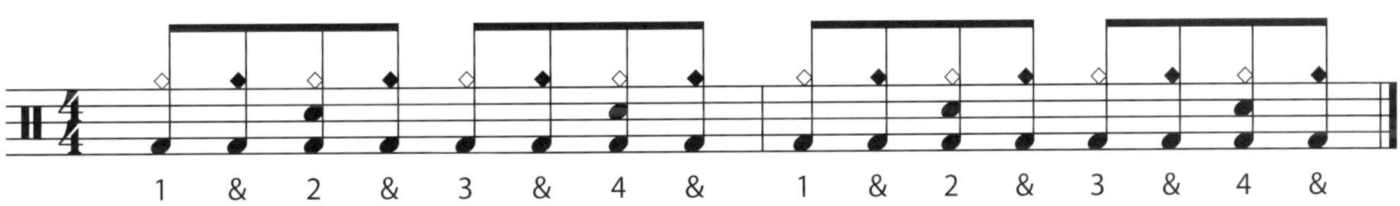

Audio 080

Variationen · Sechzehntel-Grooves, Kuppel und Bogen

Jetzt werden die Sechzehntelnoten auf dem Ride gespielt. Allerdings wechselt die rechte Hand nicht immer gleichmäßig zwischen Kuppel und Bogen; es gibt verschiedene Betonungen durch die Kuppel.

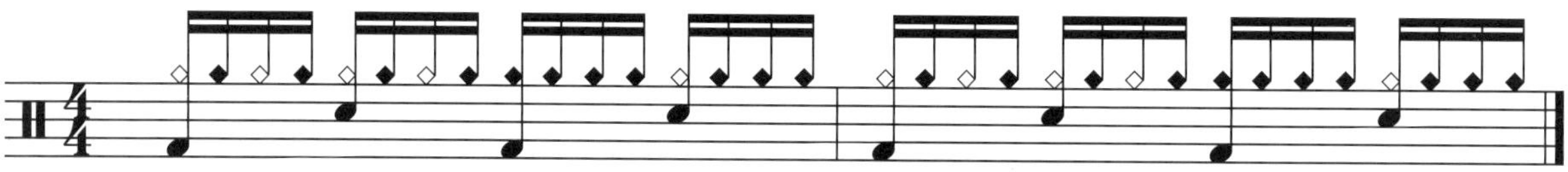

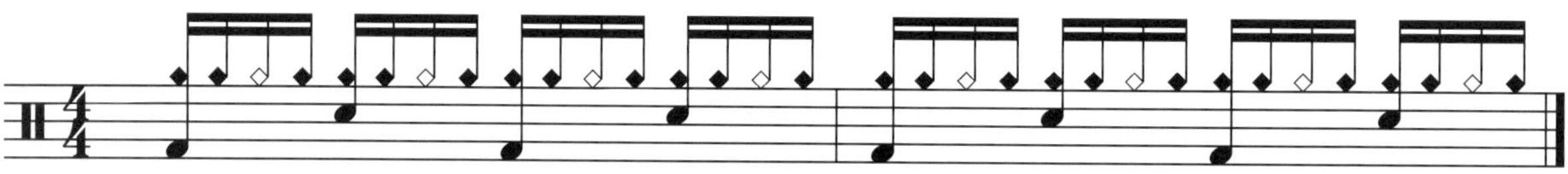

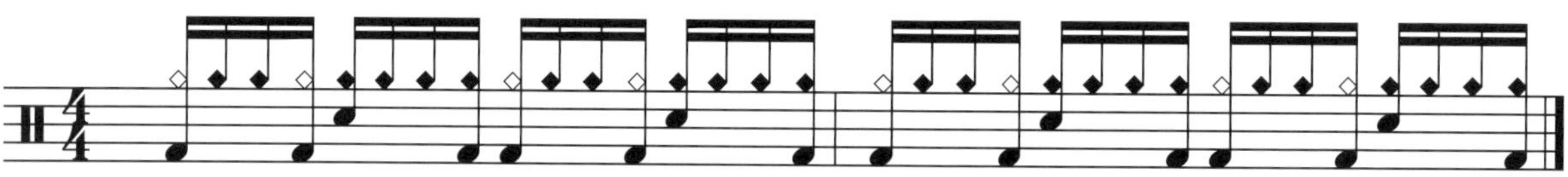

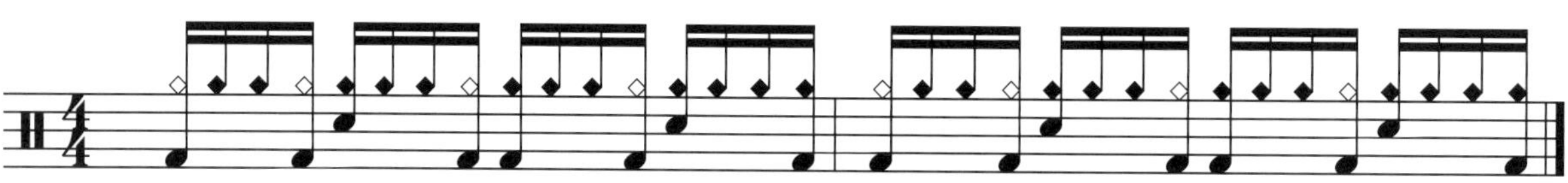

Tipp!

Vergiss deine Lockerungs- und Dehnübungen nicht.

49. Der Becken-Choke

Am Anfang des Buches wurde der Becken-Choke kurz beschrieben. Jetzt wollen wir ihn noch einmal anwenden und üben. Leider hat nicht jedes E-Drum-Kit diese Funktion.
Wenn du ein richtiges Akustik-Becken anschlägst, klingt es noch lange nach. Dieses Nachklingen kann man durch Anfassen (Dämpfen) des Beckens abstoppen. Einige Soundmodule und Pads können das ebenfalls. Die Pads besitzen Sensoren, die deine Berührung registrieren und den Sound stoppen. Versuche diesen Effekt zuerst ohne Groove zu erzielen. Schlage das Crash-Pad an und stoppe es sofort wieder ab. Oft wird das Becken auch zusammen mit der Bassdrum gespielt.

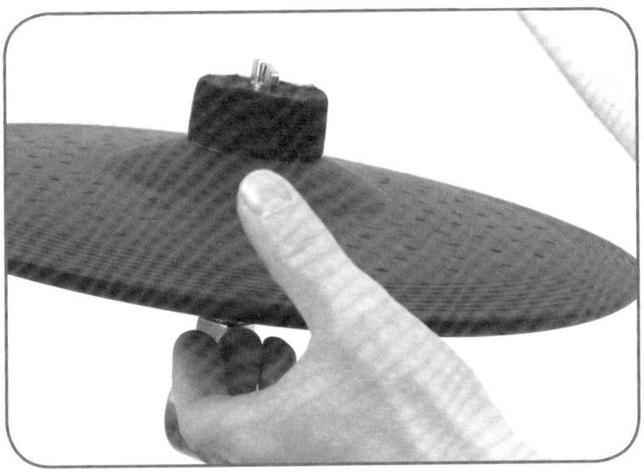

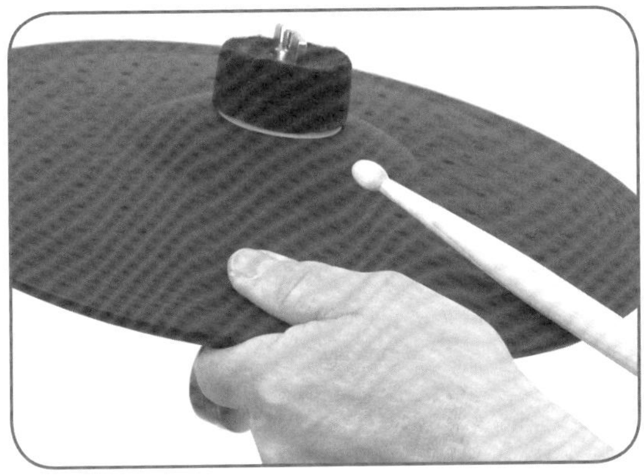

Audio 081

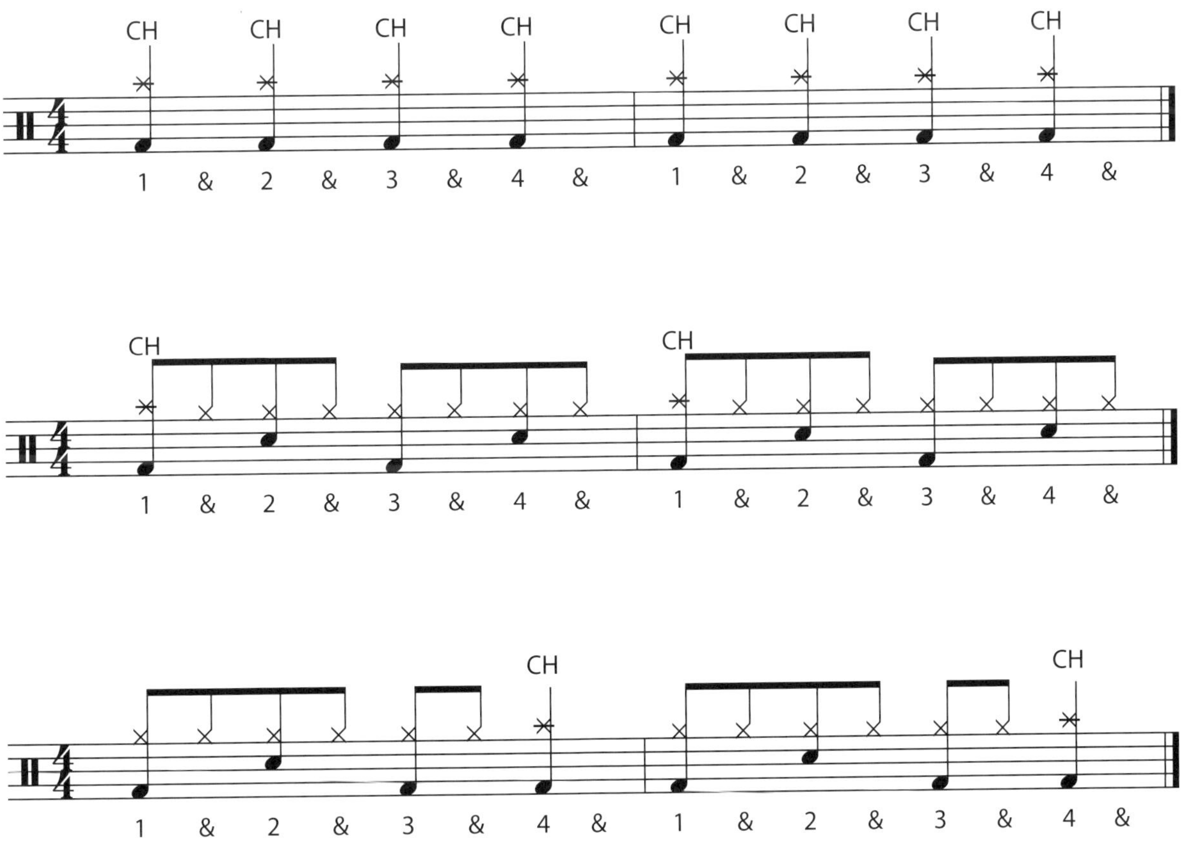

E-Drum-Workshop Nr. 13

User-Kit • Erweiterung

Durch die Workshops hast du gelernt die Sounds zu verändern und zu bearbeiten. Die vorprogrammierten Drum-Kits in deinem Modul nennt man Preset-Kits und dein Soundmodul hat normalerweise auch User-Kits (Benutzer-Kits). Hier kannst du alle deine Einstellungen speichern.

User-Kit

Du hast bei einem User-Kit auch die Möglichkeit deinen Pads verschiedene Sounds zuzuordnen. Lege einfach mal eine Kuhglocke (Cowbell) auf ein Pad und spiele einen Rock-Groove mit der Glocke.

Klasse ist, dass wir mit unserem E-Drum alle verschiedenen Musikrichtungen spielen können. Das wird dir auch bei den folgenden Playalongs, die wir für dich zusammengestellt haben, helfen. Du solltest dir für jede Musikrichtung das richtige Kit aussuchen oder selber zusammenstellen.

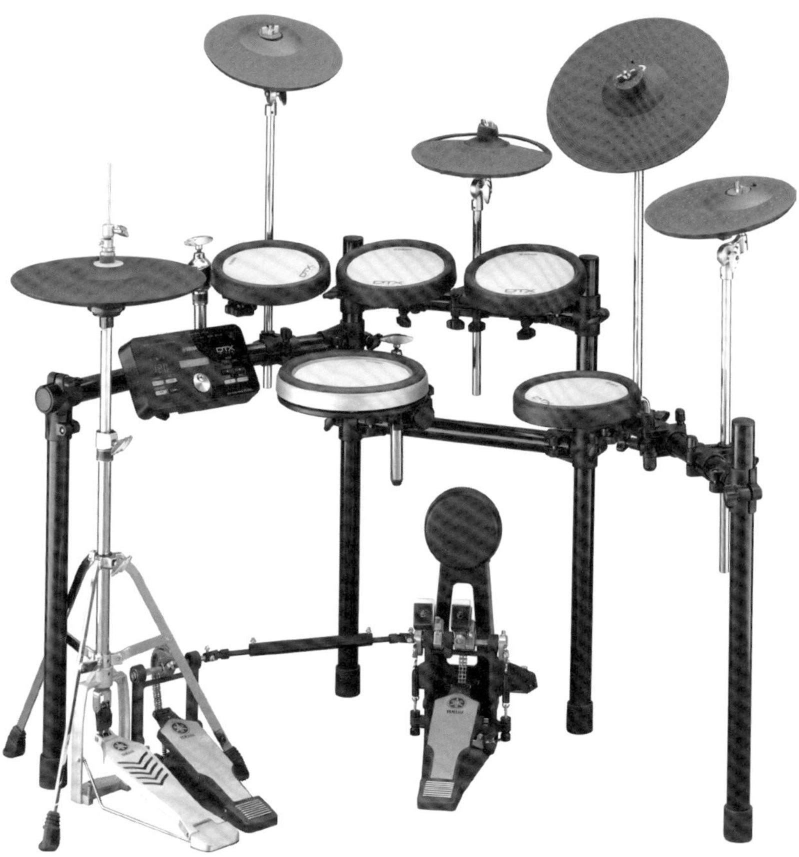

Erweiterung des Drum-Kits

Bei größeren Modulen hat man noch einige Eingänge für Pads oder Trigger frei. Dann kann man noch zusätzliche Tom-Pads oder Becken-Pads anschließen.

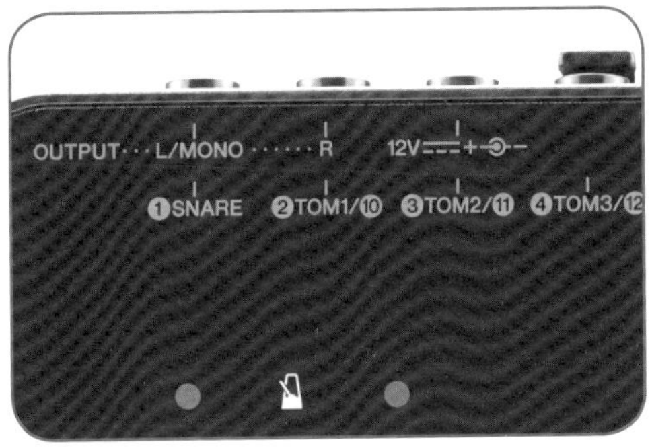

In diesem Buch habe ich hauptsächlich mit einem Yamaha DTX562K gearbeitet. Wenn man die Eingänge betrachtet, sind alle belegt. Trotzdem kann man das Drum-Kit erweitern. Im Kick-Pad ist noch ein weiterer Pad-Eingang, an dem man ganz einfach ein Pad oder Trigger anschließen kann.

Aber auch die drei Tom-Eingänge geben mir eine weitere Möglichkeit. Mit einem Insert-Kabel (Stereoklinke auf Mono) kann man dort zwei Pads an einem Kanal anschließen. Das Stereo-Signal wird auf zwei Monoklinkenstecker aufgeteilt.

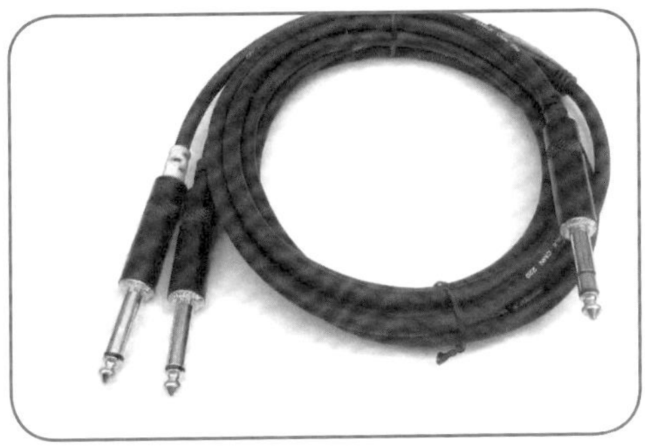

Also kann man sich auch mit einem kleinen Modul ein tolles großes Drum-Kit zusammenstellen.

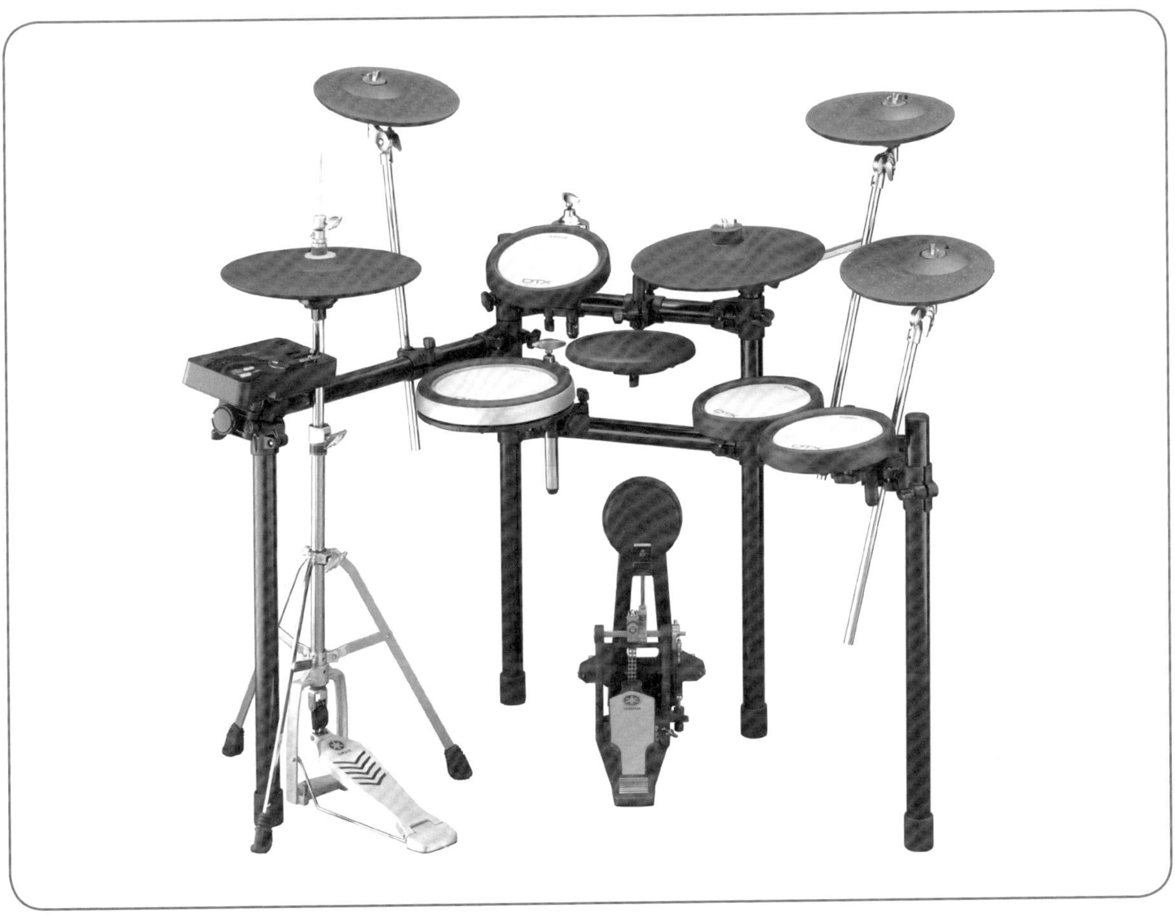

Die Playalongs

Du findest von jedem Playalong drei Versionen als Audiotracks: Eine Version mit Drums, zusätzlich eine Version ohne Drums und eine Version ohne Drums aber mit Metronom. Also hast du alle Möglichkeiten, dein Drumming zu üben. Notiere deine Lieblings-Grooves und -Fill-Ins in die leeren Notensysteme.

Tipp: Verwende einen Bleistift, so kannst du deine Noten jederzeit ändern oder ergänzen.

Playalong 1: Rock

Tempo: 128 bpm

mit Drums

Audio 082

ohne Drums

Audio 083

ohne Drums, mit Metronom

Audio 084

Playalong 2: Funk

Tempo: 116 bpm

mit Drums

Audio 085

ohne Drums

Audio 086

ohne Drums,
mit Metronom

Audio 087

Playalong 3: Pop

Tempo: 108 bpm

mit Drums

Audio 088

ohne Drums

Audio 089

ohne Drums, mit Metronom

Audio 090

Playalong 4: HipHop

Tempo: 86 bpm

mit Drums

Audio 091

ohne Drums

Audio 092

ohne Drums, mit Metronom

Audio 093

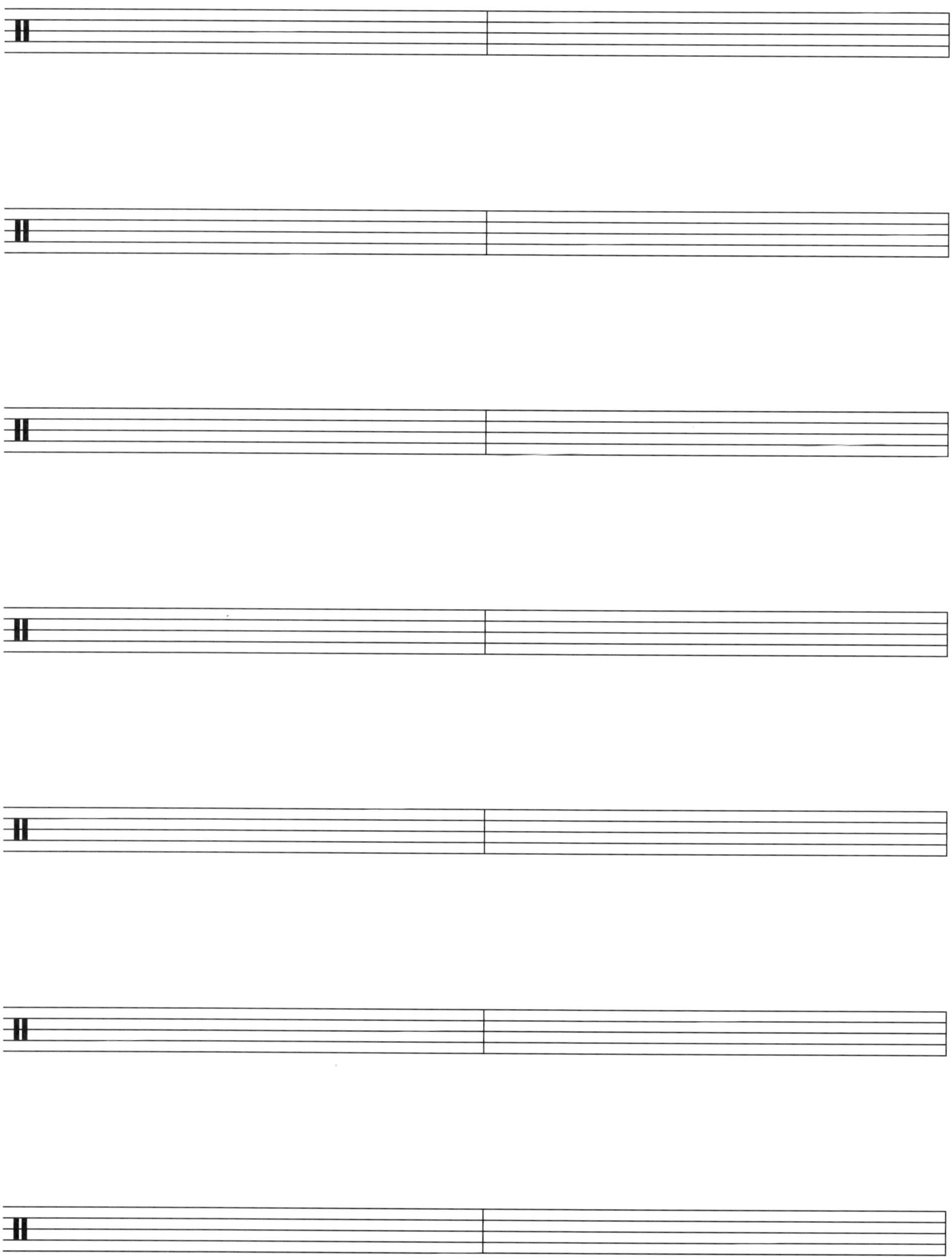

Playalong 5: Punk Rock

Tempo: 130 bpm

mit Drums

Audio 094

ohne Drums

Audio 095

ohne Drums, mit Metronom

Audio 096

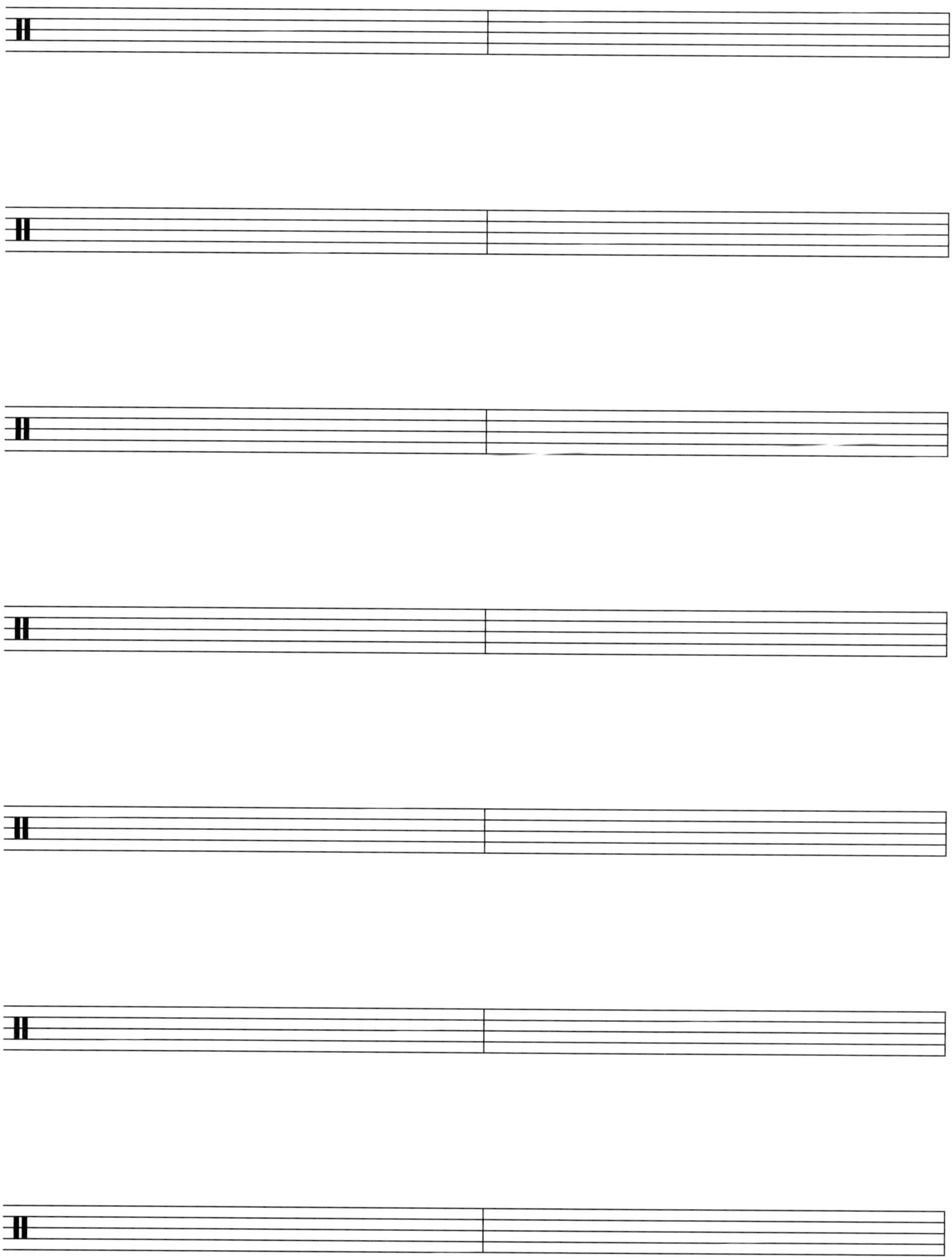

Playalong 6: Slow Blues

Tempo: 70 bpm

mit Drums

Audio 097

ohne Drums

Audio 098

ohne Drums, mit Metronom

Audio 099

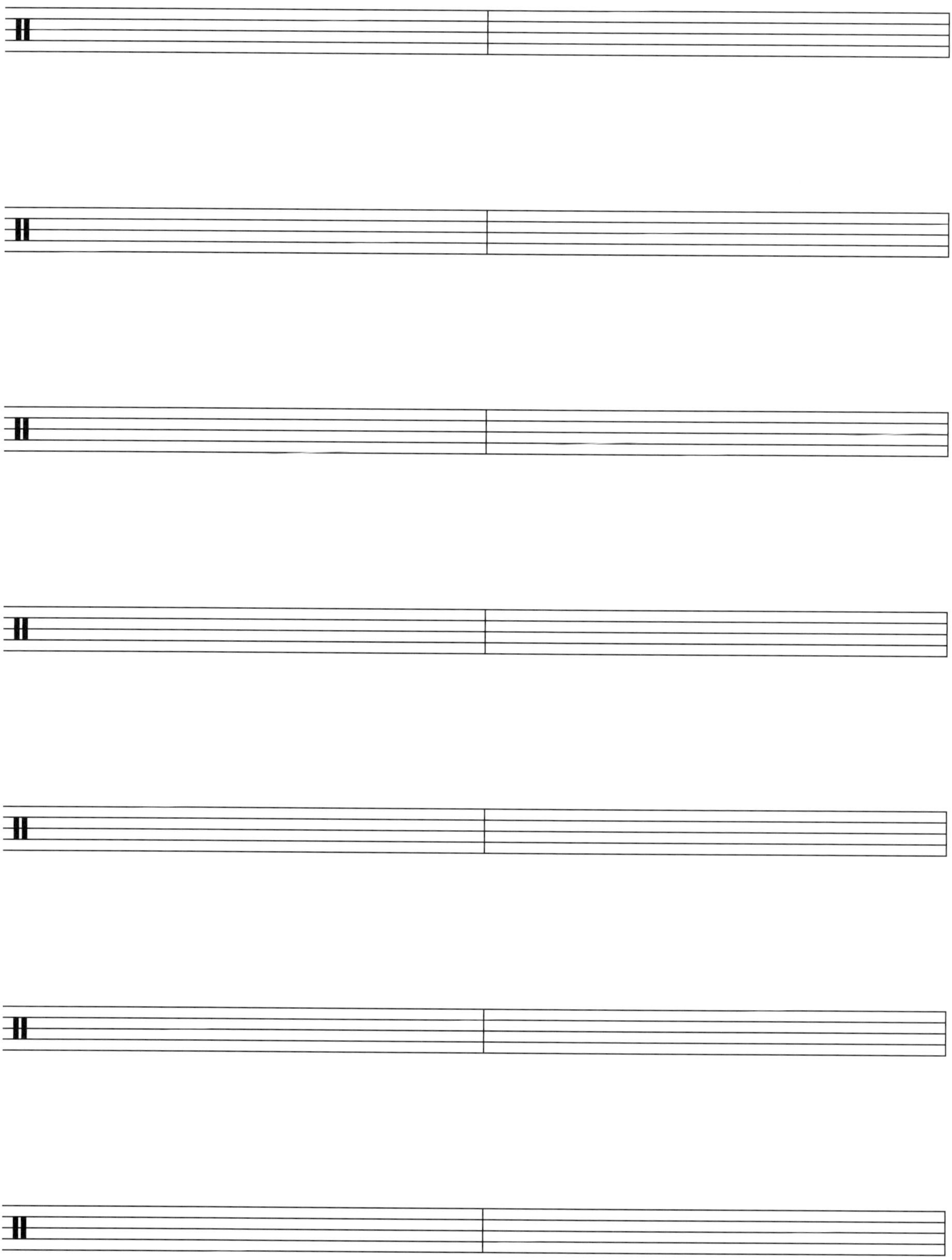

Playalong 7: Shuffle

Tempo: 130 bpm

mit Drums

Audio 100

ohne Drums

Audio 101

ohne Drums,
mit Metronom

Audio 102

Playalong 8: Halftime Shuffle

Tempo: 130 bpm

mit Drums
Audio 103

ohne Drums
Audio 104

ohne Drums,
mit Metronom
Audio 105

Schlusswort

Ich möchte mich an dieser Stelle ganz herzlich bei allen bedanken, die mich bei diesem Buch unterstützt haben.

Natürlich bei allen Liebsten und Familie, die viele Stunden auf mich verzichten mussten. Ganz herzlich bei Axel Mikolajczak, ohne ihn hätte ich wahrscheinlich nie ein Buch geschrieben.

Bei Freunden und Musikerkollegen. Natürlich auch bei den Firmen, die mir seit Jahren zur Seite stehen oder mich bei diesem Buch unterstützt haben.

Auch bei den Veranstaltern, Musikgeschäften, Besuchern in ganz Europa, die seit Jahren meine Workshops ertragen. Ich hoffe, es folgen noch schöne Jahre mit tollen Workshops.

Danke an das Team vom Voggenreiter Verlag!

Ein dickes Dankeschön an euch alle …

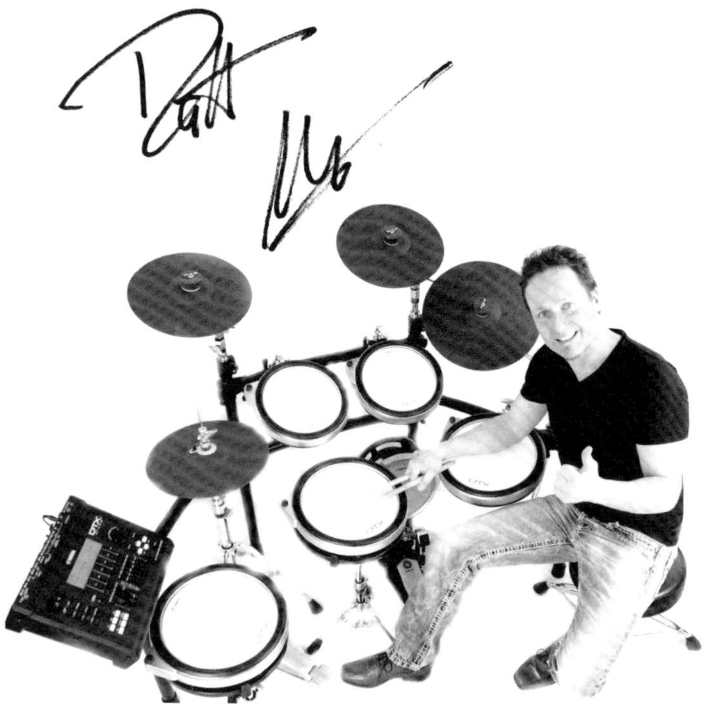

YAMAHA
DTX drums

YAMAHA
Drums
HANDCRAFTED SINCE 1967

LINE 6

steinberg

SHURE

MEINL

REMO

Sky Gel

VATER
PERCUSSION
USA

Tipp!

Weitere Infos, Tipps und Workshop-Termine findest du auch unter:
www.drumsforyou.de

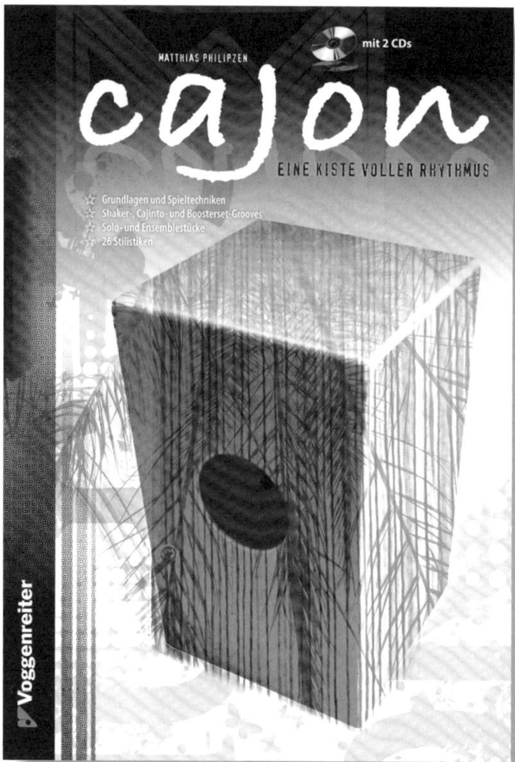

Matthias Philipzen
Cajon

Immer wieder aufs Neue fasziniert und inspiriert das Cajon durch seine musikalische Vielfalt. Der Sound und auch das leichte Erlernen der Grundschläge ermöglichen es auch dem Anfänger, auf jede musikalische Situation einzugehen oder das Spiel alleine oder in der Gruppe zu beginnen.
Diese Schule soll die Begeisterung für das Cajon vermitteln. Sie richtet sich an alle, die Schlagfolgen und Rhythmen auf diesem Instrument erlernen wollen, aber auch an Fortgeschrittene, die ihre Kenntnisse erweitern und vertiefen wollen. Neben zahlreichen Stilistiken gibt es Tipps und Tricks zum Umgang mit dem Cajon sowie Ensemblenoten zum Spiel in der Gruppe.
Zwei enthaltene Audio-CDs mit 23 Play-Alongs und 11 Cajinto-Grooves helfen dabei, die Übungen leichter nachspielen zu können.

DIN A4, 88 Seiten, mit 2 CDs!
ISBN 978-3-8024-0610-2

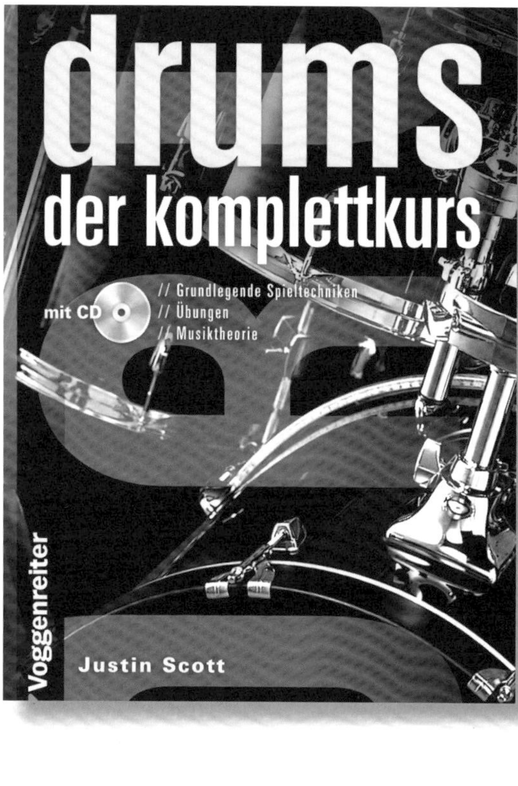

Justin Scott
Drums. Der Komplettkurs

Dieses Buch ist ein einfacher und verständlicher Führer durch die spannende Welt des Schlagzeugs mit allen Informationen, die ein Schlagzeug-Anfänger benötigt.
Die kurzen und einfachen Lektionen konzentrieren sich ganz auf die grundlegenden Spieltechniken und die Koordination am Schlagzeug, damit du schon bald in deiner ersten Band spielen kannst – egal, ob du ein Fan von Rock, Jazz, Funk, Punk, Country, R 'n' B, Techno, oder Reggae bist.
Klare Diagramme und Illustrationen erklären die musikalische Notation leicht verständlich, damit du von Anfang an Notenlesen und schnell Grooves auf deinem Schlagzeug spielen kannst. Der durchgehend farbige Druck unterstützt die Vermittlung des Lehrstoffes und die praktische Ringbindung macht dieses Buch zum idealen Begleiter bei jeder Übungsstunde. Die beiliegende CD mit fast 100 Audio-Tracks enthält die wichtigsten Übungen und Klangbeispiele aus dem Buch zur Kontrolle des Lernfortschritts!

Sonderformat: 190 x 232 mm, 258 Seiten, farbig, Hardcover, Spiralbindung, mit CD
ISBN: 978-3-8024-0817-5

Verzeichnis der Audiotracks